产业转移与区域创新发展

谢呈阳　胡汉辉　著

东南大学出版社
·南京·

图书在版编目(CIP)数据

产业转移与区域创新发展/谢呈阳,胡汉辉著. ——南京:东南大学出版社,2020.11
 ISBN 978-7-5641-9245-7

Ⅰ.①产… Ⅱ.①谢… ②胡… Ⅲ.①产业转移-关系-区域经济-国家创新系统-研究-江苏 Ⅳ.①F127.53

中国版本图书馆 CIP 数据核字(2020)第 238867 号

产业转移与区域创新发展

Chanye Zhuanyi Yu Quyu Chuangxin Fazhan

著 者	谢呈阳 胡汉辉
出版发行	东南大学出版社
地 址	南京市四牌楼2号 邮编:210096
出 版 人	江建中
网 址	http://www.seupress.com
经 销	全国各地新华书店
印 刷	江苏凤凰数码印务有限公司
开 本	787 mm×1092 mm 1/16
印 张	11
字 数	210千字
版 次	2020年11月第1版
印 次	2020年11月第1次印刷
书 号	ISBN 978-7-5641-9245-7
定 价	46.00元

本社图书若有印装质量问题,请直接与营销部联系。
电话(传真):025-83791830。

序
PREFACE

"创新"与"转型"是中国经济实现三十多年"增长奇迹"后,追求"高质量"与"可持续"发展的必经之路。而"产业转移"是已被实践验证的,促进区域资源优化配置的有效手段,能够在推动产业承接地经济增长的同时释放产业转出地的空间与要素资源,推动转出地产业的高端攀升。同时,伴随着产业转移所带动的区域分工深化与区域产业集群的形成,整个社会的生产水平也能得到有效提高。

历史的经验表明,在"道阻且长"的探索过程中,先行者的任何突破都可能让这段路途大为缩短。与全国相比,拥有领先的发展速度、一致的发展步伐和近似的发展梯度的江苏经济先行实践经验无疑值得借鉴。鉴于此,本书在回顾已有相关研究的基础上,以江苏为样本,就产业转移与区域创新发展相关的问题进行更深一步的探讨。本书重点讨论的几个问题包括:第一,江苏是如何在承接产业转移的"三来一补"大潮中成长,以及在这一过程中是如何在产业集群的孕育、形成和走向规范化的过程中实现产业升级和区域创新发展的;第二,江苏在推行区域产业转移的过程中遇到哪些问题,又该如何解决;第三,江苏为了让经济后发地区更好地承接产业转移而推行的"园区共建"模式有哪些特点,是否值得更广范围的地区借鉴;第四,有着"产业集群"思维方式,并已上升为国家战略的"产城融合"在江苏城镇的实践是否具有时代和全国性意义,其内在机理和运行要点又是什么;第五,承接地能否复制产业转出地的创新能力,又该如何在承接产业转入后实现区域创新能力的成长。

对于上述五个问题,本书将以一个问题一章的篇幅展开。由于这五个问题间彼此存在关联,但又相互独立。因此本书每一章都力图体现"概念提出—理论抽象—模型推导—数据检验—案例详述"的技术路线,以尽量保证不同区域层面的相关问题的讨论具有普适性。本书在分析过程中整理了所在研究团队2001年至2018年间先后实地调研的千余家企业及80

多个产业集群的历史资料,对一些概念进行了新的诠释,并构建或是跨领域引入了能够深层次解释问题的理论和实证模型。本书试图通过对相关问题的深入回答,为中国通过产业转移推动制造业的升级与高质量发展提供启示。由于"一带一路"牵引下的产业转移,能够帮助中国在更大范围内实现资源的优化配置,帮助"一带一路"沿线的合作国家实现经济的共同发展与产业升级,因此必然成为中国未来"产业转移"研究的热点之一。因此,本书在最后一章对"一带一路"倡议进行了简单的介绍,并简单阐述了在"一带一路"倡议下值得研究的相关问题。

诚然,产业转移与区域创新发展的恢宏篇章不可能在一本书——道尽。千里之行,始于硅步,希望本书的研究能起到抛砖引玉的作用,为后续的理论研究和实践探索提供启示。

目 录
CONTENTS

第1章 绪 论 …………………………………………………………… 1
  1.1 产业转移与世界制造中心的变迁 …………………………………… 1
  1.2 从中国制造到中国"质"造：路有多长 ……………………………… 5
  1.3 产业转移与区域创新的耦合 ………………………………………… 9
  1.4 江苏产业转移和经济发展的一般性 ………………………………… 12
  1.5 本章小结 ……………………………………………………………… 15

第2章 相关概念和全文结构 …………………………………………… 17
  2.1 产业转移、产业集群与区域经济发展 ……………………………… 17
  2.2 产业集群的内涵、特征与界定 ……………………………………… 19
  2.3 全书思路与框架 ……………………………………………………… 21
  2.4 研究意义和创新点 …………………………………………………… 22

第3章 产业转移与区域创新中的问题 ………………………………… 24
  3.1 产业转移的动因和背景 ……………………………………………… 24
  3.2 产业转移与区域经济发展 …………………………………………… 26
  3.3 产业转移中的集群现象 ……………………………………………… 30
  3.4 区域创新网络与集群 ………………………………………………… 33
  3.5 本章小结 ……………………………………………………………… 38

第4章 江苏的产业转移与产业演进 ... 40
4.1 乡镇企业的崛起 ... 40
4.2 外向型大潮 ... 44
4.3 园区经济 ... 48
4.3.1 乡镇工业园区 ... 48
4.3.2 经济技术开发区 ... 49
4.3.3 火炬计划中的园区 ... 51
4.4 从无序到规范 ... 52
4.5 本章小结 ... 54

第5章 产业转移中的资源配置扭曲与效率损失 ... 55
5.1 非均衡发展与政府主导的省内产业转移 ... 55
5.2 产业转移中的资源错配与效率损失——测算方法与模型 ... 57
5.2.1 测算方法的理论基础 ... 57
5.2.2 测算思路与模型借鉴 ... 58
5.2.3 测算模型的构建 ... 59
5.3 产业转移中的资源错配与效率损失——1 500家企业的实证 ... 61
5.3.1 实地调研与数据说明 ... 61
5.3.2 分行业、分地区生产函数及TFP估算 ... 64
5.3.3 分行业要素的地区间错配程度 ... 66
5.3.4 产出缺口、效率损失与结论 ... 67
5.4 企业转移阻滞与要素非自发流动——资源错配根源 ... 68
5.4.1 企业转移的阻滞 ... 69
5.4.2 要素资源的非自发性流动 ... 70
5.5 本章小结 ... 71

第6章 承接产业转移中的园区共建 ... 73
6.1 江苏产业转移中的园区共建历程 ... 73
6.2 园区共建对企业及要素流动影响的理论解释 ... 74
6.2.1 园区共建中的区域间知识关联 ... 74
6.2.2 园区共建前后的企业转移行为 ... 75

  6.2.3 园区共建前后的要素流动临界点——以人力资本为例 …………… 77
 6.3 区域知识关联的数据检验 …………………………………………………… 84
  6.3.1 数据检验模型的构建 …………………………………………………… 84
  6.3.2 描述性数据检验 ………………………………………………………… 86
  6.3.3 模型检验 ………………………………………………………………… 88
 6.4 实践和经验——苏宿工业园的案例 ……………………………………… 91
  6.4.1 建园背景 ………………………………………………………………… 91
  6.4.2 苏宿工业园的发展过程 ………………………………………………… 92
  6.4.3 苏宿工业园的经验及启示 ……………………………………………… 94
 6.5 本章小结 …………………………………………………………………… 95

第 7 章 产业与城市的融合发展 ……………………………………………… 96
 7.1 "产城融合"的概念新解 …………………………………………………… 96
 7.2 "产城融合"的内在机理与作用路径 ……………………………………… 98
  7.2.1 解释模型的构建思路 …………………………………………………… 98
  7.2.2 解释模型的基本等式 …………………………………………………… 99
  7.2.3 机理与路径的理论解释 ………………………………………………… 103
 7.3 "产城融合"作用的再检验——江苏 65 县(区)的实证 ………………… 107
  7.3.1 实证模型的设定与数据说明 …………………………………………… 107
  7.3.2 实证方法的选择 ………………………………………………………… 109
  7.3.3 实证过程和结果 ………………………………………………………… 110
 7.4 "产城融合"的操作示例——盐城环保产业园 ………………………… 113
  7.4.1 园区概述和建设背景 …………………………………………………… 114
  7.4.2 园区发展过程 …………………………………………………………… 114
  7.4.3 "产城融合"的操作启示 ……………………………………………… 116
 7.5 本章小结 …………………………………………………………………… 117

第 8 章 产业承接地创新能力的构建 ………………………………………… 119
 8.1 区域创新集群的概念解读 ………………………………………………… 119
  8.1.1 概念的提出 ……………………………………………………………… 119
  8.1.2 区域创新集群的创新体系 ……………………………………………… 120

    8.1.3 区域创新集群的特征 ······ 122
  8.2 从工业集群到东方硅谷——苏州工业园的实践 ······ 125
    8.2.1 区域创新体系的重构——从企业创新到社会创新 ······ 125
    8.2.2 集群创新内核的打造——独墅湖科教创新区 ······ 126
    8.2.3 园区创新效率的评价——兼论区域创新体系的自修复性 ······ 128
  8.3 创新可以复制——苏州工业园区的启示 ······ 132
    8.3.1 复制的可行性 ······ 132
    8.3.2 三层次创新的实践 ······ 133
    8.3.3 苏州经验的启示 ······ 135
  8.4 本章小结 ······ 137

第9章 结语——启示与产业转移的未来 ······ 138
  9.1 本书结论及其对区域经济发展的启示 ······ 138
    9.1.1 从企业创新走向社会创新 ······ 138
    9.1.2 产业与城市功能的融合发展 ······ 139
    9.1.3 打通区域知识关联的渠道 ······ 139
  9.2 产业转移的未来——"一带一路"倡议的提出与必要性 ······ 140
  9.3 "一带一路"对中国"质"造的牵引 ······ 142
  9.4 产业转移与区域创新中的未来研究展望 ······ 145

参考文献 ······ 146
附 录 ······ 163
  附录1：数据来源说明 ······ 163
  附录2："核心—边缘"模型的推导过程 ······ 163

第1章 绪 论

1.1 产业转移与世界制造中心的变迁

工业革命以来,伴随全球比较优势演化而形成的若干次产业转移浪潮,促使了世界制造中心的变迁。大体可划分为以英国、德国、美国、日本以及中国等新兴经济体作为制造中心的五大阶段。在英、德、美为制造中心的时代,全球制造业的核心生产中心和技术创新中心尚未分离,一般是由于技术革命引发当地生产力进步,实现比较优势升级从而牵引国际产业转移。但在20世纪中后期,随着产品内分工和国际贸易的飞速发展,全球价值链分工体系逐步建立,制造中心和创新中心出现分离。后发国家借助低端要素优势实现对全球生产体系的嵌入,承接发达国家劳动密集型产业的转入或者加工组装环节的生产外包。由于这类产业具有明显的规模经济特征,因此容易在生产要素廉价且充沛的地区形成体量庞大的产业集聚。中国也正是在这一背景下成为世界生产制造中心的。

笔者从政策背景、产业特点、国家梯度等方面出发,归纳了各时期产业转移和世界制造中心的时代特征,如表1-1所示。

表1-1 五次产业国际转移特征及背景

产业转移阶段	时间	产业转移方向	产业类型	产业转移背景
第一次产业转移	第二次世界大战结束—20世纪50年代	转出:美国 转入:日本	劳动密集型	美国确立了全球经济和产业技术领先地位,在产业升级中,集中发展汽车、化工等技术密集型重化工业;日本因战前经济基础良好,拥有丰厚劳动力资本,成为重要承接地
第二次产业转移	20世纪60—70年代	转出:美、德、日 转入:亚洲四小龙	劳动密集型	美、德、日三国,集中发展钢铁、化工、汽车和机械制造等技术密集型产业以及电子、航空航天和生物医药等知识密集型产业,以此完成国内产业升级

续表

产业转移阶段	时间	产业转移方向	产业类型	产业转移背景
第三次产业转移	20世纪70—80年代	转出:发达国家、亚洲四小龙 转入:亚洲四小龙、东盟	技术密集型 劳动密集型	美、日等发达国家自身发展微电子、生物医药、新材料等高附加值技术密集型;亚洲新兴工业经济体自身开始发展技术密集型产业,将劳动密集型产业向东盟等发展中国家和地区进行转移
第四次产业转移	20世纪90年代	转出:亚洲四小龙 转入:东盟、中国	劳动密集型 技术密集型	"产品内分工"阶段,产业模块化影响,形成以价值链为基础的产业链。发达国家发展电子通信、生物等高科技知识密集型产业,将技术密集型产业中的劳动密集型环节转移到东盟、中国等发展中国家
第五次产业转移	21世纪以来	转出:中国等新兴经济体 转入:南亚、东盟、拉美非;发达国家	劳动密集型 技术密集型 知识密集型	中国等发展中国家继续将劳动密集型、技术密集型产业转移到东盟、非洲、南美洲等地区,并呈现出集群态势;而新兴经济体也具备了将知识密集型产业转移到发达国家的能力和趋势

产业转移发生的背景往往是经济先发国家(或地区)为了自身产业升级,将逐渐走向比较劣势的产业转移到拥有比较优势的后发国家(或地区)。因此前两次国际产业转移都是以劳动密集型产业为主。第三次产业转移进入了从劳动密集型向技术密集型过渡的新阶段,在这一时期,美、日等发达经济体为了释放资源发展微电子、生物医药、新材料等高附加值技术密集型产业,而将技术要求相对较低的产业环节向新兴经济体转移。例如,20世纪70—80年代大量转入新加坡和中国台湾地区的电子产业的晶圆代工和元件封装测试环节。第四次产业转移基本延续了第三次产业转移的规律,劳动密集型产业和技术密集型产业的低端环节继续按照梯度转移理论由劳动力比较劣势的国家(或地区)转移到拥有比较优势的国家,即从亚洲四小龙等新兴经济体向东盟等发展中国家转移。这是产业在后发国家和地区之间的第一次转移,意味着后发国家和地区的产业实现了逐步升级。进入21世纪后,知识作为生产要素开始在产业发展中发挥越来越重要的作用,也推动了第五次产业转移浪潮的发生。第五次产业转移与之前四次有着不同的特点。劳动密集型产业和技术密集型产业的低端环节延续了前四次产业梯度转移的模式,但知识密集型产业却在一定程度上打破了原有的产业优势格局,促进了产业转移的逆向发生,即出现了从后发国家向先发国家转移的现象。

纵观五次产业国际转移浪潮,其不仅仅实现了特定产业的空间转换,随着转移主体行为的变化以及转移过程中集群等组织方式的出现,其自身的特征和规律也发生着变化。早期的产业转移往往是通过跨国公司的投资行为实现的,而随着政府在产业政策和投资政策上的扶持和规划,在技术进步和知识扩散的推动下,产业国际转移先后经历了企业型转移、转移型集聚和集群式转移三个阶段。

(1) 企业型转移阶段

企业型转移是指那些因开拓海外市场或者因为本国已丧失某一产业比较优势等原因,而将一国中特定产业的产能,通过对外直接投资等方式转移到另一国的产业转移方式。在这一过程中,产业转移主要通过单个或多个企业的产能转移,实现一国的产业转移。无论在转入地还是转出地,企业之间缺乏联系,以单个企业(尤其是大型跨国公司)的产业转移为主,企业集聚态势不明显,尚未出现组织形态的变化。这类产业转移方式多出现在产业国际转移早期,以劳动密集型产业为主,前两次转移浪潮均属于产业型转移阶段。

前两次产业国际转移,产业转移的重点是以轻工业为代表的劳动密集型产业。第一次产业国际转移浪潮是在美国于二战后凭借本土未遭战争破坏拥有全球领先的技术与经济地位的背景下发生的,美国将纺织业等传统制造业通过直接投资的方式转移到日本,而将精力放在技术密集型产业的发展上以期实现国家的产业升级。而1950年朝鲜战争爆发,为满足美国战事的需要,日本顺利通过大量的军需订单承接下美国转移出来的产业,促进了日本国内的经济发展(舒适和李国疆,2007)。这次产业转移虽然顺利实现了美国的产业升级以及日本的战后快速发展,但是转移本身主要是通过单个企业的投资行为,而尚未产生产业层面的整合及组织方式的组合。第二次产业国际转移浪潮则是日本寻求自身产业结构升级以及在各种贸易摩擦经常出现的环境下,将劳动密集型产业开始向新兴经济体"亚洲四小龙"转移。这次产业转移实际上是第一次产业国际转移在全球空间范围内的梯度延续。尽管在这一次产业转移浪潮中,个别企业间产生较低的关联性,但两次产业转移几乎具有类似的企业特性,在转出地和转入地均没有出现集聚现象。劳动密集型产业的企业与企业之间的联系较少,隐性知识又对劳动密集型产业的核心竞争力作用不大。所以企业型转移阶段,转移的劳动密集型产业仅仅是一种体力的转移以及显性知识的转移。

(2) 转移型集聚阶段

转移型集聚主要指关联性较弱的企业,由于企业自发或者政府推动等原因,在承接地逐渐形成集聚的态势。在转移型集聚阶段,转入企业之间开始出现关联性、合作性和协同性。转入企业之所以会在承接地呈现出集聚的特征,主要是出于两方面的原因:一方面,如前文所述,第三次产业转移进入了从劳动密集型向技术密集型过渡的新阶段,当发达国家或地区的大型企业在欠发达国家或地区设置分支机构(或者实现产能转移)时,必然需要在当地寻找与之配套的企业,这就使得以技术为纽带的企业集聚现象的出现;另一方面,在企业集聚发生后,其所释放的正向外部效应会进一步加速推动同类型企业向当地转移。

从第三次产业国际转移浪潮开始,产业在转入地的集聚现象逐渐明显。20世纪70年代,国际石油市场出现了两次危机,导致发达国家依赖石油而建立起来的重工业的制造成本提高,产品价格相应提高,从而削弱了发达国家重工业在国际市场上的竞争力。在石油危机的影响下,美、日等发达国家开始将钢铁、造船、汽车、家用电器和重化工产业等技术密集型产业进一步向"亚洲四小龙"等新兴工业化经济体转移,其自身则重点发展微电子、生物医药、新材料等高附加值技术密集型和知识密集型产业。在这一过程中,造船业在韩国的釜山集聚(陶永宏,等,2005),家用电器制造业在中国台湾的北部地区集聚,而新加坡通过围海造田,使承接的重化工产业在人工岛上集聚。与此同时,新兴工业化经济体又将劳动密集型产业向东盟等国家进行转移,其中泰国、印尼和马来西亚等地出现了从"亚洲四小龙"转移出的纺织业集群,中国台湾电子产业在转移过程中也在苏南等地形成了转移型集群。转移型集聚阶段发生的产业转移以技术密集型产业为主,较多的集中在其劳动密集型环节。转移前企业间存在一定的关联性,而技术的纽带作用使得转移后的企业间在供应链和价值链上的关联性和协同性进一步加强,从而加速形成了大量的转移后集群,并实现了转移国(或地区)的产业结构调整和产业升级。转移型集群阶段转移的是成熟技术和显性知识。

(3) 集群式转移阶段

集群式转移是指原本在转出地已经存在集聚现象或已形成产业集群的众多企业,在转移过程中,由于企业之间的协同合作,在行业协会或政府的推动引导下,通过集体行动的方式在转入地仍然产生集聚并形成与转移前集群相关联的新产业集群的转移方式。集群式转移能够在利用转入地市场优势、资源优势或技术优势的前提下,保持新集群中企业间相对紧密的网络关系,提高转移产业的效率,降低转移过程中的置换和转移风险。这一阶段的产业转移主要通过产业组织方式的转移,以知识流支撑产业的空间转移,实际上也是原有集群核心能力的空间演变,第五次产业国际转移浪潮即呈现出典型的集群式转移特征。

在第五次产业国际转移浪潮来临之前,世界各地的产业集群已经取得了较为显著的成果,同时产业集群在当地的发展也逐渐面临着资源短缺、价值链锁定、成本提升、产业升级等亟待解决的问题。于是一些以产业集群方式进行的企业组团式产业转移现象,慢慢涌现出来。如美国得克萨斯州、加利福尼亚州的半导体制造集群逐渐转移到中国台湾新竹地区形成新的电子产业集群;中国香港、台湾地区的纺织业集群在广东、福建、江苏等地集聚,形成了大量的纺织服装产业集群;软件业从美国的硅谷向印度的班加罗尔集聚;汽车制造业从美国底特律、日本的爱知向中国的上海、广州地区集聚。这些产业转移都具备了集群式转移的特点,转移前企业间的关联性较强,转移之后在新集群中各企业的协同合作进一步增加,同时转移前后的两个集群以集群链的形式形成良好的互动关系,从而实现了组织方式的复制、延伸和拓展。集群式转移阶段,知识的转移不仅以技术为代表的显性知识为主,而且大量包含了商业模式、营销管理、战略联盟等隐性知识。参与集群式转移的产业多为知识密集型产业,同时也将原有的劳动密集型产业和技术密集型产业通过组织方式的改变,实现了产业升级和技术创新,在一定程度上提高了它们的知识密集性,也引导它们逐渐向知识密集型产业方向发展。

综上所述,产业转移是全球资源不断优化配置的必然结果,并将在一定时期内长期存在。伴随着产业转移的发生,世界制造业中心也逐渐由英国、德国、美国、日本向中国等新兴经济体转移。然而全球价值链分工体系的日趋完善,却改变了国际产业转移和世界制造中心的路径和特征,使得制造中心和创新中心出现分离。产业转移所形成的产业国际分工和合作,为发展中国家或地区带来了大量就业机会,加快了产业承接地的工业化进程,缩短了产业升级的时间,但同时也带来了严重的负面影响:发达国家往往将处于成熟期、衰退期和低附加值的生产环节向外转移,而把技术含量高、具有良好发展前景的产业和高附加值的生产环节留在国内,以保持自己的技术优势并获取高额利润,后发国家或地区由于被迫接受高污染产业和低技术含量的产业,一方面环境严重恶化,另一方面,只能在整个产业链中获取微薄的利润,而研发设计等产业高端环节依然掌握在发达国家手里。因此,如何在承接产业转移的过程中实现区域产业的创新升级,值得中国,以及其他所有发展中国家思考。

1.2 从中国制造到中国"质"造:路有多长

如前文所述,20世纪90年代,全球发生了第四次大规模产业转移:欧美日等发达国家和"亚洲四小龙"等新兴工业化国家(地区)开始将纺织、电子等劳动密集型制造业向发展中国家转移。中国沿海地区为了抓住这一机遇,通过发展外向型工业化推动经济发展,纷纷加强了工业生产基础设施的建设。同时,由于这一时期向中国转入的多为对成本异常敏感的劳动密集型企业,政府为了吸引流动性极强的制造业资本,长期以来压低了其主导的要素资源的价格。以土地资源为例,地方政府一方面通过压低工业用地价格来招商引资,另一方面,对商住用地采取不饱和供地策略,以获取高额的土地出让收入,弥补工业用地的低价。在2003年前后的工业开发区建设浪潮中,各地制定的招商政策中几乎毫无例外地设置了用地优惠政策,在珠江三角洲、长江三角洲的一些市、县、镇级地方政府甚至出现以"0"地价来争取工业发展的情况(陆铭,2014)。即使在土地资源非常紧缺的浙江省,征地和基础设施配套成本高达10万元/亩的工业用地的平均出让价格也只有8万元/亩,大约有1/4的开发区出让价不到成本价的一半(陶然 等,2009)。根据《中国国土资源统计年鉴》的数据计算,2008—2016年,中国105个主要城市的商业、住宅用地平均土地价格分别为5 820元/平方米、4 718元/平方米,而工业用地平均地价仅为680元/平方米。在生产资源倾斜式供给的策略下,中国成功牵引了众多海外制造业向国内的转移,快速成长为仅次于美国的世界第二大经济体,是名副其实的世界制造中心。伴随着"世界制造中心"的盛名,中国的基础设施和工业化程度得到了巨大的提高,越来越多的跨国企业开始选择将工厂设在中国,从而使得中国在产业链体系的国际分工中处在了生产制造者的地位。然而,依靠压低生产要素价格来构造区域比较优势,并且在全球价值链分工体系中长期扮演"制造工厂"的角色对一个国家经济的可持续发展是不利的:

其一,由于研发、设计等高端环节被发达国家所控制,承接"加工""制造"环节的区域会长期受困于"微笑曲线"的低附加值的底部区域,实际利润微薄。从 2011 年开始,连续 6 年中国制造企业的平均利润率徘徊在 2%—3%的超低利润区间。同时,中国制造 500 强企业平均利润率,2011 年为 2.9%,2012 年为 2.23%,2013 年为 2.15%,2014 年为 2.1%,2015 年为 2.18%[①]。入围 2017 年中国企业 500 强的 245 家制造企业,2016 年平均利润率也只有 3.3%。而 2016 世界 500 强中的美国制造企业平均利润率则为 12.2%。此外,据 iSuppli 数据分析,在售价 650 美元的 iPhone 5c 手机中,生产制造部分的成本约为 226.85 美元。但其中屏幕、闪存、中央处理器、蓝牙、全球定位系统等重要部件全部产自欧美韩日,真正的整机组装成本仅为 15 美元,也就是说,在苹果手机 650 美元的价格中,作为产品的组装者,中国制造业仅仅分得 2.3%的微小部分[②]。

其二,大量处于产业低端环节的企业涌入,会对东道国造成环境污染,并造成要素资源的过度消耗。由于发达国家往往具有比发展中国家更加完善的环境监管体系,因此,从产业分工理论的角度来看,发展中国家在生产污染密集型产品方面往往具有比较优势。发达国家的生产企业由于面临较为高昂的污染成本与严苛的环境管制,从而不得不在污染治理方面投入更多的资源与精力。因此,为了逃避苛刻的环境监管要求,发达国家的跨国公司在"提升东道国就业率"的光环下,将污染密集型产业转移到环境管制较松的发展中国家进行生产,以降低其污染处理费用与生产成本,却加深了发展中国家和地区的环境污染。Cole(2004)利用发展中国家和发达国家之间的污染产品贸易数据进行研究,其研究结果支持了发达国家向发展中国家的产业转移会造成发展中国家污染加重的假说。余东华和张明志(2016)采用门限分组方法进行跨国研究,结果亦表明国际产业转移使得大部分发展中国家沦为了"污染避难所"。

其三,由于核心技术掌握在跨国企业的总部,因此承接产业转入的国家或地区的关键技术会长期受制于人,在国际经济竞争中缺乏话语权。中国在意识到需要打破在产业链分工中处于低端地位的局面,已经从机制、要素、人才等多方面进行改革,优化了对发达国家转入企业的筛选标准,并且已经在载人航天、高速铁路等多个领域实现重大突破,人工智能、物联网、大数据、云计算、区块链等新技术、产品、模式等不断涌现,一批技术进入国际市场第一方阵。但根据工信部 2018 年对全国 30 多家大型企业 130 多种关键基础材料调研结果显示,

---

① 数据来源:搜狐网 https://www.sohu.com/a/209631332_781358
② 数据来源:中国社会科学网 http://ex.cssn.cn/jjx/jjx_gd/201405/t20140513_1157706.shtml

32%的关键材料在中国仍为空白,52%依赖进口,绝大多数计算机和服务器通用处理器95%的高端专用芯片,70%以上智能终端处理器以及绝大多数存储芯片依赖进口。在装备制造领域,高档数控机床、高档装备仪器、运载火箭、大飞机、航空发动机、汽车等关键件精加工生产线上逾95%制造及检测设备依赖进口①。

其四,随着经济的增长,生产要素的价格不可能一直保持在低位,而当要素价格上涨的时候,本地企业由于缺乏核心竞争力和议价权,往往会毫无应对之法,难以生存,而转入的发达国家跨国企业的要素密集型环节则会继续遵循产业梯度转移的原则,向要素成本低廉的其他国家和地区转出,此时尚未获得创新能力的原东道国就会失去经济持续增长的动力,陷入"中等收入陷阱"。在1998—2016年期间,中国城市平均工资水平上升了近5倍,而与此同时,根据商务部发布的《中国外商投资报告2018》,2004年全国新设立外资企业数为43 664家,其中外资企业净增加15 911家;2012年全国新设立外资企业数仅为24 925家,其中外资企业净减少5 878家。此外,国家统计局的数据表明,外商投资企业及港澳台企业吸收城镇就业的规模自2013年达到高点之后开始回落,2013年外资企业吸收的城镇就业人数达到2 963万人,2017年仅为2 581万人,4年间年均下降速度约4%(李磊 等,2019)。最低工资上升导致了前期转入的外资企业从中国撤退。

鉴于此,后发国家在承接产业转移的过程中,需要充分发挥主观能动性,积极摆脱对低端路径的依赖,依靠经济增长积累的财富,逐步建起自身的知识创新体系,实现产业升级,促成生产制造中心和技术创新中心的融合统一。这也是日本在第二次世界大战后经济发展所依赖的路径。事实上,中国政府已经认识到在承接国际跨国企业生产制造环节转移中所带来的弊端,并开始积极寻求突破之路,期望促成中国制造业从中国制造向中国"质"造的转型。那么,依靠承接发达国家产业转移而起步的中国制造业当前的发展现状如何呢?以下就从与美国、日本、德国这些制造业强国的对比中来一窥从中国制造走向中国"质"造的路有多长。

美国和日本的制造业结构代表了两种不同的发展模式:美国电子行业依靠资本市场融资,确立了领先地位;而日本原材料类、装备加工类行业依靠银行融资,成为经济中流砥柱。具体而言,美、日两国制造业结构的相同之处在于:食品饮料、化工、汽车等行业占比较高,而纺织服装、非金属矿等行业占比较低。两国制造业结构的不同之处则体现在三个方面:其一,美国电子行业占比较高,达到12.7%,而日本仅为5%;其二,美国钢铁有色行业占比较低,仅为2.8%,而日本则高达8.8%;其三,美国装备制造类行业占比排名中游,而日本普遍排名靠前。对比中国制造业行业结构,化工类(化工、化纤、医药)合计占比15.2%,食品类(农副食品加工、食品、酒茶饮料、烟草)合计占比11.8%,运输设备类(汽车、其他运输设备)

---

① 数据来源:新浪网 http://mil.news.sina.com.cn/2018-07-15/doc-ihfkffak0526742.shtml

合计占比 11.9%,均名列前茅,以上行业的占比与美国、日本结构大致相似。金属冶炼(钢铁、有色)占比 9.5%,非金属矿占比 7.5%,均高于美国和日本;机械(通用设备、专用设备)占比 8.0%,略高于美国,但不及日本;电子占比 8.4%,低于美国,但高于日本。从整体看,中国的电子行业已经实现了弯道超车,但从原材料类行业到加工组装类行业的升级并不顺畅。①

从制造业龙头企业看,根据《财富》杂志发布的 2019 年世界 500 强企业排行榜,中国共入围 129 家,包括华为投资控股、上汽集团和东风汽车等一批为大家所熟知的企业,超过美国的 121 家,首次排名全球第一。从入选世界 500 强的企业结构来看,在我国入选的企业中,能源和金属类企业占比分别为 16%、10%,美、日、德三国能源和金属类企业占比均未超过 10%。我国入选企业的整体结构偏重。并且,就能源和金属类企业而言,我国企业的盈利能力也不突出:我国入选的能源类企业利润率平均为 1.5%,不足美国入选能源类企业的三分之一,金属类企业利润率更是只有美国同类企业的九分之一。在科技含量较高的汽车和工程机械行业,我国入选世界 500 强的企业比例偏低:在工业机械类行业中,我国企业数量占比为 1.6%,而日本在这一行业的企业占比为 1.9%,美国和德国均超过 3%;在汽车及零部件制造行业中,我国入选企业的数量占比为 5.4%,略高于美国,但远低于德国和日本。同样,与制造业强国相比,我国汽车行业的利润率也比较低,入选企业的利润率平均不足 3%,而美国入选企业的平均利润率约为 3.8%,日本和德国同类企业的平均利润率超过 4.5%。②

从制造业产品的销售情况看,2017 年中国工程机械行业的销量已经达到 21.7 万台,跃居全球第一,并且销售量占到全球销量的 1/4。但是,在如此大的销量之下,2017 年机械行业产品的销售额仅为 183 亿美元,这不足美国(286 亿美元)的三分之二。销售额背后的差距在于售价的差异:中国工程机械销售均价为 8.4 万美元/台,高于印度(5.1 万美元/台),与西欧、日本基本一致,远低于美国(16.5 万美元/台)。进一步来看,中国工程机械行业的产品出口结构,在所有出口地区中,销往亚洲的产品占比接近一半,但对日本出口比重极低,仅为 5.7%,对美国的出口比重为 12.1%。再来看技术密集程度更高的集成电路行业:集成电路行业按照产业链条划分,主要包括设计—制造—封测三个环节。从 2018 年我国集成电路产业销售额结构来看,我国在下游的封测环节的产品占比较高,达到 34%左右,上游环节的发展尚不充分,核心技术和专业设备能力都不足。中国制造业产品的销售情况表明:当前中国制造业产品在国际市场上的议价权还有待提高,而提高议价权的关键在于提高产业链地位,增加制造业产品的技术密集程度。③

---

① 资料来源:Wind,海通证券研究所
② 资料来源:《财富》杂志,海通证券研究所
③ 资料来源:Wind,海通证券研究所

综上所述,在全球经济发展的工业化进程中,伴随着产业转移的浪潮,各发展阶段均形成了主导产业集聚的世界制造中心,突出表现为制造业的高速增长。世界制造中心有狭义和广义之分,狭义上的世界制造中心,是指产业的生产和制造中心,在这个意义上,与世界工厂的概念较为相近。而广义上的世界制造中心,指的是生产、销售和研发活动的统一整体。近年来,随着价值链分工的发展,产业研发、制造、销售中心日渐表现为相互分离的趋势,且研发中心对产业发展的支配作用逐渐提高。经过改革开放四十余年来的发展,中国已成为仅次于美国的世界第二大经济体,成功牵引了众多海外制造业向国内的转移,是名副其实的世界制造中心。但众所周知,中国是凭借充沛的低成本劳动力实现全球价值链嵌入的,因此,中国作为世界制造中心更多表现的是位于价值链低端的加工制造特征。不仅在国际分工中利润微薄,而且随着中国人口红利式微,传统比较优势难以为继。尽管近十年来,中国政府已经意识到需要摆脱对低端路径的依赖,在促进产业升级方面取得了一系列的成果,但是由于起步较晚,技术积累还有不足,因此在部分高端制造领域仍存在着很大的改进空间,从中国制造走向中国"质"造须依赖产业整体创新能力的提高。

中国"质"造中"质"的含义即"高质量"。2017 年,党的十九大报告明确指出,"我国经济已由高速增长阶段转向高质量发展阶段"。而就"高质量发展"的经济学性质,中国社会科学院金碚(2018)教授将之概括为"能够更好满足人民不断增长的真实需要的经济发展方式、结构和动力状态"。由此不难看出,契合社会实际需求是实现高质量发展的核心突破口。也就是说,实现中国制造业由中国制造向中国"质"造的"高质量发展",不再是传统"高速增长"意义下的"为生产而生产",更要注重"为需要而生产"。目前,中国已部分进入价值链中阶层次,但当前由价值链低端到中端的产业升级说到底还是对发达国家主导的价值链剥离环节的区位承接,并未从根本上突破发达国家产业链高端环节"给你做什么"的约束。高质量发展要求中国制造业从现有价值链"嵌入式"生产机制向"构建式"转型,对价值链中端的国际承接只是中国制造业高质量发展的一个阶段和过程,其终将与低端制造业一起顺应产业发展趋势而被转出,以腾出更多的空间和资源,为中国制造业向更高层次的攀升和满足中国经济社会的切实需要服务,而在这一过程中掌握研发创新是实现转型的关键。

1.3 产业转移与区域创新的耦合

如前文所述,实现中国制造向中国"质"造迈进需要依赖的最主要的动力是创新,而无论在接受技术溢出,还是在释放创新资源方面,产业转移都扮演着举足轻重的角色。在经济发展初期,以生产要素的比较优势承接跨国企业的产业转移能够在很大程度上带动地区经济增长,积累研发活动所需要的初始财富,并在一定程度上通过溢出效应带动地区生产技术水平和生产管理水平的提高,但随着分工的不断深化和技术的不断发展,价值链上不同环节的可分割性越来越强,这也就使得环节之间的技术关联越来越弱,当企业长期专注于低端环节的生产的时候,其生产工艺和技术水平就难以得到进一步的提高。而价值链的不同环节也会依据地区不同的比较优势进行布局。例如,产品加工装配环节需要大量的操作工,因此在操作工人相对充裕的地区具有比较优势,而研发环节则需要大量的高技术人才以及充裕的资金,因此在高技术人才密集和资金相对丰裕的地区具有比较优势。当一个地区长期从事低端环节的生产的时候,其围绕产业发展的人才、资金的配置也就会越来越适应于低端环节生产的需要,并且其大量的生产资源也会被低端生产占用。为了实现中国制造向中国"质"造的转变,中国需要充分发挥产业转移在带动地区经济发展和产业链合理布局方面的重要作用,在实现低端产业向外转出,以释放产业创新发展所需要的空间与资源的同时,实现中端产业和高端产业在国内的合理布局,并通过统筹行业、区域之间的优势与资源禀赋,推动经济先发地区创新主导产业的长足发展。

中国商务部从2007年通过公开招标建设境外经济贸易合作区的方式,引导和推动国内相对成熟的产业集群进行国际转移,到目前为止一共批准建立19个境外经济贸易合作区,其中非洲共有7个项目,东盟和南亚有6个项目,南美洲有2个项目。集群式转移,能够为发展中国家如何进行产业升级和产业转移寻找新的思路和实践方法,同时也为传统劳动密集型产业和技术密集型产业向知识密集型产业发展寻找新的途径。一方面,将劳动密集型和技术密集型产业向国内外的欠发达地区进行集群式转移;另一方面,也尝试组团在发达国家建立研发中心,以新研发集群的引领促进本土集群的升级和持续发展。在此基础上,2013年中国政府进一步提出了以"一带一路"为核心的产业体系布局策略。从国际背景来看,"一带一路"为国际生产分工提供了一个全新的要素整合平台。在这一平台上,国际要素能够基于自身的质量特征自发匹配和升级,充分解放了要素的内在生产力,在这个意义上,只有配置错位的要素,没有绝对意义上无用和低端的要素,这使得各经济体的利益分配模式实现了向质量维度的转换。而与此同时,这一平台也为中国制造业中下游环节的国际梯度转移提供了承接地,为中国制造业生产开拓了新的优质要素来源。

上述无论从理论分析还是从经验事实的角度,都说明了产业转移在促进资源优化配置,促进区域创新和制造业高质量发展方面的作用。中国地域辽阔,区域之间的经济发展水平也存在梯度,倘若中国经济先发的沿海地区在实现产业升级后能够将资源集中于技术密集型产业的高端环节,而将不再具备比较优势的环节转移到中西部发展相对落后的区域,并且充分利用"一带一路"等平台对国外优质资源的整合作用,是完全可能实现产业链在国内更合理的布局和产业资源更为有效的利用的,这无论对中国制造业的升级还是对带动周边国家产业的共同发展都具有重要的意义。实现产业转移与区域创新发展的耦合,我们认为,最重要的在于三个方面:其一,强化多维度的产业关联,充分调动不同产业、不同区域的禀赋优势,发挥制造业升级的潜在动力;其二,推动制造业在区域间的主动转移,充分发挥不同地区对不同层级制造业的承载优势;其三,以创新构筑新的"优势要素",吸引更高层级的产业转入;其四,借助"一带一路"等渠道,在更广泛的区域范围构建产业链协作,释放产业升级所需要的空间和要素。具体而言:

其一,多维度产业关联包括了产业链、产业面、产业网这三方面的关联意涵。其中,产业链关联,指的是生产环节之间形成的以工序对接为主要形式的"链状"关联,强化前后生产环节之间的对接,有助于优化上下游产业的匹配程度,降低由于价值链分工引致的"分离成本",使各生产环节间的要素、技术等资源的传输与补给更具针对性,也更有效率。进而缓解各区域要素条件的限制。产业面关联既包括特定区域不同制造业之间的"同区域"关联,也包括不同区域之间的"同产业"关联。加强同区域间产业沟通互助,有利于充分利用地区优势资源,共同推进区域制造业协调发展;增进各区域同产业间交流学习,有利于以东带西取长补短,共同完善中国制造业体系建设。产业网关联,指非直接相关制造业的间接关联。在价值链投入产出机制的催化下,不同产业的内在相关性被强化了,依赖个别优势产业的"单足跛行"必将严重限制经济增长,制造业高质量发展对不相关产业间关联构建的要求,有利于准确定位并及时填补制造业短板,挖掘充分发展的潜在动力,从而大大增进整个宏观制造业体系的稳定性。

其二,从生产力的角度看,根据比较优势原理,要素禀赋依然是决定制造业区位选择的先决条件。遵循客观经济规律,因地制宜地推进中国不同层次制造业的合理布局,和区域间的协同合作,更有利于推动中国制造业的整体升级。一方面,东部沿海地区凭借其地理优势和发展基础,比中西部地区拥有更多更高质量的资本、技术等生产要素,更完备的城市基础设施,以及更健全的法律、金融等环境条件,因此在东部地区优先发展和布局高精尖产业显然更为合理;而另一方面,从社会需求的角度看,在中国东部经济相对发达的地区,对于能源消耗、环境污染等问题的容忍程度远低于中西部落后地区。因为或许一个中上等收入家庭在意的是饮食是否绿色无公害、社区是否安全有保障、环境是否整洁无污染,而对于贫困家庭来说可能不得不首先关心温饱问题。不久前以低质低价大肆销售仿冒品、山寨品而引发巨大社会舆论的"拼多多"事件,仅从其主要消费群体是对价格较为敏感的中西部、农村等相对落后地区居民这一点分析,就可以看出中国区域消费结构的巨大差异。因此,从这个角度上讲,中西部地区更适合在接受东部地区技术辐射的同时,发展与东部地区差别化的,能带动当地经济发展和提升当地居民生活水平的一般制造业,进一步夯实制造业基础,为后续的制造业升级创造条件。

其三,从产业发展所需要的关键要素的角度看,随着经济全球化步入价值链阶段,要素不能跨国流动的传统贸易假设被打破,这使得高端要素更可能为了追逐某一特定国家或者地区不可复制的优势而向某一地区集聚,从而促成高端产业的转入。而这些吸引其他国高端要素流入的"优势要素"正是构成比较优势的"根本所在"。从当今世界经济的发展历史来看,"创新"无疑是吸引高端要素的最为重要的"优势要素",而拥有"优势要素"的国家或地区必然会占据全球制造业价值链的高端环节。随着上一轮全球化红利开始消退,不仅价值链低端国家饱受低端锁定和中等收入陷阱困扰,价值链高端国家也出现了逆全球化等不安定的呼声。毋庸置疑,对于深度融入全球价值链体系的中国制造业而言,要实现由高速增长向高质量发展的转变,必须从根本上挣脱现有生产模式的限制,以创新能力的成长,扭转传统要素分工下的"被动锁定"困局。

其四,生命周期、雁阵模式、累积因果等产业梯度转移的理论与历史充分说明,构建中国制造业高质量发展体系的空间布局,必须借助区域间产业的梯度转移路径。简单来说,就是剥离旧的生产环节并以梯度转移的方式输送到适宜区域生产。随着生产要素价格特别是劳动力成本进入集中增长期,生产要素投入数量的制约效应日渐凸显,以产出质量为主要特征的集约式生产必将逐步替代扩展式生产,对价值链低端嵌入的传统模式形成了一定程度的倒逼和挤出。而中国制造业想要实现升级与高质量发展,需要将价值链低端制造业转移至海外,为产业发展腾出转型空间。具体来看,对位于价值链低端的加工制造业而言,中国可以顺应"一带一路"脉络,牵引相关产业向越南、马来西亚、非洲等海外地区直接转移;而对位于价值链中端的核心零部件制造业而言,中国应在本国区域范围内,推动其由中国东部向中西部地区转移,并带动当地的相关产业升级。承接高端制造业的核心零部件制造这样的中端环节,对于尚未完全打好转型基础的中西部地区填补产业空缺、避免产业断层同样具有重要的阶段性意义。

综上所述,在长期资源与产业匹配式发展的循环中,中国制造业尚处于且在未来的一段时间内处于全球价值链的中低端。中国制造业想要走出"微笑曲线"的底部区域绝非一夕之功,虽然过程会遇到诸多挑战,但确是中国实现制造强国的必经之路。在这一过程中,产业转移必然在牵引资源的进一步优化配置、构建高质量发展体系等方面起到至关重要的作用,而同样,产业转移过程中所带动的产业集聚、产业园区等,也将因为与区域创新系统的高度匹配而在推动区域创新能力成长方面起到重要作用。

1.4 江苏产业转移和经济发展的一般性

在后文对产业转移、产业集群以及区域创新的研究中,笔者将基于多年的实地考察与调研,以江苏省为视角展开。出于三个方面的原因,以江苏为样本展开的讨论对全国范围内产业转移、产业集群与区域创新发展的问题都具有参考意义;其一,江苏省是中国经济发展最为活跃的省份之一,其经济发展步伐与全国相一致,且经济发展程度处于全国前列,江苏省在经济发展中遇到的问题其他省份亦可能在未来的发展中遇到;其二,江苏省内发展存在梯度,产业在省内的梯度转移问题能够为其他同样存在发展梯度的省份和全国不同省份之间的产业梯度转移提供参考;其三,江苏省是在承接产业集群与推动产业集群转移方面实践较早的省份,其在产业转移与区域发展方面遇到的相关问题和完成的成功实践可以为全国其他地区提供参考与启示。具体而言:

1. 发展步伐:由于江苏的发展以全国的经济发展战略为指导,因此其经济发展始终与全国同步,并且江苏的经济发展水平始终高于中国经济的整体发展水平,图1-1对比了2000—2018年江苏人均GDP与全国人均GDP的增长情况。不难发现,江苏人均GDP始终在全国人均GDP之上,并且差距有扩大的趋势。2017年和2018年,江苏城镇居民人均可支配收入在全国各省的排名中均为第4位,较2001年的第8位跃升了4位。居民人均可支配收入在全国各省的排名中均为第5位,较2001年的第8位有了3位的跃升。根据新结构经济学,后发国家可将人均收入高于本国100%以内的国家作为自己准备仿效的先驱国,而这一点显然可以运用在后发地区确定准备仿效的先发地区的决策过程中。2018年,江苏人均可支配收入38 095元,较全国平均水平28 228元高出约35%,除贵州、甘肃与西藏三个省区,其余后发地区人均收入差距均在100%以内,也就是说按照这一标准,基于江苏总结的经验在全国主要范围地区具有可借鉴性。此外,与全国的大区域相比,江苏是一个小区域,对小区域内产业与要素资源转移的调度在一定程度上比大区域内的协调要相对易行。但是相对简单的问题也为思考和剖析提供了便利,而在此基础上进行延伸和深化的结论将可以推广至全国。

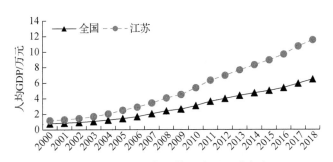

图1-1 2000—2018年江苏及全国区域人均GDP

图片来源:作者自绘,数据为作者根据中国统计年鉴相关数据计算

2. 发展梯度:分别以2018年地区人均GDP和人均可支配收入的差别来刻画地区间经济发展的梯度差异。根据国家统计局网站和江苏统计局网站公布的数据,通过计算得到江苏苏南、苏中、苏北2018年人均GDP分别为160 311元、115 319元和70 346元;城镇居民人均可支配收入分别为58 564元、44 330元和33 607元。同样得到中国东部、中部、西部2018年人均GDP分别为87 596元、51 412元和48 557元;城镇居民人均可支配收入分别为45 428元、33 145元、31 622元。分别将先发地区江苏苏南和中国东部的人均GDP和人均可支配收入定义为"1",则可以按后发地区的相对比例将区域间发展梯度形象地描绘出来(如图1-2所示)。

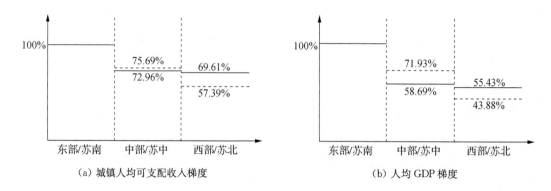

(a) 城镇人均可支配收入梯度　　　　(b) 人均GDP梯度

图1-2　江苏及全国区域发展梯度

图片来源：作者自绘，数据为作者根据中国统计年鉴相关数据计算

在图1-2中，实线表示的是全国情况，虚线表示的是江苏情况。不难看出，江苏区域发展梯度与全国区域发展梯度类似：先发地区与中等发达地区差距较大，而中等发达地区与欠发达地区差距较小。因此，无论是江苏还是全国，都可以看作由经济先发地区和经济后发地区两部分组成，产业转移主要是由先发地区转向后发地区。

3．产业转移：早在1981年，江苏第一家中外合资企业——中国江海木业有限公司在无锡成立，揭开了外商在江苏直接投资的序幕。20世纪90年代，高新技术产业的迅速发展带来了全球产业结构的大调整和新一轮国际产业的大分工，出现了以第三次国际产业大转移为特征的世界产业布局的重新调整。以欧美和"亚洲四小龙"为主体的发达国家和地区开始将自身不具有竞争优势的产业向以中国为代表的发展中国家转移。由于综合投资环境良好和邻近上海等因素，苏南地区取代东莞成为第二轮IT台资转移的主要受益者。由于台湾IT产业的转移并非单个企业的独立转移，而往往是整个产业链上企业的集群式转移，因此在这一时期，江苏在承接跨区企业产业转移的过程中，形成了大量的IT产业集群，例如：江苏昆山的笔记本电脑产业集群。IT产业至今仍是江苏省的支柱产业，并且在后来江苏省整体产业布局中的"一核、两区、四带"中的沿沪宁线高新技术产业带就是在这一时期初具雏形的。在第三轮产业转移浪潮中成为转入产业的主要承接地之一，江苏苏南地区实现了经济的快速发展，而同一时期，由于在区位方面的劣势，苏北地区的经济发展相对缓慢。为了平衡区域经济发展，江苏省政府推进了一系列的产业、资源由南向北的转移。具体而言：

2001年，江苏省委、省政府成立苏北发展协调小组，并于当年及次年的协调小组第一次、第二次会议上，提出包含产业、财政、科技和劳动力的"四项转移"（2002年）决策。

2005年，江苏省政府办公厅出台《关于加快南北产业转移的意见》，对推进南北产业转移的基本原则、政策措施和工作方式做出详细说明，并在2006年苏北发展小组第五次会议上出台了"南北挂钩共建苏北开发区"的重大决策。

2007年，江苏省发展和改革委员会首批"南北共建园区"10家，到2015年，园区数量已增至45家,成为苏北承接苏南产业转移的重要载体。"南北共建园区"很好地发挥了苏南产业的示范和带动作用,促成了苏南重大产业项目向苏北的转移落户,并在很大程度上改善了苏北产业基础和招商环境。

2013年和2015年江苏省人民政府办公厅先后出台《省政府办公厅关于加快推动科技资源向苏北集聚的意见》和《省政府办公厅关于进一步加强苏北地区人才工作的意见》,以推动高级生产要素向苏北集聚。

2016年2月,江苏省召开南北产业转移工作专题会议,提出经济发展新常态下,产业转移工作要既有利于苏北的工业化进程,又有利于苏南的产业提档升级。同年5月,江苏省人民政府办公厅出台《省政府办公厅关于提升苏北共建园区建设发展水平的意见》,对南北共建园区在科技化、信息化、集约化和生态化发展等方面提出了明确要求。

不可否认,产业集群的转移是集群转型升级的重要方式,也是江苏产业集群演进过程的重要组成,它对促进苏北经济发展、平衡江苏南北地区经济发展差距和缓解苏南地区土地供给紧张,加快苏南地区的产业集群升级都起到相当重要的作用。然而,笔者在2017年对江苏省南北产业转移情况进行过一次调研,调研结果显示,尽管在政府的大力推动下,江苏产业的南北转移取得了一定的成效,但是大规模自发的产业南北转移并没有发生,笔者深入调研了江苏南北产业转移产生阻滞的原因,发现这些问题在我国推进产业由东部向中西部地区转移的过程中同样存在。这些问题主要包括:其一,苏南地区创新主导产业并未完成对传统制造业的大比例替代,目前传统制造业依然是财政收入与充分就业的主要承担者,传统制造业在当地的发展并没有出现明显的比较劣势,因此也就不具备自发转移的动力;其二,苏北地区基础设施、服务环境和科研人才储备均不如苏南,这增加了转入企业的交易成本,并且苏北地区的地价和劳动力成本也在不断上升,与柬埔寨等地区相比不存在要素价格方面的比较优势,先发地区的企业在梯度转移时更倾向于向要素成本更低的地区转移;其三,产业集群本身之间存在知识联系,苏南地区良好的集群基础形成了对产业集群的"区域黏性",而苏北地区却囿于相对薄弱的集群基础,转入集群无法保有原来存在于集群之间的知识共享链,产生了对集群转入的阻滞力。上述产业转移与区域创新发展过程中所遇到的困境在我国推进产业东西部转移的过程中也不同程度地存在,而厘清江苏上述问题造成的后果与解决方案,对全国在推进产业转移中促进资源的优化配置与提升创新能力具有一定的借鉴意义。

1.5 本章小结

产业转移是全球资源不断优化配置的必然结果,并将在一定时期内长期存在。迄今为止,全国显著的产业转移浪潮共发生了五次,伴随着五次产业转移浪潮的发生,世界制造中心也逐渐由英国、德国、美国、日本向中国等新兴经济体转移。在早期,世界制造中心与世界创新中心是相互融合的,但伴随着产业分工与产业链全球布局的形成,生产环节与创新环节开始逐步剥离,不同的国家与地区也开始依据自身的比较优势在全球产业分工中找到自己的位置。由于经济先发国家和地区在资本、技术等方面具有比较优势,因此在全球产业链布局的过程中逐步占据了产业链高端,分割了绝大部分的产业链利润,并掌握了产业链的主要话语权。而包括中国在内的绝大多数发展中国家在承接发达国家产业梯度转移的过程中逐步被低端锁定。中国制造业为实现从产业链低端向更高层次的跃迁需要从现有价值链的"嵌入式"生产机制向"构建式"转型,在引入和培育更高端生产要素的同时,借助产业转移,将中国东部地区的中低端产业环节向中国中西部地区以及"一带一路"沿线国家转移,在为高端产业的引入和培育释放空间的同时,引导生产资源在更大范围内进行优化配置。江苏省作为中国经济活动最为活跃的省份和产业转移实践的先行省份,其在产业转移与区域创新方面遇到的诸多问题和成功经验都对中国其他地区的发展具有启示和借鉴意义。因此,笔者在后文将以江苏省为样本展开叙述,结合多年来对江苏产业转移的调查和研究,对更广范围内的产业转移与区域创新发展提出建议。

第 2 章 相关概念和全文结构

本章将阐述产业转移与产业集群以及经济创新转型发展的关系,并在此基础上对本书将会涉及的概念"产业集群"的含义以及界限予以解释。同时,也会对本书的技术路线、研究框架与创新点进行说明,力图展现全书概貌。

2.1 产业转移、产业集群与区域经济发展

产业转移与产业集群之间存在着密不可分的联系。伴随着产业转移的发生,往往会在产业承接地形成产业集群,而同样,产业转移也有别于单一的企业对外扩张和企业迁移,它是具有一定产业关联性的多个企业所进行的转移行为,往往是以企业的群体转移为表现形式。如前文所述,从第二次世界大战结束开始,在过去半个多世纪时间内,全球范围内已经发生了五次大规模的产业转移浪潮。

第一次产业国际转移发生在 20 世纪 50 年代,美国的本土经济在第二次世界大战时未遭战争破坏,因此拥有了当时全球领先的技术与经济地位,美国通过将纺织业等传统制造业以直接投资的方式转移到日本,因而引发了第一次大规模的产业转移浪潮。当时的日本通过承接朝鲜战争时美国战事需要的订单,而成为承接这次由美国转移出来的产业的主要地区(舒适,李国疆,2007)。通过这次产业转移,美国将本土资源和精力更多地放在技术密集型产业的发展上,实现了国家的产业转型升级;而日本通过承接产业转移,也快速地实现了战后重建,促进了日本国内的经济发展。在第一次产业转移过程中,转移本身主要是通过单个企业的投资行为进行的,尚未产生产业层面的整合及组织方式的革新。

20 世纪 60—70 年代发生的第二次产业转移浪潮,是在各种贸易摩擦不断出现的环境下,日本为寻求自身产业结构升级而发生的,其承接转移的地区主要集中在"亚洲四小龙"。在这两次大规模产业转移中,当时的世界产业发展格局以劳动密集型产业为主导(尤以轻工业为代表),因此其转移的重点产业也集中于此。第二次产业转移实际上是第一次产业转移在全球空间范围内的梯度延续。尽管在第二次产业转移浪潮中,个别企业间产生了一定的产业关联性,但两次产业转移中均没有出现典型的组织形态的变化,即无论在转出地还是转

入地,都没有出现明显的集聚现象。

自第三次产业转移开始,每一次产业转移浪潮的发生都会伴随着东道国产业集群的形成。第三次产业转移发生于20世纪70—80年代。伴随着两次石油危机对全球经济的影响,美、日等发达国家将钢铁、造船、汽车、家用电器和重化工产业等技术密集型产业进一步向"亚洲四小龙"等新兴工业化经济体转移,自身则重点发展微电子、生物医药、新材料等高附加值技术密集型和知识密集型产业,从而出现了第三次大规模的产业转移。从这次产业的国际转移开始,产业在转入地逐渐出现了集聚现象。比如,造船业在韩国的釜山集聚(陶永宏 等,2005),家用电器制造业在中国台湾的北部地区集聚,而新加坡通过围海造田,使承接的重化工产业在人工岛上集聚。与此同时,新兴工业化经济体又将劳动密集型产业向东盟等国家进行转移,其中泰国、印尼和马来西亚等地出现了从"亚洲四小龙"转移出的纺织业集群,台湾电子产业在转移过程中也在苏南等地形成了产业集聚。

20世纪90年代的第四次产业转移浪潮,进一步受到产业模块化的影响,形成了以价值链为基础的产业链"产品内分工"(刘友金,吕政,2012)。发达国家发展电子通信、生物等高科技知识密集型产业,将技术密集型产业中的劳动密集型环节转移到东盟、中国等发展中国家。这时候进行转移的产业环节多集中在技术密集型产业的劳动密集型环节,转移前企业间存在较强的关联性,而技术的纽带作用使得转移后的企业间在供应链和价值链上的关联性和协同性进一步加强,从而在转入地加速形成了大量的新的产业集群,并实现了转出国的产业结构调整和产业升级。

伴随着这些大规模的产业转移,产业集群形态的发展在世界各地已经取得了显著的成果,在很多地区形成了大量具有高度产业关联性的产业集群。与此同时,一些产业集群中的集群企业也开始采取集中式的、组团式的集群空间迁移行为。如美国加州的半导体制造集群逐渐迁移到中国台湾新竹地区形成新的电子产业集群,此后又逐渐迁移到中国东部沿海地区(如长三角地区、珠三角地区等);中国香港、台湾的纺织业集群在广东、福建、江苏等地转移集聚,形成了大量的纺织服装产业集群;软件业集群从美国的硅谷向印度的班加罗尔的空间迁移;汽车制造业集群从美国底特律、日本的爱知向中国的上海、广州地区的迁移。现阶段,产业转移呈现的一个特征便是这种越来越常见的产业集群的空间迁移。

综上所述,产业集群与产业转移间存在着密不可分的联系,一方面,承接产业转入的东道国可能在围绕转入企业进行要素和中间产品配套的过程中,形成产业集聚;另一方面,随着近年来知识经济的兴起,企业之间存在的隐性知识关联越来越紧密,因此企业在选择转移的过程中也会出现集群式转移的效应。因此,在研究产业转移与区域创新发展的话题中,产业集群是一个绕不过去的话题。

在人类工业文明的进程中,产业集群自进入经济学家视野以来,就一直被视为最有效率的产业组织形态之一:集群企业间的组织邻近性与地理邻近性降低了群内企业的交易成本

(Scott,Storper,1986)、促进了群内企业间的知识(特别是隐性知识)溢出(Cooke, Heidenreich,1996),有利于区域甚至国家竞争优势的形成(Porter,1998)。而意大利、法国、德国等许多国家和地区的发展实践也已经证明:产业集群能够很好地与大企业、大集团发展模式共存互补,是区域经济增长中的主要动力。在中国,自1978年改革开放之后,"开发区""专业镇""特色产业基地"等星罗棋布,称谓各异的产业集群亦都曾在其经济发展的不同阶段留下浓墨重彩。回顾江苏经济成长历史,除了受益于产业转移之外,亦同样离不开伴随着产业转移发生的产业集群的成长:20世纪90年代苏南在承接产业转移中形成的纺织产业集群、电子产业集群曾是当地经济飞速增长的支撑;此后苏州昆山"凭一己之力创办的经济开发区",在苏州建立的我国第一个与外国政府(新加坡)合作建设的工业园区,首批入选中国"火炬计划"创新型产业集群的无锡高新区智能传感系统创新型产业集群等,也都为江苏产业进一步的创新转型提供了重要的载体。

从理论上讲,产业集群与区域创新发展之间存在着必然关联:从创新的产生过程看,知识的溢出和互动是其中最为关键的环节,产业集群的地理邻近性为创新主体之间的知识交流提供了便利,促进了隐性知识的互动,并且集群主体间纵横交错的生产和贸易网络也加大了知识溢出的可能;从创新的交易过程看,研发成果以及技术产品的特殊性决定其存在高额交易成本,"纯市场"并非创新活动的最佳途径;而面对多变和复杂的技术发展趋势,完全内化式创新的成本又往往超过单个企业的承受能力,产业集群的组织邻近性有利于集群内各主体形成协同创新,分担创新风险,并且集群主体之间的信任关系也能够最大限度地减少创新过程中可能产生的交易成本。

在实践中,且不论美国的"硅谷"、日本的"筑波",这些耳熟能详的著名产业集群在推动世界经济前进和产业更迭过程中长期扮演着创新发动机的角色,即便是中国的"中关村"、印度的"班加罗尔",这些发展中国家的高新技术产业集群的创新和辐射能力也不容小觑,根据2013年数据,中国北京中关村的技术交易额超过全国三分之一,其中80%以上的技术输出到北京以外地区。鉴于上述产业集群对区域创新能力成长方面的理论促进和实践经验,本书在接下来的章节中除了讨论产业转移在资源配置方面与区域经济发展之间的关系外,还将讲述产业转移中产业集群的案例,分析其与区域经济发展之间的关联。

2.2 产业集群的内涵、特征与界定

对产业集群的认识最早可以追溯到19世纪末Marshall(1890)对大量相关部门的企业聚集在特定地方的"产业区"的描述,认为集聚形成的外部经济是促使企业聚集成群的内在机制。他在论述中总结了"产业区"所具备的六个方面的特征:与当地社区同源的价值观系统和协同的创新环境;生产垂直联系的企业群体;最优的人力资源配置;不完全竞争市场;竞

争与合作并存；富有特色的本地金融系统。此时的"产业区"就已经具有了"产业集群"的实质，但却未出现"产业集群"的特定称谓。直到一个世纪之后，哈佛大学战略管理专家 Porter 在其 1998 年出版的《国家竞争优势》中首次提出了基于产业集群的国家竞争战略和竞争优势概念，才使"产业集群(Industry Cluster)"成为产业空间聚集研究领域的"标准化"概念，被诸多学者、政府和广大公众广泛引用。Porter 认为，产业集群是集中在特定地理区域的，在业务上相互联系的一群企业和相关机构，包括提供原材料和零部件的上游供应商，提供中间产品和互补产品的水平供应商，下游的渠道与顾客，以及提供相关技能、标准或公共基础设施的服务部门。

在"产业集群"这一概念引入中国后，很多学者都在 Porter 的基础上进行了进一步的解读：曾忠禄(1997)认为产业集群是指同一产业的企业以及该产业的相关产业和支持产业的企业在地理位置上的集中。仇保兴(1999)认为企业集群是一群自主独立又相互联系的小企业依据专业化分工和协作建立起来的组织，这种组织的结构介于纯市场和层级两种组织之间，它比市场稳定，比层级组织灵活。王缉慈(2002)认为产业群是一组在地理上靠近的相互联系的公司和关联机构，它们同处在一个特定的产业领域，由于具有共同性和互补性而联系在一起。魏江(2003)认为小企业集群是一群位于同一地理区域的相关企业组成的集合体，它是具有地理区域边界的一群小企业在某一特征关联背景下的产业生态系统。进入 21 世纪以后，"产业集群"的影响力从学术界扩散到政府部门，"产业集群"作为一种发展思路开始频繁见诸各类区域发展政策和媒体报道，但是在这一过程中，一些媒体仅从字面意义进行解读，往往将一些企业间并不存在联系的企业集聚区也称为产业集群。

综合各种观点，实质意义上的产业集群大多具有以下几个方面的特征：①从地域分布上看，具有地理上的邻近性和空间上的聚集性；②从产业关联上看，具有同质性和关联性，即集群内企业从事相同（竞争性）、相似和辅助性的经济活动；③从生产经营方式看，通过纵向的专业化分工和横向的经济协作实现弹性专精的生产和经营活动；④从组织结构看，具有网络化的组织结构包括经济网络和社会关系网络，网络中经济活动主体和与之有关的各种机构及组织不仅完备而且功能强大；⑤从社会文化特征看，集群内有一个共同的文化背景和制度环境即根植性，形成不可替代的社会资本；⑥从演化特征看，集群处于不断从低级到高级，从简单到复杂的动态演化之中；⑦从外部联系看，集群是一个与外部环境高度互动的开放系统，而不是一个封闭的自给自足的系统。参考上述特征，目前在中国广泛存在的园区、产业基地、专业镇等都有可能是产业集群。对照产业集群的实质，整理江苏出现在各种媒体和政策文件的产业集群的主要名称，大致有产业园区、产业基地、产业集群、专业镇这四类，但是它们之间的关系并非平级，产业园区和专业镇内都可能再包含产业基地和产业集群，并且 2003 年专业镇合并之时，很多专业镇被并入产业园区。

再进一步展开，江苏省的国家级产业园区共四种，分别是国家级经济技术开发区（商务部)、国家级高新技术产业开发区(火炬计划、科技部)、国家级出口加工区(国务院批准建立,海关监管)、国家级新区(1个,南京江北新区);而在省级层面上还有省级经济开发区、省级高新技术产业园区、省级产业园区、省级工业园区几种名称;基地大致有四类,国家级的三类,包括软件产业基地、特色产业基地(这两种属于火炬计划、科技部,有时被合并起来称作高新技术特色产业基地)、高技术产业基地(属于国家发改委,高技术产业基地包括综合性和专业性,江苏只有专业性,分别在苏州、泰州、无锡);此外,江苏省还有100个省级的特色产业基地(属于省改委)。上述这些产业基地和园区,彼此之间亦不平行,高技术产业基地可以是由几个基地或者园区共同支撑,比如苏州信息产业国家高技术产业基地就包括整个苏州的信息产业都。而江苏被正式称为"产业集群"的集群则属于省经信委的中小企业局,主要有两类:100家省级重点培育产业集群和江苏省特色产业集群,前者于2003年开始推进,而后者则始于2009年。

此外,从广义上理解产业集群,那些融商贸、教育和工业为一体的新城区,因为符合上述①至⑦的特征,也可以被认为是产业集群。鉴于上述讨论,笔者在遍寻各种媒体和政策文件后,更详细地将江苏的各类产业集群整理成16类:①国家级经济技术开发区;②火炬计划相关的四类(高新技术产业开发区、软件产业基地、特色产业基地、创新产业集群);③江苏省省级经济开发区;④江苏省省级高新技术产业开发区;⑤江苏省特色产业园;⑥江苏省承接产业转移特色园区;⑦江苏省现代农业(渔业)产业园;⑧江苏省100家省级特色产业基地;⑨100家省级重点培育产业集群;⑩江苏省特色产业集群;⑪江苏省产业集聚示范区;⑫江苏省科技产业园;⑬江苏省重点文化产业园;⑮国家级文化与科技融合示范基地;⑯国家创新型试点城市。

2.3 全书思路与框架

本书通篇讨论的重点有三个:产业转移、产业集群和区域创新发展。这三点之间各自独立又彼此相关,因此在后续的展开中我们将以江苏省为视角,以专题的形式从不同层面展开。本书共讨论5个专题,包括:江苏省的产业转移、产业集群与产业演进;产业转移中的资源配置扭曲与效率损失;承接产业转移中的园区共建;产业与城市的融合发展;产业转移承接地创新能力的构建。全书的具体构成如下:

第1章,介绍产业转移的历史、产业转移与中国经济的成长,以及产业转移与中国未来创新转型发展的关联。

第2章,阐述产业转移与产业集群的关联,以及产业转移与产业集群和区域发展之间的关系;并对全书的构成做简要介绍。

第3章,介绍了与全书讨论问题相关的已有研究,共分为4个部分:产业转移的动因和背景、产业转移与区域经济发展、产业转移中的集群现象以及区域创新网络与集群。

第4章,以时间为序,从20世纪80年代开始,通过江苏经济发展中的重要事件,讲述江苏是如何在承接产业转移的"三来一补"大潮中成长,以及在这一过程中是如何在产业集群的孕育、形成和走向规范化的过程中实现产业升级和区域创新发展的。

第5章,构建模型,测度江苏省为均衡区域发展而推行的产业转移过程中的效率损失,并根据模型的中间测算结果,分析造成效率损失的内在原因。

第6章,分析江苏省在承接产业转移过程中的重要措施——园区共建,是如何减少集群转移中效率损失的,阐述在经济发展不同阶段园区共建的不同影响力,并以苏宿工业园为例,分析园区共建过程中的要点。

第7章,从产业与城市融合的视角更宽泛地看待产业集群,阐述了产业与城市功能的融合机理(为什么要融合)以及融合路径(如何融合)。

第8章,在提出"区域创新集群"概念基础上阐述了产业承接地如何构建自己的区域创新体系,并以苏州工业园区为案例,剖析了与产业集群相融的区域创新体系的特征,采用DEA方法证明"区域创新集群"应对冲击的自修复性。

第9章,从"一带一路"的视角切入,就中国产业转移的未来以及产业转移与区域经济发展的未来研究进行展望。

2.4 研究意义和创新点

本研究以江苏省产业转移、产业集群发展的时间为落脚点,针对中国在"新常态"经济发展阶段所面临的"创新动力不足""区域发展失衡"等问题展开,无论从"改变发展路径,还子孙青山绿水"的可持续发展角度,还是从"提升产业国际地位,实现中华民族复兴"的历史责任角度,都具有重要的现实意义。本书的研究过程兼顾原理剖析、数据检验和实证支撑。从理论角度看,本书在分析过程中构建的理论和实证模型都具有一定的创新性,对很多概念也给出了全新的解读,这些对更多学者的后续研究都具有启发价值;而从实践角度看,本书详述了江苏承接产业转移、推进产业南北转移,以及在这一过程中各类产业集群的成长历程,翔实的资料能够为中国其他地区的经济成长提供参考与借鉴。

本研究的创新点主要有:

第一,从三十多年的较长时间跨度内对江苏产业发展和演变脉络进行梳理,并在此基础上再现了改革开放以来江苏经济的发展历史,在已有的产业转移的相关研究中,像这样的翔实梳理并不多见。文中涉及的集群案例和千余家企业数据均来自实地调研,丰富的一手资料为学者的进一步研究提供了可用的素材。

第二,将研究要素资源错配领域的测算方法引入产业转移研究领域,以测算江苏省为平衡省域经济而推进的产业转移过程中,由于企业发展、转移的速度和要素资源的积累、迁移速度不一致而导致的资源配置扭曲情况和因此造成的经济效率的损失,得以比已有研究更深层次地了解江苏产业的转移现状和需要加强的措施。

第三,通过拓展产业集群研究领域经典的"核心－边缘"模型(Krugman,1999),首次揭示了"产城融合"这一国家战略在促进区域产业发展和升级过程中的内在机理与作用路径,结合盐城环保产业园的实地调研案例,不仅为后发地区产业群的跨越式发展提供了方法,为中国诸多只强调"生产"的工业园区、工业镇提供了可供参考的升级措施,也为更广的"城镇"区域的经济发展提供了启示。

第四,从区域知识关联入手,构建模型,不仅阐述了产业从中心向周边逐渐扩散过程中企业、资源等关键要素的转移临界点和转移流向,还比已有研究更为深入地解释了江苏推进产业转移中推行的"南北共建产业园"这一措施的内在经济学原理,得出在经济发展不同阶段这一措施可能产生的不同效果,强化了平衡大区域(省域或是全国)经济发展过程中仿效这一做法时的针对性。

第五,结合苏州中新工业园的成功实践,将对集群创新的理解从简单的技术创新上升到融产业创新与社会创新为一体的创新创业的生活方式,对承接产业转移的载体如何实现创新和产业升级进行了不同于以往视角的解读。

第 3 章
产业转移与区域创新中的问题

本章将就与全书讨论问题相关的已有研究进行简单的回顾。

3.1 产业转移的动因和背景

第二次世界大战以来,随着经济全球化进程的逐步展开,特别是跨国公司的兴起,外商直接投资(FDI)成为国际经济交往的主流现象之一,并由此兴起了全球范围的贸易、投资乃至生产性往来,大大加快了产业的国际流动和区域转移。这是因为,从传统的角度看,一般认为企业跨国直接投资行为的宏观化就是产业的跨国转移。因而,在此等意义上,虽然产业集群的转移还少有人问津,但有关国际间的产业转移却已成为主流经济学的热门话题之一,来自国际贸易、产业组织、经济地理等等学派的学者纷纷投身其中。虽然没有产业链或产业群基础的企业跨国直接投资行为的宏观化尚不是本书讨论的产业集群转移问题,但了解传统的"产业转移"理论的演化对本研究不无益处。

针对产业转移的经典理论,大体分为如下几类学派。国际贸易学派倾向于从比较优势的角度来解释FDI(刘易斯,1984;Kojima,1978)。经济地理学派站在企业扩张的视角,将企业扩张和产业转移联系起来思考(Watts,1980;Hakanson,1979;Taylar,1975)。产业组织学派则强调从市场结构的角度考察FDI问题,如Hymer(1960)的垄断优势论,也有学者从生命周期的角度考虑FDI(Thompson,2002;Vernon,1966)。还有的学者集成了众多学派的观点,突出的代表是Dunning(1981,1993)的国际生产折中论。具体而言:

以阿瑟·刘易斯(1984)为代表的国际贸易学派,最早基于劳动力密集型产业的空间流动,探究了产业转移的动力机制。由于劳动力是产业发展的核心要素,因此刘易斯认为,各国之间劳动力比较优势的变化是劳动密集型产业形成空间转移的主要动力,随着发达国家人口自然增长率的不断下降,以及熟练劳动力比重的提高,劳动力成本上升,使得劳动比较优势向发展中国家倾斜,从而诱发了劳动密集型产业由发达国家向发展中国家转移的动态趋势。这一理论在日本的产业转移经验上得到了充分验证。小岛清(Kojima,1978)根据日本企业的对外直接投资在1978年提出了著名的边际产业扩张理论。小岛清认为,对外直接投资应该从本国（投资国）已经处于或即将陷于比较劣势的产业（称其为边际产业）开始向外转移,这些产业往往是对方国家具有显在或潜在比较优势的产业。该理论支持不断将本国不具备比较优势的产业逐次向海外转移,从而有助于集中优势要素获取更高的贸易分配利得。小岛清的理论概括和总结了战后一段时期日本对外直接投资的规律和经验,也正是由于对外直接投资表现出按劳动密集型产业、基础产业和加工组装型产业的顺序,日本高端制造业获得了更为充沛的生产资源,从而实现了产业的转型和升级。

以Thompson(2002)为代表的区域生命周期理论认为,产业区就像有机生命体一样,有着年轻、成熟和老年的过程。从成熟期开始,区际竞争逐渐剧烈,现有产业的区位比较成本优势将逐渐削弱直至丧失,为了应付其他区域的竞争,区域企业将多区域化布局,呈现出"分厂的转移"。以Vernon(1966)为代表的产品生命周期理论认为,产品周期分创新产品、成熟产品、标准化产品三个阶段。当产品处于创新阶段的时候,本国生产具有竞争优势,产品可以采取出口的方式进入他国市场。当产品处于成熟阶段时,根据技术扩散的程度和生产优势转移的情况,可考虑以技术转让和对外直接投资等方式进入他国市场。当产品处于标准化生产阶段时,最好通过对外直接投资将生产转移到具有优势的国家和地区。这一产品生命周期理论后来被区域经济学家用于解释区域产业布局和转移问题,其基本含义是,产业转移是企业为了顺应产品生命周期的变化,回避产品生产的比较劣势而实施的空间移动,是产品生命周期特定阶段的产物,是产品演化的空间表现。

近年来以Dunning(1981)为代表的国际生产折中论,从微观企业和产业组织的角度,解释了企业特别是跨国公司对外直接投资的行为动机。其基本观点是,产业组织决定的所有权优势、交易成本决定的内部化优势和区域要素禀赋结构决定的区位优势是决定企业对外直接投资和跨国经营的主要原因。简单来说,企业会根据不同区位的要素优势,选择合适自身产业发展的地区进行投资和转移。而与此有直接关联的是企业成长的空间扩张论,即企业空间扩张主要表现为四种模式:市场区扩大模式(Watts,1980)、组织变形及区域演化模式(Taylar,1975)、全球扩张模式(Hakanson,1979)和全球转移模式(Dicken and Lloyd,1990)。这四个模式虽各有侧重,但其共同遵循的是,市场占领是企业从单一区位向多区位的空间扩张的根本动因;企业扩张一般遵循产品扩张（市场区位扩张）——销售部门空间扩张（销售区位扩张）——生产部门的空间扩张（生产区位扩张）的顺序进行。也就是说,企业成长的空间扩张理论是将产业转移视为企业在空间上的扩张或者成长,是对产业布局空间演化的一种观察和解释,为全球经济一体化现象和趋势提供了新的研究视角。

现阶段,中国产业发展正面临着一系列调整,其中最主要的两个特征,一是核心生产要素发生了由传统要素驱动向创新驱动的转变,二是区域产业发展开始由"东部先行"转变为"区域协调"。这些调整将剧烈而深刻地影响中国产业发展模式和路径。而适应经济背景实现产业升级的关键举措就是依托产业梯度转移拓展发展空间。改革开放以来,中国在融入全球化的过程中,主要凭借充沛的低成本劳动力,在以发达国家主导的全球价值链体系中,实现了东部地区加工制造的"平铺式"推进,而为了让东部地区"先富"起来,在这个过程中,中西部地区源源不断地供给了大量的劳动力和生产资源,制造业在中国东部地区快速集聚,出现了经济的东部倾斜,从而表现出越来越尖锐的区域发展不平衡和不可持续的问题。随着中国人口红利的不断衰退,东部劳动力优势式微,对劳动密集型产业的吸引力降低,而与之对应,东部劳动力技能以及技术创新等要素的优势开始凸显,从两个方面对中国产业的现有布局产生了巨大作用。

在此背景下,中国政府已经深刻认识到调整全国区域产业布局的困难和机遇,并推出了一系列引导产业转移实现区域协调发展的战略举措,力图通过产业国内梯度转移,为沿海地区产业转型升级腾出空间,同时给内陆沿边地区承接产业转移促进工业发展带来新的机遇,从而促使中国产业体系在区域转移和产业调整过程中拓宽发展空间实现价值链攀升。"一带一路"就是其中最具代表性的战略举措。"一带一路"对产业转移的牵引机制不仅体现为跨区域生产要素的转移和整合,更体现在产业转移模式的优化方面。借助资源整合利用,将传统"飞雁模式"创新为"飞龙模式"(蔡昉,2015),实现沿海到内地再走出去的分工序、分步骤产业梯度转移。"一带一路"构筑了中国与发达国家和发展中国家之间的"枢纽"定位,而世界经济格局从"中心—外围"单循环体系向"双环流"体系转换的核心就是产业转移(张辉,李宁静,2019)。虽然经过近年来的数据经验证明,"一带一路"对中国产业转移的政策驱动力是显著而成功的(戴翔,王如雪,2020),但在推动过程中,也浮现了中国产业转移面临的众多困境。例如,"一带一路"沿线城市流强度较低、东西格局不平衡、中心城市不突出等问题,对推进区域产业转移形成巨大障碍(高新才,2015)。与此同时,"一带一路"对国内承接段的产业转移的根本驱动力主要表现政策性特征,而非按照市场要求转移,间接性强化了我国技术密集型产业优先于劳动密集型产业向西部地区转移的逆向特征(黄敏,2016)。

综上所述,要素的区位配置和比较优势,对于产业转移有决定性作用,特别是在中国工业发展的过程中,产业会自发向生产要素与自身结构相适宜的地区进行生产,从而表现为产业转移。而借助"一带一路"等发展战略,促进沿海地区产业向内陆沿边地区转移,在区域协调发展中拓展发展空间,对于中国调整产业布局,有方向地引导产业向适宜地区转移,具有重要的现实意义。

3.2 产业转移与区域经济发展

产业转移与区域经济发展关系的研究最早从国际视角开始,关注点在产业转移对区域产业结构的调整。赤松要(1935)的雁形模式理论和小岛清(1987)的"边际产业扩张论"都从区域产业结构的角度解释了产业转移的基本理论,提出产业转移通过将相对落后的产能转移到其他国家或地区为实现转入地和转出地的产业升级和产业结构调整创造条件,进而重构地区产业体系。缪尔达尔(1957)基于二元经济结构理论提出发展中国家存在的"地理上的二元经济",即经济发达地区和不发达地区并存。在离心的"扩散效应"的作用下,发达地区将向不发达地区转移其失去绝对优势或比较优势的传统产业和衰退产业,这种转移扩散促使发达地区升级产业结构,并带动落后地区的发展,缩小区域差距,这种基于"二元经济结构"理论的发展模式被称为梯度推移发展模式。进入20世纪90年代后,关于产业转移对于区域经济发展的效应研究的成果进一步丰富:Terotomo Ozawa(1992)认为,产业转移实际上是寻求比较优势,所以会通过贸易增长来促进经济增长;James R. Markusen等(1997)认为产业转移会带动对于承接地相关产业的需求,通过前向联系和后向联系对其产业结构产生积极的影响;Magnus Blomstrom等(2000)依据小岛清的"边际产业扩张"理论,用数据模型对产业转移对于日本产业结构调整和升级的作用进行了验证。

上文所述,传统劳动力要素、对外直接投资等要素的流动是牵引产业转移的根本动力,但随着全球经济发展,生产要素也在不断升级,知识、技术、创新等高端要素相对于劳动力等低端要素对产业转型升级的作用日渐凸显,因此,伴随知识溢出实现的产业转移,也将成为产业转移的新途径。

相比于低端要素,知识创新在地理上的非均衡分布特征更为显著(Capello,2014),不仅产业分布会影响知识创新的空间演进,知识创新的空间溢出效应也会反作用于产业的空间转移,从而影响产业布局,二者之间呈现显著的积累循环因果关系(Berliant,2006)。从前者来看,产业在空间分布而形成的集聚效应,有助于促进产业创新和知识积累,形成"公共知识池",进而带来显著的知识溢出。这不仅有助于相关产业降低研发成本和技术壁垒,更有利于在溢出过程中进一步实现再创新。从后者来看,产业发展对要素质量的需求逐渐提高,知识创新无疑是新一轮产业发展的核心竞争力。具备高端知识技术的产业更容易在新的全球经济体系中占据有利地位,因此,知识技术的集聚而溢出必然牵引着产业的追逐和转移。知识技术密集的地区,可以通过不断向外转移低技术产业,为创新性产业的发展腾出空间,同时吸引更具创新力的产业向当地转移。知识溢出牵引产业转移的路径大体分为两类:一类是"MAR外部性",即发生在同一产业内部不同企业之间,同一产业间的技术相似或相关性越高决定了知识溢出对同类企业的吸引作用越大,因此会出现同技术类产业向技术密集地转移的路径;第二类是"Jacobs外部性",即知识溢出发生在互补性或差异化的产业之间,这是由于技术的多样性对于企业创新的边际作用更大,因此某一技术的创新发展也会牵引不同类产业的转移,目的是形成多样化的技术创新路径。

知识溢出的路径包括国际商品贸易、外商直接投资(FDI)、劳务输出、国际专利、人口迁移以及信息交流等(Keller,2004)。小岛清的边际产业理论指出知识在全球范围的转移会伴随产业在国际范围的转移。在一定程度上,产业转移的过程就是知识资本在国际区位重新配置的过程。众多学者证实了产业转移与知识溢出之间的内在促进关系。在全球价值链生产体系下，不仅各企业和生产环节之间形成了统一整体，知识技术也随之形成了覆盖全球的知识网络。Dieter 和 Linsu(2002)指出，全球生产网络体系是知识转移的重要载体，生产技术随着价值链贸易在全球范围内流动，跨国公司总部会通过价值链网络体系将知识技术转移到东道国企业，而相应企业必须提升自身技术或管理能力以吸收和利用新的知识技术，从而实现了产业升级和技术进步。在此基础上，一方面，东道国某些产业的技术升级会改变当地生产要素和产业分布的比较优势，从而牵引产业转移；另一方面，借助知识溢出实现转型升级的产业，不仅会吸引跨国公司总部进一步转移更高端的知识和技术，从而牵引高端产业向当地的转移，还可以向其他区位的低端环节转移知识和技术，实现本地向低端区位的产业转移。

除了国际贸易和 FDI 两个最基本的渠道外，随着国际信息技术和人力资本跨国流动的加剧，知识和产业转移的途径还包括国际会议、海归人才回流、专利技术引进等方式(Lee，2005)。针对这些转移途径的研究，学者从不同角度进行了对比分析：Keller(2004)指出国际知识资本溢出最主要的媒介是国际贸易和 FDI。黄先海等(2005)比较了贸易与外资渠道的溢出差异。姚利民(2011)实证比较了进口、出口、外资和对外直接投资四种渠道下的技术外溢效应。Shireen(2012)分析了借助对外投资渠道实现知识资本对母国和东道国产业转型发展的作用，指出知识溢出是影响产业创新和生产率进而决定产业布局的重要途径。杨河清和陈怡安(2013)探究了海归回流对中国知识溢出从而牵引国际知识转移和产业升级的影响。由此可见，知识溢出对于产业的转移和转型均有重要影响，主要依托发展中国家承接发达国家 FDI 或国际贸易途径实现。近年来，针对国际人力资本流动所引致知识溢出进而影响产业转移和升级的研究日渐增多，也有相当数量的研究开始关注产业转移对转入地和转出地的影响。

一些学者提出了产业转移对承接地可能产生的负面效应：Gerchenkon(1979)从产业转移的实践中发现，后发地区的产业体系有可能会因为只承接那些相对低技术含量产业的转移而被"价值链低端锁定"，从而陷入"后发陷阱"。由于西方发达国家的大型跨国公司通常是产业转移的主要实施者，他们在核心技术与品牌上占据着全球产业链和价值链的高端(Hobday 等, 2005)，而全球价值链所形成的这种"瀑流效应(Cascade Effect)"对后发国家产业升级和产业体系重构会形成阻碍(Nolan 等, 2008)。对此，另外一些学者则认为正是这些负面效应刺激了后发国家努力改变自身地位，提升经济发展水平，逐步提升自身在全球价值链中的地位，从而对发达国家在相应产业中的主导地位构成了挑战，并认为只有这样的产业转移，才能够从根本上重构后发国家的产业体系，形成其真正的国家产业竞争优势(Amsden, 2001)。

中国学者对产业转移与区域均衡关系的相关研究多集中在中国国内的地域之间，认为区域间的产业转移是在转移方推力和承接方拉力所形成合力的作用下,在区域生产要素资源或者产品需求条件发生变化的经济环境下,转移方和承接方在固有自然资源禀赋的基础上出现的异质发展,从而出现了地区间的非均衡现状,进行了以区域市场主体企业为载体的空间流动(王建峰,2013)。大多数学者都认可产业转移对转出地和转入地之间均衡发展的重要作用。就产业转移的效应而言,陈刚等(2001)认为产业转移会带来三方面的效应,即产业优化效应、就业扩大效应、产业发展效应,从而促进转出地和转入地经济的发展,而其在2006年的研究发现,对于欠发达区域而言,产业转移也会产生制度环境改善效应。从产业分工角度,张若雪(2009)提出中国的产业转移是基于产业和劳动力的"双转移",产业转移所实现的产业整合,是经济圈产业结构优化升级的重要方面,其关键是经济圈中心城市和其他城市之间如何进行专业化分工。从产业升级角度,韩艳红(2013)认为,发达地区在发展过程中将会面临劳动力、土地、资源等的供给紧张,同时环境污染等问题也会制约当地的经济发展模式,这就需要其通过产业转移实现产业升级;而对于欠发达地区而言,在充裕的生产要素(如劳动力、土地和资源等)作为保证的基础上,承接发达地区的产业转移会成为推动其经济发展的新引擎。因此,产业转移从转出地和转入地两处看都给区域经济均衡发展带来了促进作用。从要素流动的角度,张辽(2013)探讨了产业转移与区域经济发展的关系,他认为产业转移能够通过作用于产业的空间集聚形态对我国区域经济的发展格局产生影响。

一些学者也就中国产业转移的实际案例进行了较为详细的分析,验证了此前关于产业转移与区域均衡发展关系的结论。戴宏伟等(2003)研究了"大北京"经济圈产业梯度转移与区域产业结构优化的关系,他们认为北京经济辐射能力较弱以及京津冀深层次产业分工与协作水平较低,是导致京津冀经济圈与珠三角、长三角区域存在较大差距的主要原因,京津冀经济圈的发展需要通过核心地区向周边的产业扩散和产业转移,实现大经济圈的协作和区域经济协同发展。方劲松(2010)从安徽与长三角的历史演化关系入手,通过分析长三角产业转移与安徽承接的发生机制、比较优势、绩效与风险等,提出了通过承接产业转移实现安徽跨越式发展的道路,并从二者"中心—外围"的关系角度,论证了以产业转移为主要方式的区域均衡发展战略。姜霞(2013)从湖北省承接产业转移的现状入手,对湖北省承接产业转移的产业选择、转移路径、空间配置和政府政策等方面进行了研究,认为产业转移是生产力空间转移的一种重要方式,有利于承接地产业结构优化升级,是提升产业承接地综合经济实力、推动区域经济协调发展的重要途径。通过对中国产业转移与区域均衡发展的研究,可以看出,现阶段区域间产业转移依然是实现区域均衡发展的重要手段。同时,产业转移的内容和方式在新时期也存在多种可能性。

3.3 产业转移中的集群现象

产业集群的转移被视为产业集群演进到一定阶段的必然现象。基于集群视角的产业转移研究始于 FDI 下的地理集聚研究,当时邓宁(1977)提出生产折中理论,首次提到跨国公司对外直接投资(FDI)导致了产业的集聚式转移。此后区位论的出现进一步将产业转移理论与产业集群现象联系到了一起。产业转移中的集群式转移与一般的产业转移有所不同,它不仅仅是单个企业的简单搬迁,而是具有产业关联性的企业群的空间转移和产业融合。

关于集群转移的动因研究,一方面,许多学者基于邓宁的生产折中理论,选择从 FDI 角度切入进行研究。学者们首先聚焦于 FDI 投入地的集聚吸引效应。跨国公司的 FDI 行为,从企业扩张的角度实现了资本和劳动的空间转移,集聚的 FDI 行为则可能带来更好的技术转移效果(Thompson,2002),从而使得集聚效应(Convergence Effect)在 FDI 路径下的产业转移中发挥重要作用(Krugman,1999;Puga,Venables,1996;Dermot,Pavelin,2001)。集聚经济会促进跨国公司向某一区位的集中转移(Luger,Shetty,1985),而存在大量生产活动的地区也会吸引新企业的迁入(Wheeler,Mody,1992),从而形成转入产业或企业的集聚与集群。其后,学者们也开始关注 FDI 来源地的集聚推动效应。一些学者发现在产业转移之前的跨国公司往往也具有明显的空间集聚性。Smith 和 Florida(1994)通过研究日本制造业企业在美国的 FDI 活动发现,投资的"模仿倾向"使得日本企业具有很强的来源国集聚效应,大量日资汽车企业及其相关汽车零部件企业在美国通过 FDI 形成了一些汽车产业集群。He(2003)考察了中国香港、台湾以及日本、美国等在中国内地的企业数据发展,FDI 存在显著的国别集聚效应。Gross 等(2005)在研究了日本制造及服务企业在欧洲的区位特征后发现,日本制造企业会倾向于转移到已有日本厂商进入的市场,同时服务厂商的早期市场进入也会吸引其与制造企业的集聚转移。

另一方面,专注于产业集群研究的学者,则选择从集群自身发展的角度对产业集群式转移的动因进行研究。产业集群的形成往往伴随着大规模的产业转移,成熟的集群平台所具备的强大向心力会吸引更多的产业集群转移(Puga,Venables,1996)。而随着资源和污染等拥挤成本的增加,在产业集聚达到一定程度之后,则会因集群离心力的增强而导致产业集群中部分产业环节具有扩散或空间转移的趋势(Klmienko,2004)。产业集聚效应和地区吸引力之间存在一种倒 U 形关系,当集聚效应达到一定阈值时,便会转为集聚不经济效应(Arauzo-Carod 等,2010)。产业集群式转移,实际上是产业集群发展中的空间离心力和空间向心力博弈的结果,也是产业区空间扩展和动态区位调整的重要方式(Rabellotti 等,2009)。台湾向大陆进行的集成电路产业集群的空间转移,便是产业集群式转移中较为明显的案例,它实现了台湾地区电子类产业集群的转型和升级(Tsai,Li,2009)。

关于集群转移类型的研究，其中最为常见的视角是价值链视角，该视角关注转移过程中的企业关系和集群关联。Sammarra(2005)对集群式转移模式进行了开拓式研究，提出了复制性转移(Replicative Relocation)和选择性转移(Selective Relocation)两种经典模式，前者是将原有集群的主要价值链环节以复制的方式一起转移到新的集群中，后者则是剥离原有集群中产业价值链的某一个环节，将剥离的环节以集群的形式转移到新的空间去。Sammarra和Belussi(2006)还对意大利时尚产业区的演化过程进行了案例分析，指出在集群产业转移过程中，集群企业倾向于与它们的供应商和所信任的合作伙伴一起转移，集群企业转移到制造以外环节的能力是向全球价值链高端攀升和保持集群长期核心竞争力的关键。

关于集群企业转移的影响因素的研究，与单个企业转移仅仅专注企业的战略和决策不同，学者们充分考虑了其特有的集聚效应，同时也更强调企业与员工之间，企业与企业之间，以及企业与当地经济网络的整合关系对集群企业迁移产生的重要影响。Yamamura等(2003)从人力资本的角度，对日本Bingo地区的服装集群发展及企业迁移进行了分析。Barbier和Hultberg(2007)从不同地区间企业关联的整合角度，将地区经济整合程度作为影响集群企业迁移的重要原因。Knoben等(2008)从组织嵌入性的角度分析了企业迁移的原因和绩效，认为企业迁移可能带来的各种风险也会对企业迁移产生重要影响。Arauzo-Carod等(2010)在肯定基础设施建设等新经典要素对企业迁移的影响之外，提出了企业自身行为要素在其中的作用。随着从FDI中不断形成大量产业集群，跨国公司在集群中的重要性也会不断提升(Nachum，Keeble，2003)。

政策要素是影响集群企业迁移的另一重要原因，也是制度学派坚持的重要观点。这些学者认为，企业迁移的经济过程会受到社会文化制度和价值系统的共同影响(孙华平，2011)。一方面，相应的地区扶持和鼓励政策会促进集群企业的迁移。其中较为典型的如第二次世界大战时期西方国家为鼓励企业到不发达地区投资而采取的一系列财政补贴政策，以及我国在20世纪末开始的西部大开发政策等。这些政策在很大程度上通过刺激集群企业的有目的地的迁移，既促进了落后区域的开发，又缓解了核心区域拥挤、劳动市场和发展空间约束等问题(Pellenbarg等，2002)。另一方面，一定的地区保护政策也会阻碍集群企业的自主迁移。公共政策会限制非正式企业的空间迁移(Mukim，2011)，如科技园区建设中的土地差别价格补贴、地区公共金融财务等方面的激励政策(Oukarfi，Basle，2008)，以及与当地产业结构相关的补助政策(Devereux，2007)等。当然，这些也会反过来降低已在集群内的企业向外迁移的意愿。另外，经济环境与国家法律制度的差异也会影响集群企业在跨国迁移中的决策(Cumming等，2009)。

产业的集群式转移是现阶段中国产业转移的新趋势，并有越来越成为产业转移主要形式的趋势。众多学者肯定了产业集群转移对于经济发展的重要作用。产业集群整体的转移使得原本在地理上集中、关系密切的产业群体在新地区能继续维持其网络关系(丘兆逸，2006)，转移前后的产业集群之间同时存在着互动关系(吉敏，胡汉辉，2009)，从而对转入地经济发展起到乘数作用(羊邵武，2006)。因此，集群内部所形成的网络关系对集群式转移具有重要的促进作用。集群企业间的紧密联系使得这些企业之间更容易产生长期的重复交易，从而形成一个复杂而稳定的集群网络，这使得当集群面临产业转移需求时，集群企业间为降低各种风险会采取抱团式的集群转移行为(张书军 等，2007)。这其中家族企业和创新精神对产业集群的边界拓展与经济性质的动态演进同样具有重要影响(张书军 等，2007)。同时，集群网络导致了企业之间形成了较为清晰的分工体系，很好地分离了生产的各个环节，并使得各网络节点能够更好地发挥自己的核心优势，从而形成较为稳定的集群网络关系，促进集群式转移的发生(庄晋财，吴碧波，2008)。此外，一些学者也从产业集群和地区发展的关系入手，肯定了集群式转移的积极意义。陈耀和冯超(2008)从当前劳动力成本上升和人民币升值的大背景出发，分析了中国沿海产业集群转移的影响因素与转移倾向，他们认为由跨国公司主导的高技术产业贸易集群向沿海中小城市或其他低成本国家转移的趋势日趋明显，而传统产业集群向中西部地区扩散的速度将会加快。毛广雄(2011)则将集群式转移作为区域产业转移与承接地产业集群耦合的重要方式。

有学者注意到中国的集群式转移中存在着较强的区域黏性，而原有产业集群的集聚效应是造成区域黏性的重要原因：刘艳(2004)指出，产业集群的存在将导致东部沿海地区的劳动密集型产业产生区域黏性；孙华平(2011)从集群网络特征角度进一步解释了集群的转移黏性，认为产业集群各网络节点由于集群效应使得成本下降，此时一定的制度支持与服务会对企业的区位转移和劳动力流动产生一定的抑制作用，加大产业转移的机会成本，而由集群效应带来的声誉增加和就业流动性便利，也能进一步凸显集群对劳动力的吸纳效应。尽管集群转移中可能存在一定的黏性，但产业的集群式转移作为集群转型升级的重要方式，其在未来集群发展中的作用不容忽视。在产业集群式转移实践中，应该尽可能地发挥其集聚效应和网络关联的积极作用，尽量减少转移黏性带来的负面影响。

根据中国实践中的不同产业集群转移现象，一些学者试图对其模式进行总结和提炼。从驱动因素研究的角度，隋映辉等(2007)将产业的集群化转移类型分为跨国公司转移带动型、产品"外包"带动型和创新本土化带动型三类。根据生产转移成本与环境转换成本，戴景萌(2008)将产业的集群式转移分类为"高生产转移成本，高环境转换成本""高生产转移成本，低环境转换成本""低生产转移成本，低环境转换成本"和"低生产转移成本，高环境转换成本"四种。从价值链分割的角度，黄晓等(2013)将集群式转移分为选择式和复制式两种。部分学者还从案例分析及社会网络分析等方面，对集群转移中的企业战略进行了讨论。李松志(2008)通过探讨广东省佛山市禅城陶瓷产业的升级与转移，对集群企业转移的战略进行了实证研究。符正平和曾素英(2008)通过案例方法讨论了企业的复杂社会网络对集群式产业转移中企业转移模式和行动特征的具体影响,认为网络异质性越强,网络联系强度越弱,集群企业转移就越倾向于采取独立行动而不是集体行动;而网络异质性和网络中心性越强(即中卫式集群),集群企业就越倾向于认同选择性转移而不是复制性转移。常伟(2010)则从社会资本视角对这一问题进行了实证研究。

近些年来,在中国产业集群转移过程中出现了大量园区建设与集群发展共生的现象,基于园区视角的集群转移正日益成为学者们的研究热点。从工业园区对于产业集群产生的作用方面来看,吴晓军(2004)、马新平(2004)等认为工业园区是欠发达地区实现产业集群的基本载体。朱华友等(2008)提出产业转移的集群路径形式之一就是承接地工业园区的建立带动集群形成。何振翔(2006)认为工业园区对产业集群发展可能产生的促进作用是,一方面园区企业形成集群根植于本地,另一方面带动园外企业以园区为中心形成外围群落。而王志华(2004)则认为对于工业开发区而言,基于产业集群发展是其健康发展的必然选择。从工业园区与集群的互动关联来看,张秀娥等(2008)指出产业集聚与产业园区建设具有共生性特征,即产业园区的地理邻近为集聚效应创造了良好的基础设施和制度供给,而集聚效应的不断变大又为制度供给朝着更好的方向变迁提供了动力。雷鹏(2009)认为工业园区的发展有赖于集群的形成,而工业园区本身又是产业集聚发展的载体,且对产业集聚的发展也有强化作用。黄晓、胡汉辉(2013)则通过研究发现,集聚效应和产业关联性促进了产业集群的空间转移,而集群发展与园区建设的耦合关系进一步推动了集群转移进程。

但是在当前集群的园区式转移过程中,学者们发现还存在一些问题。赵延东和张文霞(2008)通过对我国西部若干地方工业园区的案例研究,提出当前地方工业园区建设中存在着只注重企业地理上的集中而忽视产业集群效应的问题,指出这一现象不仅源于地方政府对工业园区与产业集群之间的关系存在误解,而且也是地方政府在制度性压力下为获取合法性而采取的短期模仿行为,因此缺乏建立集群的长期规划和考虑。这一问题也得到了其他一些学者的认同(丁厚春,2006;赵延东,张文霞,2008)。可以说,在中国特有的制度环境下,以政府间合作和园区共建等方式出现的中国式产业集群转移现象还会越来越多,这将为产业转移理论、产业集群演化升级及集群转移理论的研究提供更多的研究素材。

3.4 区域创新网络与集群

创新网络嵌入不同层次的地域概念后就会有不同内涵,在国家层次称为国家创新系统;在区域层次称为区域创新系统或网络,应用到产业集群中,就形成了集群创新系统。

对创新网络的研究源于20世纪80年代"网络"概念在企业管理领域的应用。Williamson(1985)从新制度经济学角度认为网络是介于市场交易与层级组织间的一种组织形式,是企业与市场相互作用、相互替代而形成的企业契约关系或制度安排,并认为网络比企业组织和市场结构更利于节省交易费用。网络的构成被认为应该包括三个基本的元素:行为主体、活动发生和资源(Hakansson,1987)。其中行为主体不仅包括个人或企业,还在更广的范围上包括政府、教育和培训组织和中介组织机构等;活动则包括网络中行为主体之间的信息、知识、技术和生产要素的流动;资源包括物质资源、金融资产和人力资源等。一般而言,网络都被理解为线和点的链接和组织形式。盖文启(2002)对网络做出定义,认为其是具有参与活动能力的行为主体,在主动或被动地参与活动过程中,借助资源的流动,所形成的彼此之间正式或非正式的关系总和。事实上,随着全球竞争日趋激烈、技术日趋复杂,新产品的开发开始逐步超过企业的独立研发能力,越来越需要全球合作机制下的广泛技术能力。因此,当时对企业外部网络的研究纷纷兴起,并产生了一系列相关概念,如学习网络、知识网络等,这些都从不同角度表达了对企业获取外部创新能力的认识。

创新网络概念最早是由Freeman(1991)提出的,他认为创新网络是应付系统性创新的一种基本制度安排,网络构架的主要联结机制是企业间的创新合作关系,而知识溢出效应是创新网络发展和经济增长的最基本动力。Lundavall(1992)进一步将创新网络的构成主体分为要素和关系两大类,认为网络中创新知识的产生、传播、渗透以及各个主体(网络节点)间发生作用是整个网络能够存在和发展的重要特征,他们还强调了网络对于传递可编码的规范化信息和不可编码的隐含信息在实现创新过程中的作用。创新网络的存在目的就是创新(Economides,1996),并且形成的整体创新能力大于个体创新能力之和,这一特点被认为是创新网络的协同特征(Olaf,Rolf,2000)。中国学者对创新网络的理解也大致相同,概括而言,是在某一特定经济区域内,相关企业与大学(研究机构)、政府、中介组织之间在长期正式或非正式的合作与交往过程中所形成的相对稳定的创新联系(范叙春,2004;高勇 等,2006)。

创新网络一般被分为正式与非正式两类:大部分合作活动都是基于契约安排而构建的创新网络称为正式创新网络,而合作活动大大超过契约限制或基于一种松散契约安排所形成的创新网络则称为非正式创新网络。在非正式创新网络中,合作依靠人与人之间的互相信任和道德约束来保障,而非依靠法律约束(Van,Weggeman,2000)。非正式创新网络的优势主要表现在分担风险,尤其是在面对模糊的创新问题时;平衡资源(刘长全,2003),体现在创新成本和增加资源总量;带来多样性(杨海珍,1999),这是创新最重要的因素。创新活动参与者参加非正式网络的动机可以归结为技术变革的趋势加快、技术领域的融合和隐性知识的广泛存在(Pyka,2000)。从非正式网络到正式网络是一个连续的过程,并不存在严格的界限,正式网络会推动非正式合作的产生,而随着联盟对资源需求的增加或者信任关系的恶化,非正式网络也会向正式网络转化。

学者们普遍认同创新网络对创新和地区经济发展的促进作用,认为网络联结关系为节点间(企业或组织)知识转移提供了新的路径和平台,为新知识涌现提供了保障,加快了创新速度(Rutten,2003;Melissa,Chilling,2007)。Hsin-MinHung等(2008)认为创新网络的不同结构促进了多种形式知识管理行为,影响了不同阶段的创新激励。Michael(2010)对德国300家创新网络中企业开展实证研究,证实网络行为主体强联系对知识创新有显著影响。此外,也有学者对创新网络内外部的协同性进行了探讨:Chris(2006)认为国际间网络在某种程度上更有助于技术创新和产品开发。任宗强等(2011)从外部开放度和内部要素参与度两个维度来研究企业内外网络的协同演化过程。

产业集群的创新动力机制是指驱动产业集群创新的主体运行规则,除了在上一节单列出来的创新网络外,其主要还有:集体学习机制、竞争与合作机制和扩散与溢出机制。

1. 集体学习

集体学习概念是GREMI的学者们在研究欧洲高新产业区的过程中提出来的,其本意是集群内的成员企业为了应付不确定性的挑战而协调行动,本质上是知识空间转移的一种有效载体。集体学习的过程就是降低企业在迅速变化的技术环境中所面对的不确定性的区域机制。Harrison等(1999)将集体学习视为源自地理邻近、基于正式交易和非正式关系的动态集群产物。集体学习机制能够产生溢出效应,是产业集群创新的重要动力机制(Porter,2003),蔡铂、聂鸣(2002)在探讨产业集群的技术创新问题时指出,产业集群技术创新的实质是对知识的创造与应用,集群化学习能改进学习效果,提升产业集群的整体创新水平。蔡宁、吴结兵(2005)认为,在产业集群的网络式创新中,集群的知识基础与集体学习机制发挥着关键作用,集体学习机制是实现产业集群网络式创新的重要途径。

2. 竞争与合作

Piore和Sabel(1984)在"柔性专业化"理论中指出,柔性专业化有助于产业集群创新,但其构建离不开一个能够平衡合作与竞争的环境。企业集群的存在是为了获取竞争优势(Storper,1995),产业集群中的主体(包括企业、大学、标准机构、贸易协会、金融机构、政府部门等)通常是横向和纵向交错相连的,这些相互关联的组织和机构既可能存在合作关系,也可能存在竞争关系,产业集群的创新收益实际上是来源于加入了合作活动的竞争者们(Porter,1998)。Solvell(2003)在给产业集群做出分类的基础上,认为合作机制在产业集群创新中发挥了重要作用,通过不同机构的密切合作以及基于个体网络的激烈的非正式互动,产业集群创新获得了更多的优势。在中国,陈柳钦(2005)通过研究指出,竞争与合作机制是产业集群创新优势获取的重要动力来源,而集群的"竞合"机制往往产生于集群内大量企业联合进行新产品开发。陶良虎、陈得文(2008)在其产业集群创新动力模型分析中指出,企业竞合关系是产业集群创新的核心动力因素,特别是现代产业集群创新的网络化发展,使集群创新主体间能够基于信任,在知识交流和能力互补等方面进行相互合作。李萍、闫秀霞

(2010)构建了一个产业集群合作创新网络形成的行为模型,其研究结果表明产业集群合作创新网络有足够的吸引力诱导企业加入其中,形成产业集群创新的网络效应,且单个企业也在其中获取一定谈判筹码。此外,也有学者指出,由于当前基于通用技术的关联产业较少,因而容易引发同质化竞争,产业集群对企业创新的负面效应开始显现;并且,由于缺乏合作导向的领导企业及相应的制度化规则,一些产业集群已经产生了合作的限制效应(鞠芳辉等,2012)。

3. 扩散与溢出

Audretsch 与 Feldman(1996)研究发现集群创新活动的倾向可归因于知识的外溢,而不仅是地理集中。此后,学者们的研究也佐证了这一结果:Varga(1998)发现邻近地区的 R&D 投入和大学研究提高了集群区域范围内的创新;Baptista(2001)根据英国纽卡斯尔大学的城市和地区发展中心的调查资料,分析了地理集群对技术创新扩散的影响,发现不同地区的公司在新技术的接纳时间上存在显著差异,在相关知识密度较高的地区,新技术知识扩散较快,能刺激和加速相关科学技术的模仿和创新;Piero(2004)指出,良好运行的产业集群调动了一系列规范、明确和高度发达的机制,以共享集群内所有成员的关键技术和商业知识。

中国学者从不同视角探讨了产业集群创新的扩散和溢出机制:陈旭(2005)分析了产业集群创新中的技术扩散特征和产业集群内技术创新扩散的动态过程,为集群内企业充分获取外部性资源提供了理论指导;刘满凤(2011)利用系统基模理论分析了高技术产业集群中技术创新与扩散问题,研究结果表明,高技术产业集群内企业的技术扩散动力随着创新加强、政策优惠、产品推广等促进技术扩散因素的加入而增强;冯云生和李建昌(2012)研究了基于产业集群的技术创新扩散动力,认为产业集群技术创新扩散是集群内外环境演化扩散和相互交织的过程,产业集群中高校、研发机构和企业是创新源,而中介机构、科技园、集群产业网络交易平台是扩散系统;孙智君、马晓东(2012)分析了高技术产业集群在创新与技术扩散上的特点,其研究结果表明高技术产业集群具备创新活力,但技术扩散不甚理想,有必要在产业集群内构建技术合作中心等中介平台机构,以促进新技术的扩散。

区域创新系统(Regional Innovation System,RIS)最早由英国学者库克(Cooke)提出,认为区域创新系统的实质是在一定地理范围内由教育机构、科研机构构成的区域组织系统,其核心特征是创新。广义的区域创新系统包括技术创新系统、制度创新系统、管理创新系统、服务创新系统等子系统,而狭义的区域创新系统主要是指区域技术创新系统(张建民,2011)。

区域创新系统的形成有深刻的理论渊源,衍生于国家创新理论。Freeman(1991)针对日本科研创新机构和部门扶植产业发展的经验案例分析指出,国家创新系统是指"一个主权国家内的公共部门和私人部门中各种机构组成的网,这些机构的活动和相互作用促进了新技术和组织模式的开发、引进、改进和扩散"。在此基础上,Cooke(1996)针对欧洲产业发展的区域根植性和网络性,提出了区域创新系统理论。相对于国家创新系统,区域创新系统更关注经济的区域层次和区位差异。Autio(1998)指出区域创新系统由相互关联的子系统构成,子系统之间相互作用,共同带动区域整体的知识和技术流动。Doloreux(2003)则进一步将区域创新系统拆分为两个维度。一是在区域内企业与科研创新机构在知识和技术流上形成互动;二是区域通过政治安排在内部形成产业子系统,从而实现子系统之间的关联效应。于晓宇和谢富纪(2011)实证探究了中国上海市1995—2005年社会资源配置的演化情况,指出区域创新系统具有显著的阶段性,而结合人力资本进行资源的合理配置是提高区域创新系统效率的重要途径。李晓娣和陈家婷(2014)则从六个维度探究了有利于构建FDI对区域创新系统驱动作用的路径机制。

随着经济全球化的发展,区域创新系统也逐步走向国际化,侯媛媛和刘云(2013)将区域创新国际化定义为:通过区域内主体的关联互动,从而在全球范围整合、配置和利用国内外创新资源,调整和改进创新制度和环境,进而提升区域创新体系的质量和效率。在区域创新体系的国际化进程中,企业、科研机构、政府以及其他中介机构等创新主体,均实现了国际化发展。具体而言,企业可以通过向境外直接投资或者设立研发创新机构、建立跨国技术研发合作等方式,聚集国际技术和创新资源;科研机构可借助国际交流、人才培养和流动、成立国际研究所等方式促进知识创新;政府通过推进国际贸易及经济合作战略,为国际创新提供政策指导和保障;中介机构则可利用媒体、服务等方式强化和协助国际创新活动的顺利进行。

创新研究向创新网络的扩展以及集群研究向创新领域的渗透,在客观上为"创新系统"与"集群"实现有机融合创造了条件。集群创新系统是指在某一产业集群中,各个行为主体(企业、大学、科研机构、中介服务机构和地方政府)共同参与组成的以技术创新和制度创新为导向,在长期正式或非正式的合作与交流的基础上所形成的促进知识在集群内部创造、储存、转移和应用的各种活动和关系的总和。集群创新体系的重要性不言而喻,它被视为产业集群升级的重要内生推力。

有关集群创新体系的研究大致包括:创新集群的形成过程(Boschma,1999;Hallencreutz,Lundequist,2003;Lee,2005)、创新集群的内在动力(Maskell,2001;Ibrahim,Fallah,2005;Wolfe,Gertler,2004)以及创新集群与区域竞争力的关系(Meng,2005;Porter,2003)。此外,集群创新环境一直是研究者们重视的问题:Grabher(1993)等指出集群内的企业需要与其所在区域的其他主体结成网络,并牢固地根植于当地的社会文化特质,集群发展才能促进该区域和内部企业的创新与发展;中国的集群研究学者王缉慈等(2002)也认为集群区域创新系统需要融入区域创新环境,并且在2005年后,学者们对集群创新体系中"创新文化"的重视程度持续上升,联合国贸易与发展委员会(UNCTAD)、联合国工业发展组织(UNIDO)、经济合作与发展组织(OECD)、世界银行等国际机构在发展中国家的大量调研结果表明,具有创新潜力的产业集群的主要特征是集群内部行为主体的结网和互动,形成了良好的创新环境,此外,学者牟绍波(2008)认为,集群创新文化的不可复制性是各地仿效"硅谷"失败的原因;Yim和Deok(2012)在对韩国经验进行总结后认为集群文化在促进企业和高校的合作过程中起到了重要作用;Markus(2012)在对美国、日本及德国的创新集群进行分析后指出,对创新集群的研究不能脱离其特有的文化背景,对成功经验的借鉴亦不能全盘照搬,而是应该在综合考虑本国文化和政治环境的基础上,进行修正性运用。总体而言,无论是基于实地调研还是基于理论总结,创新环境都被认为是创新集群不可替代的核心竞争力。

近年来,随着技术创新模式逐渐趋于创新资源集成化和行为主体协同化,协同创新成为热点研究领域。学者们开始关注不同集群创新系统之间的互动:学者Calamel等(2010)在对法国创新集群进行研究后认为,集群创新系统之间的合作是一个动态的过程,其中信息在集群间的流动以及不同集群人才的互动非常重要,认为通过改善合作方式,技术创新可以催生社会创新;学者Petrol等(2011)在对巴西的产业集群进行研究后认为,集群创新系统间的整合与合作有利于高效利用区域资源,推动区域发展。同时仅限于单个集群的创新系统的局限性也开始受到重视:经济合作与发展组织在2008年9月发布的评估报告中指出"中国的创新系统就像'群岛',各岛屿间没有充分联系,难以形成溢出效应"。与之相伴随的是中国政府对协同创新的重视:2012年,苏州、无锡、常州、南京、镇江五市联合向中央递交了"苏南创新示范实验区"的申请,这是中国首个跨越市级行政区域的创新合作系统,其在国内并无先例可循的全新摸索意味着对集群创新系统协同发展的探求正式拉开帷幕。在学术界,王雪原等(2013)在分析不同集群创新系统的功能、形式与发展导向的基础上对这些创新系统进行整体功能定位,并提出了具体协同方式。吴翌琳(2013)在对中国31个省区市的集群创新系统进行创新能力评估及归类后为这些创新系统的协同发展提出了务实性思路。可以预见,基于多主体、多集群合作的新的集群创新系统将成为中国下一阶段的发展趋势。

3.5 本章小结

产业转移是在全球范围内广泛存在的现象,学术界围绕产业转移展开的研究已经相当丰富。对不同学派的理论进行归纳,区域比较优势、政府行为、企业关联等都有可能成为产业转移的主要动因。而伴随着产业的梯度转移,也随之带动了承接产业转入的东道国的经济发展和产业集群的形成,同时,由于隐性知识关联的存在,在产业转移第三次浪潮中开始出现了企业的集群式转移,产业集群与创新体系在结构方面的相似性使其成为区域创新系统的天然载体。大量的文献围绕产业集群与区域产业的创新升级展开了研究,并从集体学习机制、竞争与合作机制和扩散与溢出机制这三个方面归纳了其产生创新的动力机制。纵观现在的研究大致存在以下几方面的问题：第一，集群转移是集群升级的重要方式，但目前对产业集群转移的文献大多关注的是如何促进集群转移和集群转移过程中的企业关联，而对企业与资源之间的匹配关注较少；第二，对于发展中国家的产业转移和升级问题缺少较长时间跨度和较广视角的深入经济学讨论；第三，对近年来产业集群中的新现象与新方向，如"产业与服务业的融合""产业集群创新体系"等问题的研究还不够充分。

第 4 章
江苏的产业转移与产业演进

产业集群,这些犹如镌刻在江苏经济发展长卷中的璀璨明珠,不仅推动了江苏经济的腾飞,更是使得这一过程绚烂生姿。乡镇企业的崛起、外向经济的大潮、园区规划的实行以及南北共建的推进,这些在集群孕育、产生、壮大与转移的不同阶段起到过推动作用的重要经济事件亦是改革开放四十余年来江苏经济发展的缩影。因此,对江苏产业演进与集群式转移的历史进行回顾的意义不仅在于研究产业转移与集群问题本身,更在于能够以"集群"这一经济组织形式为切入点,纵览江苏经济历史的长卷,为江苏乃至中国经济的"转型"之路提供更为全局的视角。

4.1 乡镇企业的崛起

1956 年 2 月在高度集中的计划经济体制下,原无锡县春雷高级生产合作社创立了中国第一家社办企业——春雷造船厂,拉开了江苏也是全国乡镇企业发展的序幕。乡镇企业在江苏经济发展的历史上扮演着极为重要的角色,它既是工业化初期的主导力量,承接了城市化过程中大量农村人口的转移,亦是日后外向型大潮和多种经济所有制企业得以蓬勃发展的重要基石。乡镇企业对于江苏产业集群的意义则在于:第一,乡镇企业的蓬勃发展形成了产业集群所需要的企业基础,尽管在初始阶段存在着"村村点火""户户冒烟"的分散布局形态,但却不可否认,这些企业的类型和布局构成了江苏日后内生型产业集群的雏形;第二,乡镇企业促进了其所在地人才、资本的集聚和周边配套设施的完备,其奠定的物质与人才基础为日后民营企业的产生和外商投资的引入起到了关键作用,而上述二者是 20 世纪 90 年代之后江苏产业集群形成的主要力量。

江苏乡镇企业的起飞始于 1978 年的改革开放。1978 年之前,中国出于政治目标和国家生存战略的需要,军工产业被放在首要的地位上,钢铁、石油等重工业则与之配套。因此,当时重工业的产品并非像正常经济的运行体制那样流入国民经济的扩大再生产循环之中,这直接造成了轻工业及国民生活必需品的严重短缺,人们不是有钱就可以购买到粮食、日用品等,必须凭限制性票据购买。在那段时期里,人们的有效需求被极大地抑制。1978 年实行市场经济后,被抑制的需求得到释放,形成巨大的国内不饱和市场需求,这无疑为乡镇企业的崛起提供了良好的市场基础。江苏的乡镇企业最早起源于苏南,其前身是农村人民公社和生产大队两级集体经济举办的社队企业,在1978年底,江苏社队工业总产值就已达到63亿元,从业人员249万。1979年改革开放之后,社队企业的发展开始受到重视,江苏社队企业也在有关政策支持下得到进一步发展:1980年,其总产值突破百亿元大关,达109.33亿元,比1979年增长45.21%。鉴于社队企业在推动江苏经济发展方面的重要作用,1984年,中共中央、国务院转发农牧渔业部《关于开创社队企业新局面的报告》的通知,正式将社队企业改称为乡镇企业,赋予乡镇企业不同于社队企业的新的性质和内容。在中共中央正式将社队企业改成为乡镇企业后,中共江苏省委、省人民政府随后批转了《关于贯彻中央4号文件,开创江苏乡镇企业新局面的报告》。1985年6月,省政府在常熟召开的全省乡镇企业工作会议上,提出乡镇企业要坚持"量力而行,尽力而为"和"一包三改"(实行承包经营责任制,改干部委任制为聘用制,改职工录用制为合同制,改固定工资制为浮动工资制)、"三上一高"(上质量、上技术、上管理和提高经济效益)、"四联一促"、"五轮齐转"(乡、村、组、联户、个体)的方针。同年,江苏"南高北低"的乡镇工业布局开始引起各界重视。1984年,江苏省委、省政府提出"积极提高苏南、加快发展苏北"的战略方针,通过组织苏南乡镇企业到苏北进行联营的对口协作,帮助苏北乡镇工业企业扩大规模、提高水平。当年,省财政划拨3 000万元用于资助苏北乡镇工业的发展,并给予淮北地区新办乡镇企业免征工商所得税3年的优惠。同年,江苏省推行了企业改组联合试点,这一改革加快了乡镇企业技术改造,许多协作厂依靠联合的力量,以最快的速度、最少的投资转变为"小而专""小而新"的具有较高技术水平的乡镇企业。中央和省一系列发展乡镇企业政策措施的贯彻落实,加上改革初期大量经济空隙的存在,江苏乡镇企业出现了长达5年的高速增长:1984—1988年,江苏全省乡镇工业产值年增长率分别为44.76%、66.89%、28.98%、38.46%和42.45%。1987年,江苏乡镇企业总产值797亿元,首次超过全民工业成为"半壁江山"。乡镇企业这一蓬勃发展的现象曾在20世纪80年代中期引起学术界和传媒的极大兴趣,并被称为"苏南模式"。1988年,全省乡镇企业总产值达1078.41亿元,在全国率先突破千亿元大关。

在江苏乡镇企业崛起的历史中,我们不难寻觅到极强的"政府推动"痕迹,尽管和如今主流经济学界所倡导的"自由市场"概念相悖,但却不可否认正是当初的部分性集权体制或者说威权体制造就了乡镇企业在20世纪80年代的高速发展。早在1962年,Gershenkron就指出,在个人无法承担制度变化风险和成本的时候,只有政府才能够担此重任。尽管在20世纪70年代末,乡镇企业面临的是一个极大的市场真空,但企业的运转除了市场以外,还需原料、技术、资金和管理。在计划经济仍然一统天下的时代,除了政府,任何个人和组织都无法满足这些条件。在乡镇企业发展的早期,正是政府在为企业寻找计划外的原料,提供银行信贷的担保,赋予技术人员有效的社会身份,并为管理人员承担政治风险,乡镇企业才得以平稳起步。除此,在后文的叙述与分析中,我们还会发现江苏产业集群的转移、升级过程中大量"政府之手"的作用,这不仅是江苏产业集群发展过程中的鲜明特色,也是江苏经济发展的重要特点,它在促进集群升级与创新的同时也不可避免地带来了资源配置的扭曲和产业与城市发展的失调,而这些在本书中都将有进一步的讨论。如本节开头所述,20世纪80至90年代乡镇企业的蓬勃发展从三个方面对江苏产业集群的形成产生重要影响:

第一,它推动了江苏企业第一轮的空间集聚,为相关产业在逐步演进成为专业化分工与协作的,具有综合优势的产业集群打下基础。例如:如今中国最大的羊毛衫生产基地——苏州市吴江横扇镇羊毛衫产业集群就脱胎于20世纪70年代末的乡镇企业,在该镇的第一家针织厂——建新针织厂成功转产的第二年,一些村就陆续办起了多家集体性质的羊毛衫厂,到1988年全镇就已有镇办羊毛衫厂4家,村办羊毛衫厂14家,从业人员540名,当年利润总额为106万元[①];同样全国最大的低压电器、配电设备生产基地和销售中心——镇江扬中的低压电器产业集群的形成也是伴随着20世纪80年代初苏中乡镇企业的兴起,在20世纪80年代末期,扬中市已有1万多乡镇企业的推销人员从事推销工作,"销售员经济"成为扬中低压电器产业发展史上的时代标签。诸如此类的例子还有很多,并且事实上在日后所形成的纺织、机械电子、化学工业、食品加工等众多传统产业集群,几乎都与当时乡镇企业的发展有着密切的关系。

第二,它在一定程度上形成了江苏产业集群的初步布局形态。1984—1988年期间,苏南地区依托已有社队企业基础,利用其邻近大城市的区位优势,乡镇企业主要集中在机械电子、纺织和化工行业,据统计,1988年苏南经济区乡镇机电工业产值占全省乡镇机电工业产值的61.75%,纺织工业产值则占全省产值的80%。而苏北地区则结合本地实际,利用矿产品资源和农副产品资源丰富的优势,积极发展资源加工型工业,其乡镇企业主要集中在食品加工与建材两个行业,据统计,1988年苏北食品加工产值是苏南的1.16倍,饲料工业是苏南的2.53倍,尽管在20世纪90年代后经历了苏南至苏北的传统制造业产业的转移,20世纪80年代末期南北分工的乡镇企业发展现象依然可以从今天江苏省产业集群的分布形态中得以窥见:根据江苏省中小企业局2007年公布的100家重点培养产业集群名单,苏北5市(徐州、连云港、宿迁、淮安、盐城)中基于矿产和农副产品加工类产业集群共有13个,占其所有重点培养集群数量的50%,而苏南地区机械电子、纺织和化工行业类集群共有22个,占其所有重点培养集群数量的47%;此外,近年有相关学者对江浙两地重点纺织服装产业集群和我国的信息产业集群的分布进行调研后,也得出江苏纺织产业集群主要分布在苏州、无锡、常州、南通、扬州、盐城,信息产业集群主要分布在苏州、无锡的结论。

第三,它为20世纪90年代外资的涌入提供了承载基础,而外向型大潮是推进江苏产业

---

① 数据为作者实地访谈时政府工作人员提供

集群形成和升级的重要原因之一。首先,在乡镇经济的带动下大量农村人口向城市转移,根据江苏省统计局的相关数据,1979年到1989年期间,江苏城镇人口由874万人增加到1 366万人,增长了56.3%,年均增长4.55%,城镇人口比重上升6.1个百分点,平均每年上升0.61个百分点,这些人口都为日后民营和外资企业的成长提供了低成本劳动力;其次,在20世纪90年代早期"两头在外"的生产模式中,承接"三来一补"业务的企业,大多是这一阶段成长起来的乡镇企业和在此基础上改制的民营企业,除此之外,乡镇企业所培养出来的技术和管理人员也为后来引入外来技术提供了一定人才基础;再次,在乡镇企业大发展之时,对基础设施的建设开始受到重视,在当时主要体现在运输条件的改善,"要想富、先修路"也是这一时期提出的口号。以外商直接投资为核心的资本迁移和产业集聚,一般会出现在那些市场制度和私营资本未必十分发达但要素条件较好,如充裕的优良劳动力和交通比较便利的地方,而乡镇企业发展所带来的上述投资环境的改善都为后来江苏省接轨浦东大开发、承接产业转移提供了基石。

20世纪90年代中期,中国告别"短缺经济",出现了从卖方市场向买方市场的转变,乡镇企业在产生初期政企不分、产权不明的隐患在这一时期开始凸显,从1994年开始,乡镇企业的发展开始急速减缓。农业部乡镇企业司的统计数据显示:1997年乡镇企业的各项指标与1993年相比均有相当大的距离:第一,乡镇企业产值增长幅度明显回落,1991年的增长率为22.4%,1992年为52.3%,1993年为65.1%,1994年为35%,1995年为33.6%,1996年为21%,1997年为15.4%;第二,效益平均水平持续下降,从1994年开始,资产报酬率、资本收益率和营业额利润率均逐年下滑,到1997年,总资产报酬率由1996年的12.8%下降到11.7%;资本收益率由1996年的25.1%下降到22.4%;同时,企业的债务偿还减弱、资金周转速度减缓;第三,亏损呈日益严重趋势,与1995年相比,乡镇企业的亏损面不断加大,亏损额增加了0.7倍,达806亿元。在这样的局势下,由政府主导的乡镇企业改制在1997年拉开帷幕,其主要表现在企业所有制的转变:从集体所有制为主的经济改制为产权关系明晰的多元化混合所有制经济。这一轮的乡镇企业改制使江苏尤其是苏南乡镇企业的体制发生了根本性的变化,形成了多种经济成分共存的新格局。同时,在这一轮的乡镇企业改制中,一部分乡镇企业成功完成转型并迅速扩大,而另一部分则倒闭、停转,但是无论是上述哪种情形都促进了江苏产业集群数量和质量的增加:

第一,那些在乡镇企业改制中离开的管理和技术人员纷纷在周边创办自己的民营企业,这些民营企业生产的产品类似,地理位置集中,企业主之间彼此熟知并存在信息与技术交流,符合产业集群的主要特征。例如无锡惠山区的冶金产业集群就起源于锡兴钢厂,锡兴钢厂成立于1969年,属于集体企业,最初的工人主要是回城的知识青年、退伍军人和从上海、杭州请来的技术人员,锡兴钢厂的发展带动了当地冶金技术与人才的发展。改革开放以后,伴随乡镇企业发展迅猛,冶金成为当时无锡县的支柱产业。从1997年开始,锡山市国有集体企业全面实行改制,企业改制后,一批生产、技术、营销骨干分离出来,独资或者合伙创办了中小型冶金加工企业,还吸引了无锡市其他区的企业来此创办冶金厂。2001年以后,在国内钢材市场需求节节攀升和政府政策强有力推动的情况下,惠山区冶金产业一直保持较高的投资规模与水平,到2005年底惠山全区冶金工业企业达到近300家,规模以上企业163家,亿元以上企业33家。企业资产总额达到214亿元,其中固定资产83亿元,直接从业人员22 777人,实现总销售收入300亿元,成为全国知名的冶金新材料产业集群。

第二,那些发展壮大的企业会形成示范效应,在骨干企业的带动及利润的驱动下,当地民营企业家仿效创办同类型企业。随着企业的增多以及区域产业规模的扩大,这一地区的特定产业开始产生集聚效应并逐渐形成区域品牌,企业之间开始逐步通过合作以拓展市场、减少内部竞争,从而形成产业集群。例如在江苏淮安,1997年泗阳绢纺厂改制为江苏泗绢集团有限公司,先后成功地兼并了泗阳县毛纺厂、泗阳棉纺厂、泗阳织布厂和帘子布厂,拥有员工3 500人,占地面积32万平方米,固定资产1亿元;年生产绢丝1 000吨,绢绵绸100万米,出口胶合板1万立方米,带动了当地纺织产业技术与人才的发展。此后,在泗阳绢纺厂的示范效应下,泗阳开始出现了多个小的纺织厂和绢纺厂,并且数量和规模不断扩大,到2007年,在历经10年发展之后,泗阳县全县共有纺织服装类企业(含在建或协议项目)153户,从业人员26 774人,规模以上企业实现工业产值17.58亿元,涉及九大纺织产业门类,包括棉纺织、织布织绸、化纤纺丝、绢纺绢丝、床上用品、服装生产、针织、鞋帽和其他类别。并且在纺织及服装加工企业蓬勃发展的同时还带动了印染业、技能培训业及种植业的发展,进而形成了各行业之间相互依存、相互合作的产业链。

此外,历经乡镇企业改制而形成的民营企业更具活力,这些企业根据本地的资源要素优势,围绕三资企业、国有企业做配套,在统一地理区位内的企业联系越来越密切,也会形成产业集群,比如徐州市工程机械产业集群就是以徐工集团为核心而形成的。徐工集团成立于1989年3月,是国家120家试点企业集团之一,也是中国最大的工程机械开发、制造和出口企业,徐工集团在发展的同时与为之配套和提供经营服务的企业相互协作、相互依存,形成了以工程机械、压力机械、建材机械及其配套产品为主导的机械产业集群,集群内的基本产业链为:基础零部件制造—主机制造、销售—主机的售后服务。根据统计数据,2007年徐州工程机械产业集群内已有民营企业274家,企业个数占机械行业比重92.6%;年销售收入126.71亿元,占工程机械销售收入比重39.9%。

4.2 外向型大潮

1981年江苏第一家中外合资企业——中国江海木业有限公司在无锡成立,揭开了外商在江苏直接投资的序幕。20世纪80年代至90年代初期外商投资的进程比较缓慢,项目主要集中在轻工、纺织、化工、机械、建材等传统制造业行业,第一产业和第三产业所占比重较小,主要是水产渔业、农牧养殖、旅游、商业等领域。江苏省真正的外向型大潮始于20世纪90年代,并按时序大致可分为两阶段:第一阶段是20世纪90年代初,融入上海发展的经济开放,第二阶段则是20世纪90年代末,承接发达国家和地区的产业转移。如果说乡镇企业是中国需求市场的打开所带来的第一轮产业集聚式发展,那么江苏外向型经济的大潮带来的则是江苏产业的升级和第二轮集聚式发展。根据江苏省统计局提供的数据:1991年至1995年五年间,江苏省平均每年签订对外合作项目5 872个,协议外资82亿美元,分别为前13年累计数的2.34倍和2.97倍。1996年至2000年间江苏省上述指标稳定提高,越来越多的世界著名跨国公司来江苏投资,且资金、技术密集型的大项目增加较多。2000年江苏实际利用外资总额66亿美元,超过上海,仅次于广东,位次由1995年的全国第3位提升到第2位。

1990年4月中央宣布浦东开发开放和进一步开放长江沿岸城市,构想以浦东为龙头把上海建成国际经济、金融和贸易中心,带动长江三角洲和整个长江流域的经济发展。浦东的开发开放所引进的新技术、新工艺、新产品、新经营管理方式以及资金、人才等迅速向江苏地区扩散和渗透,一方面对江苏原有产业的升级起到极大的推动作用,另一方面也进一步加强了江苏日后承接国外及中国香港、台湾产业转移的基础。同时,随着浦东的开发开放,上海的一部分劳动密集型产品开始向劳动资源丰富的地区转移,例如一部分以农副产品为原料的工业逐步转向农副业发达的苏北地区,而轻工、机械、电子等则逐步向苏南地区转移。根据1992年的数据统计,在邻近上海的江苏太仓县的纺织、轻工、机械、电子、冶金、化工、食品、建材等8个行业的1 023家工厂中,有30%的工厂是从上海引进的项目,25%的工厂同上海合作加工。此外,充分利用上海的辐射效应,邻近上海的苏南地区依靠优惠的地价、低廉的劳动力和到位的服务,还承接了不少原本准备在上海进行投资的外资企业。总体来看,这一时期,江苏各产业领域的外商投资拓宽速度都比较快,金属制品、塑料制品、橡胶制品、石油加工、食品制造、造纸、电力、电子通信设备、化学医药等领域都有吸收外资超亿美元的项目。第三产业成为外商投资的热点,房地产业的外商投资比重显著增加,一度成为江苏协议外资金额中规模最大的行业。在仓储、运输、维修、娱乐、商业零售、国际货运代理、外资银行、医院、公共饮食、煤气、供水、社会服务业等领域也都吸收了较多的外资。

进入20世纪90年代中期,高新技术产业的迅速发展带来了全球产业结构的大调整和新一轮国际产业的大分工,出现了以第三次国际产业大转移为特征的世界产业布局的重新调整。以欧美和"亚洲四小龙"为主体的发达国家和地区开始将自身不具有竞争优势的产业向以中国为代表的发展中国家转移,催生了大量产业集群的从无到有。例如:江苏句容原本没有自行车产业,但自2000年台湾立大公司在句容建立第一家自行车企业后,句容短短3年内就有了自行车企业30多家,其中20余家为台商投资企业,并形成一个以4家台资整车厂为中心、产业上下游协作关系密切的自行车产业集群。

IT产业是20世纪90年代末期国际产业大转移的主要组成部分,也是那一时期江苏省承接外商投资最多的行业,且主要来自台资。当时台湾的IT产业已经成熟并成为世界上颇具实力的信息电子产品的生产基地,不仅有十多项计算机硬件及集成电路芯片等产品国际市场占有率名列世界前茅,而且IT产业产值在20世纪90年代跃居世界第三位,成为台湾最重要的支柱产业。由于IT产业所特有的生命周期短的特点,当时很多台商将眼光投向大陆,以转出劳动力密集的加工部门而将本土留作IT技术的研发。由于综合投资环境良好和邻近上海的因素,苏南地区取代东莞成为20世纪90年代末期第二轮IT台资转移的主要受益者,并且由于台湾IT产业的转移并非单个企业的独立转移,而往往是整个产业链上企业的集群式转移,因此在这一时期,江苏的许多IT产业集群是直接由外商直接投资创造产业链而形成。例如:江苏昆山的笔记本电脑产业集群就是由明基和华硕两大台湾电脑公司及其携带20多家供应商大规模进入而形成的。进入前当地虽然缺乏该类产业基础,但采取产业链招商政策,将产业链各主要环节的外资整体引进,很快形成当地的支柱产业。

同样在江苏吴江,1999年14家IT行业的配套企业组团式落户,此后在以"台"引"台"、以"小"引"大"和以"大"带"小"方式的带动下又陆续出现组团式投入的外资和台资企业。到2002年吴江开发区内93%的外资企业从事IT产业,自我配套率达90%以上,也就是说区内一家生产最终产品的龙头企业,其选用的装配料件中有80%以上不用出区就可以备齐。如果再与周边一些IT企业相衔接,配套水平可达98%以上。较为完善的配套水平,形成了新的"马太效用",更加促进了IT产业的大范围集聚。当然,在江苏后来形成的诸多IT产业集群中,并非仅有台商和外商企业:为了在新一轮利用外资热潮中形成产业链和产业基地,江苏各地都非常注重完善产业配套环境,构筑产业链延伸的高平台,在吸引一家或是多家跨国公司的旗舰型项目和龙头型企业入驻后,就会有几家甚至几十家企业前来投资,从而整个IT产业链都得以延伸。在吴江,华宇电脑、大同电子、台达电子、中华映管、美齐科技、全友电脑、华渊电机、国腾科技、亿光电子和亚旭电脑等10多家在台湾乃至世界上著名的龙头企业周边都有十几家配套厂"众星拱月"。订单一到,就近配齐材料、投入生产。有些料件的配套生产企业甚至只隔一条马路,用周转箱就能把刚下线的配料运上装配线。这样借助外资企业的纵向延伸和横向拓展,江苏IT产业集群内部形成了较高的关联度。在20世纪90年代末期到21世纪初期的这段时间,随着外商投资的增加,在沿沪宁线为主干,两侧外延50公里左右、长约300公里的区域中,以各种开发区为主体集聚了江苏主要电子信息产业。IT产业至今仍是江苏省的支柱产业,并且在后来江苏省整体产业布局中的"一核、两区、四带"中的沿沪宁线高新技术产业带就是在这一时期初具雏形的。

在这一时期值得一提的还有江苏船舶海工配套产业集群的兴起。20世纪90年代后期,世界造船业中心在经历了由欧洲向日、韩等国和地区的转移后,开始加速从日本、韩国及中国台湾向中国大陆转移：1997年、1998年和1999年日、韩两国新船成交量之和占世界新船成交量的比重分别为83.2%、81.7%和78.1%，呈逐年递减的趋势。而同期中国新船成交量占世界新船成交量的比重分别为3.8%、4.8%和17.5%，逐年递增。拥有良好的造船基础的江苏南通，成为这一轮沿江开发中，承接世界造船业转移的受益者。1995年，由中国远洋运输集团与日本川崎重工株式会社各占50%股份组建了今天的中远川崎，该企业在1998年投产，是南通最早的船厂之一。尽管当时与中远川崎配套的企业大多是国外企业，但在南通地区为这一大型船厂提供配套的船舶零部件生产企业或是其他的小型船厂在这一时间得到了迅速成长。在配套设施和政策的逐步完善下，大量的民间资本进入南通造船业，后来全国最大的民营造船企业熔盛重工（2014年改名为中国华荣能源股份有限公司）就是在这一时间得到长足发展的。同时更多的国外和国有等各类资本也进一步汇聚南通。同样历经10年发展，到2007年，南通市共有造修船企业100多家，其中建造远洋和出口船舶企业20多家，内河船舶及渔船造修企业80家，从业人员4万多人；规模以上配套企业73家，南通的船舶产业集群闻名全国。

　　事实上，除了那些从无到有的产业集群之外，几乎所有的已经存在的产业集群也都在这一轮外向型大潮中受益。在国内、国际两个市场和各类资本的拉动下，江苏的传统产业集群在这一时期得到了快速壮大。例如苏北徐州的邳州板材产业集群之前仅是依靠本地盛产树木的资源优势，针对国内市场进行简单的板材加工，但是到了20世纪90年代后期，邳州市很快抓住了外向型大潮带来的机会，推进产品出口。到2002年全市有19家板材加工企业取得了自营出口权，产品出口韩国、日本等10多个国家和地区，当年出口创汇1 738万美元。这些企业也在国外市场的拉动下迅速扩大：2002年底，邳州投资过千万元的板材加工企业接近100家。20世纪初期以后，邳州县政府开始认识到这样"两头在外"的代加工方式不利于集群的可持续发展，自2003年起，在当地政府的推动下，邳州开始举办"百名台商看邳州""百家外企聚邳州"等大规模招商会，随着多个亿元家具和配套项目的引入，邳州板材产业的产业链得以拓展，并且越来越多的配套企业集聚于此。根据2012年的统计数据，邳州市各类板材加工企业达到2 850余家，其中板材深加工企业150家，板材旋切厂400家，细木工板加工厂2 300余家，从业人员4万人左右，居全国四大板材加工基地之首。外销市场也拓展至英国、新加坡、美国等20多个国家和地区。

　　此外，20世纪90年代之后随着市场开放程度的逐步加深，跨国公司大量涌入集群，集群中的其他企业被迫卷入竞争，并在竞争的"危机感"中得到提升。例如：2000年之前，江苏扬州杭集镇的牙刷产业集群已经小有名气，当时在杭集镇36平方公里的范围内已经有80多家牙刷生产企业和1 600多家牙刷相关企业，2万多人从事与牙刷生产相关的工作，著名的牙刷企业三笑集团和两面针集团都驻扎于此。外部经济导致了成本的降低，在这里一支牙刷的成本只有不到五分钱，一些企业除打造自己的品牌外，也承接了国外企业的订单。2000

年跨国公司高露洁兼并三笑集团的牙刷业务,将世界牙刷生产基地放在了杭集,来自竞争的压力促使当地的五爱、明星、杰英特等初具规模的牙刷企业不断谋求创新,申请了大量专利,带动了大量小企业甚至家庭作坊的发展。如今杭集牙刷产量占国内市场的80%和国际市场的30%。

事实上,在20世纪90年代到21世纪初期这10多年的发展中,江苏产业集群无一例外地受到了外向型大潮的深远影响,它们在这段时期产生、壮大、升级,并且在很大程度上影响了日后江苏产业带的布局和支柱产业的形成。同时,这一时期外资企业普遍采用的产业链移植方式尽管快速地促成了江苏某些产业集群的产生,但是这种封闭式的集群移植也不可避免地带来了问题:在研发端,江苏当地企业很难进入或只能从事简单的模仿工作,先进的技术设备依然由发达国家或地区掌握;在销售段,江苏本地企业缺乏附加值高的知名品牌,营销、生产网络体系很不完善。

4.3 园区经济

园区经济是江苏产业集群发展历程中不可忽略的一笔,它进一步推动了分散企业的集中化,促进了高端人才的聚集,也提高了江苏承载产业集群的基础。江苏省园区的形成大致出于三类需求:第一,农村工业从分散向集中的需求。20世纪90年代初期,为了解决乡镇企业布局分散、缺少规模经济的问题,江苏省人民政府通过加强产业布局规划,推进企业向园区集中,促进了大量工业园区的形成。第二,吸引外资的需求。从20世纪80年代初经济特区建设开始,中国政府对园区建设就表现出极大的积极性,并将第一批国家级经济技术开发区在江苏设点。20世纪90年代以后,为满足外商投资所需要的基础设施条件,江苏省各级政府推进了数以百计的省、市级经济开发区的建设。第三,科研成果产业化的需求。为加强中国产业的自主创新能力,国家于1985年提出火炬计划,并于1991和1992年分别在科技与经济比较发达、高等学校与科研院所相对集中的南京、苏州、无锡、常州,规划建设了4个国家级高新技术产业开发区,与之相对应,数十家江苏省省级高新技术产业开发区也在各地兴起。上述三类需求也是中国数以万计的园区形成的最初缘由,并且其中的前两类与前文所述乡镇企业的大发展和外向型大潮紧密相连。

4.3.1 乡镇工业园区

由于受到早期国家宏观政策限制,以及自身的技术条件和思想意识方面的束缚,在社队企业基础上成长起来的乡镇企业,在发展初期呈现出"村村点火、户户冒烟"的高度分散的分布格局。根据《江苏乡镇企业年鉴》的记载,20世纪90年代初,其分布情况是:自然村占80%,行政村占7%,乡镇政府所在地占12%,县城占1%。然而进入20世纪90年代后,中国宏观经济环境发生了巨大变化:其一,国家对乡镇企业的优惠政策逐步取消;其二,一大批国有企业通过改革增强了机制和活力,经营灵活的个体私营经济也有了较快发展;其三,外资企业和国外产品大量进入国内市场,国内"买方市场"初步形成。在这样的环境之下,企业之间的竞争变得空前激烈,对尚处粗放式经营的苏南乡镇企业构成了强大压力。李时椿(2001)曾指出:乡镇企业的过于分散使得用地规模增加50%,能源利用率降低40%,基础设施投资增加20%～30%,行政管理费用增加40%,最终表现为资金利润率比相对集中降低20%。为了适应经济形势,20世纪90年代初期江苏省乡镇进行几次合并和重组,合并和重组后的乡镇在原工业用地置换下以县、镇为中心进行了规划和建设,形成了较大的县、镇工业集中地。在此基础上,各地政府又投入资金进行基础设施和标准厂房建设,这可算作是乡镇工业园区的起步。此后,各地政府开始根据自身发展情况,以县、镇为中心,规划构建乡镇工业园区。除了强化基础设施建设,推进企业入园之外,地方政府对园区内的招商引资、人才引入方面都给予相应的政策支持。至1999年底,江苏全省在建或已建成乡镇工业园区近6 000个,其中5个小区被农业部批准为全国乡镇企业工业科技园区,12个小区被农业部批准为全国乡镇企业示范区。

总体而言,这一时期乡镇企业园区的发展改变了以往乡镇企业"村村点火、处处冒烟"的发展模式,生产要素加速流动,企业由分散经营走向集中发展,也增加了规模效应,减少了成本,但这些乡镇企业园区并不能算作是真正意义上的产业集群:园区内的产业是多元的,规模不大,主导产业不突出,并且产业聚集只是在一定地理空间上的集中,进区企业相对独立自主,企业之间基本没有建立任何协作关系。除此之外,由于早期乡镇企业园区只是简单地"推进企业入园",而各地乡镇企业的产品结构大致相同,因而江苏省各地乡镇企业园区的结构趋同现象严重,各地的园区之间缺乏合作,同业竞争和浪费资源的现象依然不可避免。这些乡镇企业园区中的很多企业后来因为经营不善而关停并转,但不可否认的是,正是这些乡镇园区的形成带来了乡镇企业的集聚式发展,为江苏产业集群的形成打下基础。

4.3.2 经济技术开发区

经济技术开发区是中国也是江苏省对外开放地区的重要组成部分。在开放城市划定的一块较小的区域,集中力量建设完善的基础设施,创建符合国际水准的投资环境。通过吸收利用外资,成为所在城市及周围地区发展对外经济贸易的重点区域。国家级经济技术开发区的建设始于20世纪80年代:1984年,邓小平亲临深圳视察,对兴办经济特区的决策给予充分肯定。1984年3月26日至4月6日,根据中共中央书记处和国务院的决定,沿海部分城市座谈会在北京召开。会议学习了邓小平同志关于对外开放和特区工作的重要意见,着重讨论了如何加快步伐,扩大开放,更好地利用外资、引进先进技术的问题。会议纪要中,提出了逐步兴办经济技术开发区。1984年至1988年间,中央政府进一步开放了14个沿海港口城市,在这些城市中划定一个区域,兴办经济技术开发区,而江苏省南通经济开发区和连云港经济开发区在1984年12月被列为全国第一批国家级开发区。值得一提的是,在同一年,江苏苏州的昆山开始自费创建开发区,并且由于突出的成就,在1992年8月,昆山开发区被正式认定为国家级经济技术开发区。

在昆山开发区的示范效应下,江苏各级政府也开始根据当地需求,自费建立各种类型的开发园区。其中一些乡镇级别的经济技术开发区正是与乡镇企业园区同步发展,或者在其基础上发展而来。根据中国开发区网站的统计数据,到2013年,江苏省共有省级以上经济技术开发区122个,其中国家级经济技术开发区24家,占全国总数的1/8,除此之外,苏州工业园区虽不属于国家级别,但却享受国家级经济技术开发区政策。以下列出了国家级经济技术开发区(属于商务部)在江苏的设立时间:

表4-1 国家级经济技术开发区在江苏的设立

1984—1988年第一批国家级开发区	1989—2009年批准设立的国家级开发区
连云港经济技术开发区(1984.12)、南通经济技术开发区(1984.12)	昆山经济技术开发区(1992.08)、南京经济技术开发区(2002.03)、扬州经济技术开发区(2009.07)
2010年后大批扩容的国家级开发区	
常熟经济技术开发区(2010.04)、海林经济技术开发区(2010.04)、淮安经济技术开发区(2010.04)、江宁经济技术开发区(2010.04)、吴江经济技术开发区(2010.04)、徐州经济技术开发区(2010.04)、镇江经济技术开发区(2010.04)、盐城经济技术开发区(2010.12)、太仓港经济技术开发区(2011.06)、张家港经济技术开发区(2011.09)、锡山经济技术开发区(2011.07)、海安经济技术开发区(2012.07)、靖江经济技术开发区(2012.12)、宿迁经济技术开发区(2013.01)、海门经济技术开发区(2013.01)、如皋经济技术开发区(2013.01)、宜兴经济技术开发区(2013.03)、苏州浒墅关经济开发区(2013.03)、沭阳经济技术开发区(2013.12)	

与乡镇企业园区一样,经济技术开发区也是进一步提高了江苏产业的集聚程度,并且相比较早期的乡镇企业园区,经济技术开发区的规模更大,基础设施也更完善。由于有成熟外资企业的推动和政府的配套规划,经济开发区的企业也是更多集中在特定的几个行业,企业之间也具有更强的互动性。虽然形成初期的经济开发区还不足以称为"产业集群",但是后来形成的很多产业特色鲜明的产业集聚区都是政府主导并由经济开发区培育而成的,而这些特色鲜明的产业集聚区已经具备了日后江苏产业集群的诸多特征。例如:前文提到的南通船舶产业集群,在2005年的时候中远川崎造船还有72%来自国外配套,20%来自南通以外的国内配套,只有8%是南通的本土配套;为了提升造船产业链对南通经济的拉动作用,2005年南通在港闸经济开发区建设了南通船舶配套工业集中区、南通海工船舶装备制造工业集中区、通州船用钢结构集中区、启动船舶工业园区和如皋港船舶工业园区这五大产业集中区,由于有大型造船企业的带动,这五大产业集中区很快得到发展,并在日后形成了南通船舶产业集群。

4.3.3 火炬计划中的园区

为了推进高技术的产业转化,提高中国产业的国际竞争力,1988年党中央做出科技体制改革的决定,推动科技与经济结合,鼓励科技人员创办企业,并在有条件的地方建设科技园区。1988年,国务院批准实施火炬计划,明确把创办高新技术产业园区作为火炬计划的重要内容。经国务院批准,江苏省于1991和1992年分别在科技与经济比较发达、高等学校与科研院所相对集中的南京、苏州、无锡、常州,规划建设了4个国家级高新技术产业开发区;1996年起,省政府又先后批准建立了连云港、南通、江阴、武进等10个省级高新技术产业开发区(园),截至2013年,江苏省共有11家国家级高新技术产业开发区和12家省级高新技术产业开发区。此外,同样兴建于1991年的江苏沿江火炬带,是中国第一个高新技术产业开发带,其主要目的是为了接受新兴产业的辐射。它以长江两岸的南京、苏州、无锡、常州、镇江、扬州、泰州、南通等8个城市为重点区域,拥有14个国家级和省级高新技术产业开发园区,是全国经济基础最好,人才、技术、资金聚集能力最强的高新技术产业开发带。据统计,经过10年的发展,到2001年,沿江火炬带已培育高新技术企业1 060家,开发高新技术产品2 883个,集聚各类科技人才132万人,分别占江苏省的56.4%、85%和63.7%。2000年,土地面积占全省45.7%的沿江火炬带,实现的国内生产总值和财政收入均占全省的75%,高新技术产业产值占到全省的93%。

在建设高技术产业园区的基础上,"火炬计划"在1995年又先后推进了特色产业基地与软件产业基地的建设。其中,特色产业基地是在国家鼓励发展的产业领域和一定的地域范围内,通过制定发展规划、优化发展环境、提供科技服务、促进企业集聚等方式实现高新技术产业化和培育战略性新兴产业的重要载体;而软件产业基地的建设则是为了在信息化大潮中,占据软件产业全球分工的有利位置。根据2013年的统计数据,江苏省共有特色产业基地97个,其中苏南55个,超过总数的一半;软件产业基地6家,分别是如皋软件园、无锡软件园、苏州软件园、南京软件园、江苏软件园、常州软件园,全部集中在苏南、苏中。

总体来看,高新技术产业园区的兴起促成了科研机构、高等院校等知识资源由大城市向中小城市的扩散,改善了中小城市的创新环境和技术转化程度。在实力较强的高等院校和科研机构的作用及当地政府的推动下,一些中小城市往往会在某个产业或产品上依托技术上的领先优势和人才优势逐步发展进而形成产业集群。例如:著名的水乡周庄就是借助中科院上海分院的力量,在遥感器的研发与生产上吸引了国内外的人才、资本,并进一步形成了具有一定规模的遥感器产业集群,在国内具有较强竞争力。特别值得一提的是火炬计划特色产业基地,由于具有主导产业特色鲜明、创新能力强、产业链关联度大等特点,它在同行业中有示范、带动作用,并对地方经济发展有较高的显示度和支撑作用。

与乡镇企业的崛起相似,江苏园区经济的发展同样存在着"强政府"推动的影子。在园区经济的发展过程中,因为有意识地引导,原有的产业集聚程度进一步加深,并且同类产业得以集聚到一定的范围内,共享基础设施和产品市场,并进一步分工协作,形成产业集群。同时,在园区经济的发展过程中,区域的资源禀赋(特别是人力资源禀赋)和产业基础都随之改善,这为江苏产业集群的升级提供了重要基础。

4.4 从无序到规范

2003年,鉴于产业的集聚式发展在促进江苏经济发展方面的重要作用,江苏省出台《关于培育产业集群促进区域经济发展的意见》,意见中提出要在3~5年的时间内,形成100个有竞争力的重点产业集群。在紧随其后的2004年,江苏省中小企业局开始了对《江苏省重点培育的100个产业集群》的认定工作。此后,全省各地开始把产业集聚区建设列入各级政府的重要议事日程,分别以苏南、苏中、苏北的城市为例:在2004年,南京市出台文件确定了17个重点产业集群,提出了扶持重点产业集群的"十五条"政策措施;南通市委、市政府下发文件,明确要求各县(市)区要重点培育2个以上特色产业集群,为民营企业发展提供载体,并要求有关部门研究制订扶持集群发展的优惠政策,建立相应的考核体系;盐城市则对促进产业集聚发展所涉及的规划制定、土地征用、产业导向、规范运作、环境保护、科学管理等方面提出了指导性意见。从此,产业集群在政府推动和协调下拉开了有序发展的新篇章。

总结在这一时期,江苏省各级政府在推进产业集群形成方面的主要做法,大致可分为转型和整合两个方面:

"转型"主要指将一批已有的产业集聚区通过专业化的方式建设成为产业集群。首先,依据"提高质量""明晰主业"的原则,各级政府根据产业集聚区(乡镇产业集聚区、工业园区等)的产业定位,一方面吸引更多的同类与相关企业进驻,另一方面则补偿性地迁移出一些非相关性企业,进行"腾笼换鸟",以保证企业之间存在信息互通和交流合作的可能。其次,在这一阶段产业集聚区对外的招商引资过程中,园区管理部门逐步形成了由招商引资向招商选资的转变,通过"老商"推荐"新商"等多种途径,进行特定产业的定向招商,除了逐步明晰集聚区的主要产业外,也强化了集聚区内厂商之间的相互联系。此外,政府部门还鼓励利用集聚区内已有的产品和产业基础,对产业链两端进行延伸,促进集聚区内形成原料包装、科研开发、市场营销等链条衔接、自成一体的运作体系。上述做法在很大程度上解决了前文所提到的"产业多元""企业间缺少联系"的问题,一大批的"产业集聚区"开始向"产业集群"转变。

"整合"在操作时包括了两个层面:其一,重组企业之间的关系。首先,根据"靠近龙头、靠近园区、靠近枢纽、靠近资源(尤其是科技资源)"的原则实现企业的定向搬迁;其次,在"搬"到一起后则是引导若干大企业在产品档次、产品结构、市场范围等方面定位不同的目标市场,实现错位发展,并在此基础上引导企业间协作与分工,将核心能力向不同行业进行渗透;然后,在龙头企业分工协作的基础之上加快培育关联企业,通过业态扩充和实施科技创新计划等措施及时对产业(供应)链进行扩充、延长和拉粗,并加强金融机构、中介机构、行业协会等服务主体的建设。其二,对已有产业集聚区,特别是乡镇工业集聚区进行数量压缩,做大集聚区规模。首先根据"产业特色突出""辐射能力强"的原则正确定位地区产业发展的主要方向,对地域相邻或相近、产业相同或相依的园区实施整合归并;其次,则是对合并后的集聚区统一规划和建设道路、供电、供水等基础设施,强化优势产业的招商,增强相关产业入园的吸引力,最终使集聚区内的企业形成上下延伸、配套成龙的效应。上述这些工作一方面使原先分散的企业得以建立联系、协同合作,也提高了资源利用率,降低企业的生产和管理成本,从而使原有产业集聚区(乡镇产业集聚区、工业园区等)内的产业得到专门化、特色化的发展,产业链得到延伸,企业间联系更加密切,从而完成了从集聚到集群的转变;另一方面对已经形成的产业集群,也进一步增强了其集聚程度,提升了产业链的层次和整体竞争力,增强了其可持续发展的能级。

2007年,江苏省对"100家重点培育的产业集群"的评定全部结束,根据2007年江苏省中小企业局公布的名单进行统计,苏南5市共有47家,主要集中在纺织服装、电子机械和设备制造行业,苏北5市共有26家,大多在木材、食品行业,这样的产业布局与乡镇企业崛起和外向型大潮中苏南偏机械、电子而苏北偏食品和原料加工的产业发展历史相吻合。根据江苏省中小企业局的统计数据,2008年江苏省重点培育的100家产业集群实现营业收入13 603.93亿元,实现增加值2 950.87亿元,实现利润649.08亿元,实缴税金419.70亿元,分别占全省产业集聚区域总量的48%、46%、46%和45%。全省产出超过100亿元以上的产业集群有46家,200亿元的产业集群有16家,有23家产业集群列入"中国百佳产业集群",可以说自2003年对发展产业集群所指定的3～5年的目标已经全部达到。2009年在全省重点培育的百家产业集群的基础上,江苏为避免产业发展趋同化现象,开始申报认定一批在全国领跑的省重点(特色)产业集群,并且,为了进一步做大产业集群规模和提升产业集群层次,在随后的2010年,江苏省开始了产业集群示范区的申报认定。到2014年,江苏省共通过了3批省重点(特色)产业集群的认定,其中第一批30家,第二批20家,第三批19家,在所有认定的(特色)产业集群中,苏南地区有35家,苏中地区16家,苏北地区18家。同样,到2014年,江苏省共通过了3批产业集聚示范区的认定,其中第一批19家,第二批16家,第三批12家,在所有认定的产业集聚示范区中,苏南地区有24家,苏中地区11家,苏北地区12家。

除了具有明确"集群"名称的"产业集群"外,"科技产业""文化创意产业"等各类有着明确产业定位的"园区"和"基地"也在近几年内开始蓬勃发展起来。根据能够搜集到的资料,我们整理出来的种类大约有16种,这在本书第2章集群概念的解释中已经有过罗列。需要说明的是:这些产业集群、产业基地和产业园区或是并非完全平级的关系,产业园区内可以有产业基地和产业集群,并且一些产业园区之间也存在着互相包含的关系。虽然隶属于不同的管理部门,并且名称上并未出现"集群"二字,但这些主业明晰、分工明确、优势互补、资源共享的产业基地和产业园区的的确确是"产业集群"的内涵。并且,纵然存在着包含关系,但是从拓展的产业集群的含义来理解,无论是包含在产业园区之内的产业基地还是包含了多个产业基地的产业园区,都可以从不同的范围理解成产业集群,这一点在本书的第7章将会有更进一步的阐述。

4.5 本章小结

江苏产业集群的发展历史其实就是一部江苏经济的发展历史,笔者在遍寻各类统计资料、政策文件和几经往返于政府相关部门及代表性产业集群后,终得将这一过程梳理如上。回顾江苏产业集群的产生与演变历程,我们可以找到两次重要的转变:第一次转变是20世纪80年代末到90年代初的由"分散办企业"到"集中办企业"。在这一阶段,企业在空间布局上由分散走向集中,并且所有的集中都遵循以下3个出发点:乡镇企业和民营企业的整体规划需要、承接外商投资的需要和加速科技成果转化的需要。这一过程中乡镇企业突破了发展初期的"就地办厂""离土不离乡"的格局,向城镇逐步集聚、集中布局,构成企业群落,外资企业落户园区并带动相关企业向园区集中,而高新技术企业和科研机构则在政府引导下,形成地理位置的邻近。第二次转变是20世纪90年代末到21世纪初期,伴随产业集群规范化发展的由"集中办企业"到"集中做产业"。在这一阶段,企业集聚区内的产业特色得以突出,企业间的产业关联度和协作性得到加强,以某一产业为主,产业链不断延伸,产业集群的重要特点开始显现,企业集聚正式走向产业集群。

自改革开放初期乡镇企业的崛起,到外商投资和园区经济的热潮再到产业集群的规范化,在这40多年的演化过程中,江苏产业集群始终与"政府力量"存在着紧密的关系:20世纪70至80年代乡镇企业发展时期,乡镇政府和集体倾其原有积累、动员力量甚至是自己直接出面向银行贷款为企业提供原始资金,打下了产业集群的企业基础;20世纪90年代,为了接轨浦东大开发,各级政府倾其财力强化基础设施,兴建工业园区,带来了江苏的外向型大潮,推动了江苏产业的升级和一部分外向型产业集群的起步;21世纪初始,"产业集群"这一名称被正式使用,在江苏省人民政府的推动下,各地方政府纷纷出台政策,对已有的企业集聚区进行转型、整合,促成了产业集聚向集群的转变。尽管江苏的"强政府"推动模式遭到过各种质疑,但它的确带来了江苏产业集群的蓬勃发展,因此,总结江苏省人民政府的做法对中国更广范围内产业集群的发展具有参考意义,同时,对日后发展过程中政府"有形之手"的逐步撤离,也具有指导价值。

第 5 章
产业转移中的资源配置扭曲与效率损失

在将视野从园区延伸到城(镇)域之后,这一章我们进一步将视野拓展到更广范围的省域。区域经济发展失衡是当今中国亟待解决的重要问题之一,而当视野拓展到省域层面,这一问题开始显现:2013 年江苏苏北地区的人均 GDP 仅为苏南地区的一半。梯度转移理论告诉我们:在时间无限的空间里,"无形之手"将毋庸置疑地推动产业梯度转移和与之匹配的资源配置。然而,为了"加快实现区域均衡",无论是南、中、北部发展存在梯度的江苏,还是东、中、西部发展存在梯度的中国,都不可能甘于坐等"无形之手"的调控。鉴于产业集群在带动区域经济方面的强大动力,自 20 世纪 90 年代起,江苏省人民政府就开始陆续推进关联企业和资源由苏南向苏北的组团转移,这在很大程度上推动了苏北经济的起飞。但是,企业和要素资源的打包转移并不能保证转移后企业对要素资源的合理使用,当企业的转移、发展与要素资源的迁移、积累存在速度或是结构的不匹配时,就会不可避免地造成要素资源的配置扭曲和与之相伴的效率损失,并可能进一步引发"产能过剩""创新动力不足"等深层次经济问题。为此,笔者在江苏产业集群的转移主体——传统产业集群中抽样了 1 500 家企业进行问卷调查,构造测算模型对不同行业在转移过程中资源错配与效率损失程度进行测度,并探索其更深层次的原因,为以集群转移为手段的区域均衡发展策略提供参考。

5.1 非均衡发展与政府主导的省内产业转移

江苏南北发展不均衡问题由来已久,从乡镇企业的崛起到外向型大潮再到各种经济开发区和高技术产业园区的兴建,尽管这些经济发展的机遇也带动了苏北的快速跟进,但由于在每一轮的机遇中,苏南都因其得天独厚的地理位置而占据了更多资源,也相应得到更快的发展,江苏南北经济差距反而在这一轮轮的经济增长中持续拉大:1984—1988 年是乡镇企业的崛起阶段,也是苏北乡镇工业快速发展时期,其产值从 25.73 亿元增至 93.36 亿元,但占全省乡镇工业产值的比重却由 11.65% 降至 10.16%;在乡镇企业放慢步伐,进行治理整顿的 1989 年至 1991 年,这一比重 1991 年更是降至 8.84%;在起于 20 世纪 90 年代初期的江苏外向型大潮中,苏南地区同样是外商投资的首选,根据 2005 年《江苏统计年鉴》的数据,在2004年,苏、锡、常三市的外商投资额占到全省的75.83%,而苏北地区仅为6.42%。同时,由于苏南地区的经济与技术基础优于苏北,出于国家层面资源配置的考虑,江苏的国家级高新技术产业园区大多集中在南京与苏锡常一带;根据中国火炬计划网站的统计,1991年和1992年国家在江苏设立的第一批4个高新技术产业园区全部在苏南地区,即便是到2013年,江苏共计11个国家级高新技术产业园区中也仅有1个位于苏北,2个位于苏中,苏南地区沿沪宁线高新技术产业带集聚了江苏75%的高新技术企业,高新技术产业产值约占全省80%。

为了缩小区域经济发展差距,早在1984—1988年乡镇企业大发展时期,根据江苏省"南高北低"的倾斜式生产力发展水平,江苏省委、省政府就提出"积极提高苏南,加快发展苏北"的方针,通过苏南苏北对口协作,组织一批苏南乡镇工业企业到苏北搞联营,帮助苏北乡镇工业企业上规模、上水平。当年省财政安排3 000万元扶植苏北发展乡镇工业,同时给予淮北地区新办乡镇企业免征工商所得税3年的优惠政策。限于当时的认识,产业转移并未被明确提出,但是通过调拨资金和提供优惠政策来吸引苏南企业入驻苏北的方式,已经开始有了后来推进产业转移的政策雏形。

江苏经济发展历程中第一次明确提出的南北"产业转移"是在1995年。1994年,江苏确立区域共同发展战略,随后的1995年4月,江苏省委、省政府在《关于推动经济联合促进生产力发展的意见》中,鼓励苏南技术比较先进的初级产品加工和劳动密集型产业向资源较丰富的苏北地区转移;鼓励苏南实力较强的企业向苏北乡镇强企业提供技术指导、技术装备、扩散产品或以投资参股、控股等方式加快提高苏北乡镇工业的产品档次和技术水平;并确定了纺织行业的棉纱布和丝绸行业的缫丝等产品为南北转移的重点。南京熊猫集团当年帮助响水县兴办了电子产品批发中心。2001年江苏省成立南北发展协调小组,明确提出推进产业、科技、财政、劳动力"四项转移",在此之后的2002年,苏北协调小组先后组织了近百个单位、百名企业家、数百名专家赴苏北开展科技信息咨询、项目对接、学术报告等活动。当时"产业集群"一词还未在江苏兴起,但"四项转移"的思考框架中却已经有了产业"集群式转移"的影子。根据定义,"产业集群转移"指的是原本在转出地已经存在集聚现象或已形成产业集群的众多企业,在转移过程中,保留企业之间的协同合作关系,在行业协会或政府的推动引导下,通过集体行动的方式,在转入地仍然产生集聚并形成与转移前集群相关联的新产业集群的转移方式。而"四项转移"不仅考虑转移企业(产业)的组团式转移,还考虑了企业(产业)转出后发展所需的支撑要素。

事实上,即便是后来"产业集群转移"已经被视为平衡区域发展的有效手段,并频繁见诸各类研究之时,在江苏每年召开的"推进南北产业转移"的工作会议中,也未有专门的文件对产业集群的转移进行说明,依托大项目和依托园区的产业转移始终是会议的重点。但不可否认的是"大项目—产业链—企业群"的产业转移路径和方式正是产业集群转移的实质,也是在这样的思考框架下,苏北通过承接苏南产业集群转移形成了不少有竞争力的集群,拉动了经济发展。根据江苏省统计局网站的相关数据:自 2002 年对苏北提出并组织实施产业转移以来,到 2005 年,苏北 5 市累计承接 500 万元以上的产业转移项目 4 770 个,苏南向苏北总投资 1 175 亿元,苏北实际引资 486 亿元。而到 2011 年,苏南地区 10 年累计向苏北 5 市产业转移 500 万元以上项目 17 439 个,总投资 10 151 亿元,苏北实际引资额 5 036 亿元。

持续推动的产业集群转移自然已见成效:在 2011 年,苏北人均 GDP 36 040 元,首次达到并超过全国平均水平,实现了历史性跨越。但是大规模的企业和要素资源在省域范围内的打包式再分布和再配置必然也会带来资源与企业的再匹配,任何要素的空间错配都会导致某些地区的资源过剩和另一些地区的资源供给不足,并进而引发"产能过剩""结构失衡""创新动力不足"等深层次经济问题。既然集群转移是大区域均衡发展中无法回避的问题,那么,关注这一过程中的资源配置扭曲以避免深层次经济问题的产生就显得尤为重要。

5.2 产业转移中的资源错配与效率损失——测算方法与模型

5.2.1 测算方法的理论基础

目前,关于要素资源错配的研究集中在要素资源的行业间错配,其研究方法可追溯到 Syrquin 于 1986 年发表的《要素重配与产出增长》(*Productivity Growth and Factor Reallocation*),在此文中,他通过推广 Solow(1956)的增长核算框架,从资源配置角度将 TFP(全要素生产率)增长分解为行业 TFP 的提升和资源配置效应的改善。此后这种分解方法被广泛应用于分析经济结构变动或者是资源配置失衡带来的影响:Timmer 和 Szirmai(2000)使用类似方法分析了亚洲制造业的"结构红利"。Michael Peneder(2003)通过对 28 个欧盟国家 20 世纪 90 年代经济增长的分解,发现制造业结构变动是宏观经济增长的重要决定因素之一。在中国问题上,Ding Lu(2001)利用 1986 年至 2000 年的数据探讨了中国 13 个产业间资源错配状况,认为中国的高速经济增长不可持续,建议构建与市场开放程度相匹配的要素市场机制。刘伟、张辉(2008)研究了 1978—2006 年间要素配置变动对 TFP 的贡献变化情况,得出贡献度递减的结论。这类分析的特点是:集中于描述产业结构变动或是纠正资源配置扭曲对经济的改善,却无法测算产业结构或者资源配置失衡的程度。

2008 年前后,一些关于资源错配对经济效率影响的研究开始引入要素价税来刻画资源配置的扭曲,并采用微观层面的 TFP 差距来衡量资源错配所引致的经济失衡程度。这类研究的理论依据是:要素价格扭曲是导致资源错配的主要原因。在中国问题上,Dollar 和 Wei(2007)通过对 12 400 家中国企业的研究发现,若有效配置资本中国可在不牺牲经济增长的前提下减少 8%的资本存量,将其用于提高居民消费。Hsieh 和 Klenow(2009)的研究发现若中国资源配置能达美国水平,TFP 将上升 50%至 60%。Brandt 等人(2012)采用 1985 年至 2007 年数据进行测算,得出资源若能在民营企业和国有企业间合理分配将提高中国制造业 TFP 水平 20%的结论。袁志刚、解栋栋(2011)估算出劳动力错配对中国 TFP 的负效应在-2%到-18%之间。陈永伟、胡伟民(2011)则在测算出中国制造业内部各子行业间的资源错配造成的 TFP 差距的基础上进一步测算出实际产出和潜在产出缺口约 15%。

总结现有探讨中国要素资源错配的相关文献,尽管几乎未有涉及地区间(空间)要素资源错配,但其研究和测算行业间要素资源配置扭曲的方法值得借鉴。

5.2.2 测算思路与模型借鉴

我们希望进行测算的问题是:在产业集群的转移过程中由于企业发展、转移的速度和要素资源的积累、迁移速度不一致而导致的经济效率的损失。这一问题的产生逻辑是:首先,产业集群的转移过程中产生了要素资源的空间错配,然后,同一行业中的企业在不同地区使用当地存在配置扭曲的要素资源进行生产导致了社会产出总损失。基于这样的考虑,测算步骤需要分为两步:第一步,借鉴已有文献对行业间要素资源错配及效率损失的测算方法,通过定义和计算要素价格相对扭曲系数来衡量要素资源配置的扭曲程度;第二步,在步骤一的基础上进一步测算同一行业不同地区的企业使用当地存在空间错配的要素资源生产所导致的产出总缺口。

鉴于此处测算的逻辑思路和已有研究对要素资源在行业间错配的测算思路非常一致,研究行业资源错配的一般逻辑是:由于要素资源的总量是一定的,因此如果资源在不同行业间配置扭曲就会产生资源价格的扭曲(资源最合理的配置是在每个行业的价格一样),那么企业使用存在价格扭曲的资源进行生产就无法达到最大潜在产出,实际产出与潜在产出的缺口被认为是资源错配造成的经济效率的损失。本书的研究思路是,每一个行业的要素资源是一定的,但是由于产业转移过程中,企业发展所需的要素种类、数量和产业转入地要素资源的种类、数量不匹配,就会造成同一个行业内,要素资源在地区间的配置存在扭曲,而这一扭曲就会导致地区间的要素资源价格不是最合理的价格(最合理的价格是同一行业内每个地区价格相等),企业自然也就无法达到最大潜在产出,而同样,社会潜在产出与实际产出的缺口可以用来衡量经济效率的损失。不难发现,这两种思维是维度发生变化,所有假设是可以嫁接的。因此,可以对要素资源行业错配的测算方法予以借鉴。

模型构建借鉴了陈永伟、胡伟民(2011)研究中国要素资源在行业间错配时所构建的 N 行业生产模型。在此基础上引入地区维度,并进一步将劳动力资源划分为高端人才和普通劳动力,从而构建出测度资本、高端人才和普通劳动力在产业转移过程中空间错配状态和程度,以及因此所导致的经济效率损失的 N 行业 M 地区生产模型。由于江苏产业集群转移的主体是传统产业,并且此处我们希望探讨的是产业集群转移时要素资源的扭曲情况,因此本章选择了传统产业集群进行调研和分析,但是所构建的模型对衡量其他产业转移或非集群式产业转移过程中的资源配置扭曲和经济效率损失同样适用。

5.2.3 测算模型的构建

1. N 行业 M 地区生产问题

假设一个封闭经济体由 M 个地区构成,每个地区存在 N 个行业。假设同一地区、同一行业的所有企业生产函数都相同,从而可以用一个代表性企业的生产来代替该地区该行业的生产。而同一行业在不同地区,或者同一地区的不同行业生产函数都被假设为是不同的。

模型中,所有企业被假设为价格接受者,使用三种要素:资本 K、高端人才 H 和普通劳动力 L 进行生产。采用价税刻画行业在不同地区间因资源错配而导致的价格扭曲,则行业 i 地区 j 中企业面临的资本、高端人才和普通劳动力价格分别为 $(1+\tau_{Kij})P_K$、$(1+\tau_{Hij})P_H$ 和 $(1+\tau_{Lij})P_L$。其中 P_K、P_H 和 P_L 是完全竞争条件下三种要素的价格水平,τ_{Kij}、τ_{Hij} 和 τ_{Lij} 分别表示行业 i 地区 j 中三种要素的扭曲"税","税"值越大则要素价格扭曲度越高。

假设行业 i 在地区 j 的代表性企业生产函数为:

$$Y_{ij}=TFP_{ij} \cdot K_{ij}^{\alpha_{ij}} H_{ij}^{\beta_{ij}} L_{ij}^{\gamma_{ij}} \quad \text{(式5-1)}^{①}$$

其中,Y_{ij} 表示产出,TFP_{ij} 表示全要素生产率,K_{ij}、H_{ij}、L_{ij} 分别表示投入的资本、高端人才和普通劳动力的量。假设生产函数规模报酬不变,则 $\alpha_{ij}+\beta_{ij}+\gamma_{ij}=1$。代表性企业的目标是利润最大化,即:

$$\max_{K_{ij},H_{ij},L_{ij}} \{P_iY_{ij}-(1+\tau_{Kij})P_KK_{ij}-(1+\tau_{Hij})P_HH_{ij}-(1+\tau_{Lij})P_LL_{ij}\} \quad \text{(式5-2)}$$

其中,P_i 是行业 i 的产品价格。假设产品市场不存在价格扭曲,则整个行业的总产出为地区产出加总:$Y_i = \sum_{j=1}^{N} Y_{ij}$。根据前文假设,较短时间内生产要素无法跨行业流动,则上述各项要素资源面临以下约束条件:

$$\sum_{j=1}^{N} K_{ij} = K_i, \sum_{j=1}^{N} H_{ij} = H_i, \sum_{j=1}^{N} L_{ij} = L_i \quad \text{(式5-3)}$$

通过拉格朗日乘数法,在约束条件下求解最优值,可得存在要素价格扭曲的竞争均衡解:

$$K_{ij} = \frac{P_i\alpha_{ij}Y_{ij}}{(1+\tau_{Kij})P_K}K_i/\sum_j \frac{P_i\alpha_{ij}Y_{ij}}{(1+\tau_{Kij})P_K}, H_{ij} = \frac{P_i\alpha_{ij}Y_{ij}}{(1+\tau_{Hij})P_H}H_i/\sum_j \frac{P_i\alpha_{ij}Y_{ij}}{(1+\tau_{Hij})P_H}$$

---

① 本书扩展了经典的 Cobb-Douglas 生产函数,将原函数中的劳动力投入分解为高端人才投入 H 和普通劳动投入 L,这是因为在中国经济发展的现阶段,高端人才对于产出的贡献与普通劳动力对于产出的贡献存在巨大的差别,不能一概而论,而且制造业对于高端人才的依赖性也越来越大,因此需要将高端人才与普通劳动力分离,作为不同的投入要素带入生产函数。

$$L_{ij} = \frac{P_i \alpha_{ij} Y_{ij}}{(1+\tau_{Lij}) P_L} L_i \Big/ \sum_j \frac{P_i \alpha_{ij} Y_{ij}}{(1+\tau_{Lij}) P_L} \qquad \text{(式 5-4)}$$

2. 要素资源空间错配程度的度量

根据前文给出的测算思路，此处通过定义要素资源配置的相对扭曲系数对要素资源的空间错配程度进行度量。

（1）绝对扭曲系数：指行业 i 中要素资源在地区 j 有效配置时的价格与实际价格之比。以行业 i 中资本要素在地区 j 的配置为例，根据前文对扭曲"税"的定义，可直接得到资本、高端人才和普通劳动力的绝对扭曲系数分别为：

$$\theta_{Kij} = 1/(1+\tau_{Kij}), \theta_{Hij} = 1/(1+\tau_{Hij}), \theta_{Lij} = 1/(1+\tau_{Lij})$$

（2）相对扭曲系数：指行业 i 中要素资源在地区 j 配置的扭曲程度与在其他地区配置的扭曲程度之比。假设竞争均衡时行业 i 在地区 j 的产值占整个行业的份额为 $S_{ij} = \frac{Y_{ij}}{Y_i}$，则以产出加权的资本平均贡献值为 $\bar{\alpha}_i = \sum_{j=1}^M S_{ij} \alpha_{ij}$。根据定义，行业 i 中资本在地区 j 的相对扭曲系数为：

$$\widehat{\theta}_{Kij} = \theta_{Kij} \Big/ \sum \left(\frac{S_{ij} \alpha_{ij}}{\bar{\alpha}_i}\right) \theta_{Kij} \qquad \text{(式 5-5)}$$

当 $\widehat{\theta}_{Kij} > 1$ 时，地区 j 的资本使用成本相对整个行业偏低，企业会过度使用资本；当 $\widehat{\theta}_{Kij} = 1$，地区 j 的资本使用成本等于行业平均水平；而当 $0 < \widehat{\theta}_{Kij} < 1$ 时，地区 j 的资本使用成本高于行业平均水平，会出现资本供给不足。利用同样方法，可分别定义行业 i 中高端人才和普通劳动力在地区 j 的相对扭曲系数 $\widehat{\theta}_{Hij}$、$\widehat{\theta}_{Lij}$。联立公式5-4、公式5-5，有

$$K_{ij} = \left(\frac{S_{ij}\alpha_{ij}}{\bar{\alpha}_i}\right)\widehat{\theta}_{Kij} K_i, H_{ij} = \left(\frac{S_{ij}\beta_{ij}}{\bar{\beta}_i}\right)\widehat{\theta}_{Hij} H_i, L_{ij} = \left(\frac{S_{ij}\gamma_{ij}}{\bar{\gamma}_i}\right)\widehat{\theta}_{Lij} L_i \quad \text{(式 5-6)}$$

由于价"税"无法被观测，因此绝对扭曲系数是无法被测度的，但相对扭曲系数却可以被还原。根据公式5-6，可将行业 i 中要素在地区 j 的相对扭曲系数还原为：

$$\widehat{\theta}_{Kij} = \left(\frac{K_{ij}}{K_i}\right) \Big/ \left(\frac{S_{ij}\alpha_{ij}}{\bar{\alpha}_i}\right), \widehat{\theta}_{Hij} = \left(\frac{H_{ij}}{H_i}\right) \Big/ \left(\frac{S_{ij}\beta_{ij}}{\bar{\beta}_i}\right), \widehat{\theta}_{Lij} = \left(\frac{L_{ij}}{L_i}\right) \Big/ \left(\frac{S_{ij}\gamma_{ij}}{\bar{\gamma}_i}\right) \text{(式 5-7)}$$

依然以资本为例，观察公式5-7不难发现，等号的右边 $\frac{K_{ij}}{K_i}$ 表示行业 i 在地区 j 中使用的资本占行业 i 所使用总资本的比例，而 $\frac{S_{ij}\alpha_{ij}}{\bar{\alpha}_i}$ 则刻画了资本有效配置时行业 i 在地区 j 所使用资本的理论比例，两者的比值可作为行业 i 中资本在地区 j 错配程度的衡量指标，从而将不可直接观测的相对扭曲系数通过可见的方式还原出来，并建立起要素价格扭曲与资源错配之间的联系。

3. 产出缺口的估计

在前文分析的基础上,可建立要素资源配置的相对扭曲系数与产出的关系。

联立公式 5-1 和公式 5-7,得竞争均衡状态下行业 i 在地区 j 的产出:

$$Y_{ij} = TFP_{ij} \cdot \left(\frac{S_{ij}\alpha_{ij}}{\bar{\alpha}_i}\hat{\theta}_{Kij}K_i\right)^{\alpha_{ij}}\left(\frac{S_{ij}\beta_{ij}}{\bar{\beta}_i}\hat{\theta}_{Hij}H_i\right)^{\beta_{ij}}\left(\frac{S_{ij}\gamma_{ij}}{\bar{\gamma}_i}\hat{\theta}_{Lij}L_i\right)^{\gamma_{ij}} \quad (\text{式 } 5-8)$$

对公式 5-8 式左右两边取对数,得:

$$\ln Y_{ij} = \ln TFP_{ij} + \ln\left(S_{ij}\left(\frac{\alpha_{ij}}{\bar{\alpha}_i}\right)^{\alpha_{ij}}\left(\frac{\beta_{ij}}{\bar{\beta}_i}\right)^{\beta_{ij}}\left(\frac{\gamma_{ij}}{\bar{\gamma}_i}\right)^{\gamma_{ij}}\right) + \\ (\alpha_{ij}\ln\hat{\theta}_{Kij} + \beta_{ij}\ln\hat{\theta}_{Hij} + \gamma_{ij}\ln\hat{\theta}_{Lij}) + (\alpha_{ij}\ln K_i + \beta_{ij}\ln H_i + \gamma_{ij}\ln L_i) \quad (\text{式 } 5-9)$$

从公式 5-9 可以直观地看出,行业 i 在地区 j 的产出不仅与全要素生产率水平、行业所使用要素资源的数量以及要素资源的产出弹性有关,而且在很大程度上还受到要素资源配置的相对扭曲系数的影响,也就是说,通过改善要素资源的空间错配,可以提高行业 i 在全社会的产出水平。将地区产值加总,可得整个行业在要素资源配置存在扭曲情况下的竞争均衡产值:

$$Y_i = \sum_{j=1}^{M} TFP_{ij} \cdot \left(\frac{S_{ij}\alpha_{ij}}{\bar{\alpha}_i}\hat{\theta}_{Kij}K_i\right)^{\alpha_{ij}}\left(\frac{S_{ij}\beta_{ij}}{\bar{\beta}_i}\hat{\theta}_{Hij}H_i\right)^{\beta_{ij}}\left(\frac{S_{ij}\gamma_{ij}}{\bar{\gamma}_i}\hat{\theta}_{Lij}L_i\right)^{\gamma_{ij}} \quad (\text{式 } 5-10)$$

而在资源有效配置(不存在扭曲)时,行业 i 的有效产出为:

$$Y_{i,\text{efficient}} = \sum_{j=1}^{M} TFP_{ij} \cdot \left(\frac{S_{ij}\alpha_{ij}}{\bar{\alpha}_i}K_i\right)^{\alpha_{ij}}\left(\frac{S_{ij}\beta_{ij}}{\bar{\beta}_i}H_i\right)^{\beta_{ij}}\left(\frac{S_{ij}\gamma_{ij}}{\bar{\gamma}_i}L_i\right)^{\gamma_{ij}} \quad (\text{式 } 5-11)$$

因此,由于地区间要素资源错配所导致的实际产出与有效产出的缺口可以表示为两者比值与 1 之间的差额,即

$$1 - \frac{Y_i}{Y_{i,\text{efficient}}} \quad (\text{式 } 5-12)$$

比较 Y_i 与 $Y_{i,\text{efficient}}$ 可以发现:二者唯一区别在于 Y_i 的每个求和项都比 $Y_{i,\text{efficient}}$ 求和项多了相对扭曲系数 $\hat{\theta}$,因此,根据推导出的公式 5-12,相对扭曲系数是造成实际产出与潜在产出差别的唯一原因,而二者数值之比可以看作是地区要素错配而引致的实际生产效率与潜在产出效率之比,而该值与 1 的差值则可用来衡量由于地区要素错配所导致的产出缺口。

5.3 产业转移中的资源错配与效率损失——1 500 家企业的实证

5.3.1 实地调研与数据说明

本次问卷发放面向的是传统产业集群(包括园区和产业基地)内的企业,与模型设定相

吻合，本调研的要素资源类型包括资本、高端人才和普通劳动力。需要说明的是，在已有的要素资源错配研究中，对要素的设定大多局限于经典经济学所定义的劳动与资本，假设劳动力产出弹性一致。但是，随着经济向更高层次迈进，不同人才对经济发展的贡献存在差异，将其进行细分讨论存在意义。已有研究之所以将知识性人才和一般劳动力归为一类，主要原因是中国微观企业层数据的缺乏：即便是"中国工业企业数据库"这一目前最为翔实的大样本微观数据库都没有对劳动力的细分数据。而本调研通过实地调查获得的一手数据得以突破已有研究对人才设定的局限。

本章测算所使用的数据全部来自 2013 年依托江苏省某经济宏观调控部门对 1 500 家传统制造业企业开展的问卷调查所获得的微观数据。本次问卷发放的面向企业由随机抽样的方式产生，从问卷回收结果看：有效问卷共计 1 292 份，其中苏南地区 444 家，苏中地区 284 家，苏北地区 564 家，覆盖产业集群（包括园区和产业基地）近百家。参考 2011 年修订版《国民经济行业分类》(GB/T 4754—2011)，被调研企业共计覆盖 21 个两位数行业（两位数作为代码的大类），并主要分布在纺织、服装、石油化工、医药制造、通用设备等 11 个行业，共 1 151 家，占有效样本的 89%。考虑到样本对实际问题的解释程度，本调研舍去了样本量少于 30 的 10 个行业、总计约为样本总数 10% 的数据。同时为强化要素资源在行业间短期不可流动的假设条件，我们对近似行业进行了合并，合并后行业间差别更大，更符合模型的理论前提。

表 5-1 调查企业所在行业类别

合并后名称	包含两位数行业	企业总数(个)
纺织服装	纺织业(17)；纺织服装、服饰业(18)	378
石化医药	石油加工、炼焦和核燃料加工业(25)；化学原料和化学制品制造业(26)；医药制造业(27)	169
设备制造	通用设备制造业(34)；专用设备制造业(35)；汽车制造业(36)；铁路、船舶、航空航天和其他运输设备制造业(37)；电气机械和器材制造业(38)；计算机、通信和其他电子设备制造业(39)	449
非金属矿物制品	非金属矿物制品业(30)	155

注：括号中的数字是 GB/T 4754—2011 中的行业分类号

关于衡量指标的选择：本文采用问卷中企业 2012 年销售额衡量企业产出，固定资产净值衡量资本投入，大专以上职工人数衡量高端人才投入，大专以下职工人数衡量普通劳动力投入。表 5-2 分别列出了下文将使用变量的分行业、分地区及江苏总体的描述性统计。从江苏整体描述性统计结果看，目前纺织服装行业和石化医药行业的固定资产投资额较高，而销售额则是石化医药行业明显高于其余三个行业。劳动力方面，设备制造行业劳动力平均水平最高，高端人才数量近乎占到普通劳动力数量的一半，为 46%；而石化医药、纺织服装和非金属矿物制品三行业劳动力平均水平较接近，高端人才数量占普通劳动力数量比分别为 24%、22% 及 27%。

从数据的分地区描述性统计看,在所有行业,企业平均产值均存在苏南大于苏中大于苏北的梯度,而固定资产投资的平均水平则多数是苏中地区较高。在纺织服装、石化医药产业和非金属矿物制品行业,高端人才在总劳动力中的比例苏中最高,苏南高于苏北;在设备制造业,高端人才在总劳动力中的比例则是苏南略高于苏北,苏北高于苏中。在传统产业中,先发地区苏南的高端人才比例并不具备优势,这一现象值得注意。

同时,对基本变量的描述性统计进行观察,也可以有这样直观的感受:同一行业在不同地区的要素投入与产出并非呈现相同的比例关系,而这正是由于要素资源的空间错配导致的,后文的计算结果将对这一直观观察给予定量说明。

表 5-2 基本变量描述性统计

行业	地区	销售额（万元）	固定资产投资（万元）	高端人才（人）	普通劳动力（人）
纺织服装	苏南	66 458.999 1 (182 067.564 8)	3 406.897 7 (51 038.901 2)	870 (1 406.922 9)	710 (1 117.789 8)
	苏中	30 727.665 (63 512.106 3)	2 512.917 5 (40 445.852 6)	112 (187.494 2)	425 (615.593 8)
	苏北	20 378.684 3 (36 882.616 8)	1 859.333 3 (33 526.078 4)	80 (133.099 7)	428 (565.216 6)
	总体	37 041.125 9 (109 465.556 6)	2 500.691 3 (41 717.265 0)	113 (242.184 7)	512 (793.275 6)
石化医药	苏南	144 778.604 4 (409 727.097 6)	1 967.836 4 (38 617.209 6)	170 (272.549 1)	347 (873.950 7)
	苏中	176 856.668 3 (695 383.180 6)	2 440.971 0 (48 034.591 1)	368 (1 247.521 5)	391 (648.059 9)
	苏北	65 963.568 2 (215 394.187 1)	2 014.407 4 (35 780.641 9)	120 (201.484 3)	293 (360.933 0)
	总体	107 251.892 1 (380 429.732 1)	2 516.651 2 (70 125.952 1)	187 (548.923 3)	767 (5 763.890 1)
设备制造	苏南	54 730.197 7 (185 984.646 9)	1 645.967 1 (323 755.660 5)	127 (231.016 3)	266 (457.916 3)
	苏中	31 688.435 3 (63 242.047 3)	2 190.867 2 (377 955.387 8)	134 (190.085 9)	326 (421.219 1)
	苏北	16 414.058 5 (29 635.889 5)	961.297 8 (191 144.437 1)	91 (219.692 7)	193 (201.230 5)
	总体	34 252.791 3 (118 651.485 3)	1 531.466 2 (30 182.087 7)	116 (216.973 2)	254(373.738 9)

续表

行业	地区	销售额 (万元)	固定资产投资 (万元)	高端人才 (人)	普通劳动力 (人)
非金属矿物制品	苏南	79 263.815 8 (285 901.906 2)	1 240.701 8 (28 215.528 7)	69(68.839 2)	286 (545.610 0)
	苏中	20 973.200 0 (25 568.102 8)	2 717.533 3 (49 697.327 7)	161 (246.123 5)	334 (392.635 7)
	苏北	19 807.255 2 (72 358.567 0)	1 133.086 0 (31 652.857 0)	55 (166.974 0)	226 (717.977 7)
	总体	40 452.789 3 (176 106.883 1)	1 314.303 0 (32 019.412 6)	69 (149.843 9)	257 (631.196 4)

注:表中销售额、固定资产投资单位均为万元,高端人才与普通劳动力单位为人。括号外为样本均值,括号中为样本标准差

5.3.2 分行业、分地区生产函数及 TFP 估算

根据 5.2 节中对模型的设定,首先要分行业、分地区估计如下生产函数:

$$\ln Y_{ij} = e_{ij} + \alpha_{ij} \ln K_{ij} + \beta_{ij} \ln H_{ij} + \gamma_{ij} \ln L_{ij}$$

其中,Y_{ij}、K_{ij}、H_{ij}、L_{ij} 分别代表 i 行业 j 地区的总产出、固定资产投入、高端人才投入及普通劳动力投入量;根据 Cobb-Douglas 生产函数定义,α_{ij}、β_{ij}、γ_{ij} 刻画了每种要素对产出的贡献率;而 e_{ij} 则表示 i 行业 j 地区 TFP 的对数 $\ln TFP_{ij}$。

利用 STATA13.0,采用 OLS 估计法对调查、整理的 1 151 家企业的相关数据进行分行业、分地区回归后所得结果如表 5-3 所列。在分行业、分地区的 12 组回归结果中,除苏南地区石化医药行业、设备制造行业和苏中地区石化医药行业的三项要素的系数之和与 1 偏离较远外(分别是 1.21、1.24 和 0.81),其余 9 组结果的要素系数和均近似为 1(约在 0.9 到 1.1 间),这说明我们所研究的行业在不同地区基本存在规模不变的特性,在模型设定部分对生产函数的选择是较为合理的。

需要说明的是,学术界对企业 TFP 计算常用的方法是 OP 方法,这一方法之所以被普遍采用来代替 OLS 法的原因是:在存在时间维度的情况下,企业存在的进入和退出问题,一般而言只有 TFP 较高的企业才会留在样本中,因此直接采用 OLS 法进行估计会造成样本选择性偏差;企业每一年都会根据 TFP 调整要素投入,这样如果残差项代表 TFP,那么其中一部分(被观测部分)会影响到要素的选择,也就是说残差项和回归项相关,直接采用 OLS 方法会造成同时性偏差。而在本文中,所有数据均来自 2013 年的实地调研,数据仅涉及 1 年,为截面数据,因此不存在企业进入和退出问题,也就不会造成样本选择性偏差。而对于第二个问题,企业在一个决策年内根据 TFP 对要素的投入调整非常有限,因此也就几乎不存在

同时性偏差。因此,此处采用 OLS 的估算方法是合理的。

表 5-3 相关系数回归结果一览

行业	地区	资本系数 α	高端人才系数 β	普通劳动力系数 γ
纺织服装	苏南	0.228 1(0.077 2)	0.458 2(0.069 2)	0.332 8(0.105 2)
	苏中	0.030 1(0.015 3)	0.565 3(0.015 7)	0.353 1(0.018 4)
	苏北	0.198 2(0.077 4)	0.466 1(0.071 5)	0.201 2(0.093 7)
石化医药	苏南	0.306 1(0.096 5)	0.474 1(0.151 3)	0.434 3(0.158 9)
	苏中	0.215 3(0.033 3)	0.512 3(0.041 6)	0.077 9(0.039 3)
	苏北	0.324 1(0.039 2)	0.517 1(0.049 5)	0.194 1(0.070 7)
设备制造	苏南	0.134 1(0.068 3)	0.325 2(0.066 3)	0.777 1(0.059 2)
	苏中	0.121 2(0.061 4)	0.253 1(0.077 2)	0.708 1(0.101 5)
	苏北	0.071 4(0.034 9)	0.516 3(0.037 1)	0.449 2(0.030 1)
非金属矿物制品	苏南	0.279 2(0.058 1)	0.134 1(0.066 4)	0.698 2(0.092 2)
	苏中	0.286 3(0.026 2)	0.418 2(0.049 5)	0.161 3(0.082 4)
	苏北	0.223 4(0.098 4)	0.441 1(0.105 6)	0.432 4(0.122 6)

注:所有系数的回归结果在 5% 显著水平下均显著,括号外数字为回归系数,括号内数字为标准误差

回归结果明确显示:除苏南地区的非金属矿物制品行业外,其余行业的高端人才和普通劳动力的系数均大于资本,这表明江苏省传统行业对劳动力的依赖程度依然较大。同时资本贡献程度的高低在一定程度上体现了行业技术水平的高低,因此从回归结果来看,苏南所有行业的技术水平均高于苏中、苏北;苏中设备制造及非金属矿物制品行业的技术水平略高于苏北,而苏北则是在纺织服装及石化医药行业技术水平略高。值得注意的是,在 12 组回归结果中有 9 组回归结果中高端人才的贡献系数超过普通劳动力,说明高端人才的正确配置对实际生产起到比普通劳动力更为重要的作用,也说明本文通过实地调研得到的数据,将劳动力要素进行进一步的细分研究是有意义的。

表 5-4 分行业、分地区 TFP(对数)一览

行业	苏南	苏中	苏北
纺织服装	4.880 5	1.913 3	1.963 1
石化医药	4.505 8	2.047 2	3.195 4
设备制造	4.955 5	1.418 4	1.129 8
非金属矿物制品	4.105 9	0.160 8	1.135 7

根据表5-3给出的i行业j地区生产函数中各投入要素的系数,代入已知的企业产出、资本、高端人才、普通劳动力投入量,容易得出每个处于不同行业、不同地区的企业的生产率(对数)e_{ij}的状况。按照不同企业在其所属行业、地区的产出份额对企业生产率状况进行加权,便可得出i行业j地区的全要素生产率(见表5-4)。

根据计算结果,苏南地区要素生产率水平远高于苏中、苏北,但就传统行业而言,苏中的要素生产率水平并不比苏北有更多优势。这一计算结果与上文对表5-3所得要素系数的分析结果相互印证。如第4章对江苏集群和经济发展历程的回顾,苏南因其独有的区位优势,产业发展起步较早,一方面得以与当地的要素资源充分融合,另一方面随着产业的繁荣也得以吸引更多资本和人才参与创新,生产率水平高于苏中与苏北,而苏中之所以要素生产率水平并不比苏北突出,一方面应当与其在政府推进的产业转移中受到的重视不够有关,传统产业是政府推进产业集群区域转移的重点产业,而为了均衡区域发展,无论是全国层面还是江苏省层面都更重视的是产业由先发地区向后发地区的转移,比如东部向西部,苏南向苏北,而中间过渡地区容易受到忽略;另一方面则与苏中地区的地理环境和文化环境均要优于苏北地区有关,它们更倾向于扶持高技术产业集群,以实现对苏南区域的追赶,而对发展传统产业集群的热情不及苏北。

5.3.3 分行业要素的地区间错配程度

根据模型设定部分对要素在地区间配置的相对扭曲程度的定义(式5-7),在表5-3计算所得的基础上,进一步计算出不同行业、不同要素在地区间配置的相对扭曲系数(表5-5)。

表5-5 分行业、分地区要素相对扭曲系数

行业	地区	资本扭曲系数$\hat{\theta}_K$	高端人才系数$\hat{\theta}_H$	普通劳动力系数$\hat{\theta}_L$
纺织服装	苏南	0.596 1	0.834 0	0.796 1
	苏中	7.566 2	1.035 3	0.792 5
	苏北	1.139 1	1.331 2	2.106 6
石化医药	苏南	0.645 6	0.696 9	0.209 6
	苏中	0.867 6	1.525 5	9.691 3
	苏北	1.524 0	1.015 7	0.899 9
设备制造	苏南	0.611 2	0.726 1	0.589 1
	苏中	1.626 3	1.695 2	1.373 2
	苏北	1.865 4	1.091 3	2.499 1
非金属矿物制品	苏南	0.428 8	0.896 0	0.490 8
	苏中	4.168 8	2.446 9	10.685 0
	苏北	2.006 1	0.839 5	2.679 0

观察表 5-5 中计算结果可以发现:苏南地区所有要素资源的相对扭曲系数均小于 1,而苏中、苏北地区,除苏中石化医药行业的资本、纺织服装行业的普通劳动力,苏北非金属矿物制品行业的高端人才、石化医药行业的普通劳动力相对扭曲系数分别为 0.867 6、0.792 5、0.839 5、0.899 9 小于 1 外,其余要素的扭曲系数均大于 1。根据模型构建中对相对扭曲系数的定义,数字层面的解读说明了这样的问题:相比最优配置情形,在传统产业中,要素资源在经济先发地区的配置相对不足,而在经济后发地区却存在过剩,并且这一点在劳动力(包括高端人才和普通劳动力)方面尤为突出,这一点与传统产业在江苏的实际发展情况相符合。

同时,在对数据进行描述性统计时注意到的两个现象——"先发地区苏南的高端人才比例并不具备优势"以及"同一行业在不同地区的要素投入与产出并非呈现相同的比例关系"就可以得到解释,相对从事传统产业的企业发展的真实所需,苏北地区的高端人才存在过剩,因此价格较低,一些企业为提高企业形象会脱离生产需求而雇用高端人才,这就造成了调研结果中统计数据上苏北地区"高端人才"比例的"虚高",但由于这些"高端人才"并不能发挥实际作用,因此企业 TFP 依然偏低。如表 5-5 所示,尽管在传统行业,苏南地区企业的高端人才比例并不占优势,但其 TFP 却远高于苏北地区。

5.3.4 产出缺口、效率损失与结论

在得到分行业、分地区不同要素的相对扭曲系数后,容易根据模型设定部分的公式5-12,估算出不同行业实际产出与在不存在资源空间错配情况下的潜在产出之比,并进而得到产出缺口,结果如表 5-6 所示。

表 5-6 不同行业实际产出与潜在产出之比及行业产出缺口

	纺织服装	石化医药	设备制造	非金属矿物制品
产出比	0.9011	0.6082	0.7721	0.5901
产出缺口	0.0989	0.3918	0.2279	0.4099

显然,地区间要素价格扭曲增加了企业的生产成本,降低了企业生产效率,从表 5-6 的计算结果可以直接得到如下结论:

第一,在传统产业集群由苏南向苏北地区转移的过程中,由于企业的转入、发展速度与要素资源的迁入、积累速度不同步,造成了不同程度的产出效率损失,根据计算,即使不增加资源投入,纠正配置扭曲可以使纺织服装、石化医药、设备制造和非金属矿物制品行业分别增加约 10%、39%、23% 及 41% 的产出。

第二,对纺织产业,集群中的企业受到资源扭曲配置的影响最小,资源在地区间的错配形成的产出缺口最低,仅不到 10%;其次是设备制造业,约 23%;而石化医药与非金属矿物

制品行业因资源错配而形成的产出缺口则较大,都近乎40%。这一结果与前文测算的资源空间配置扭曲度在纺织行业和设备制造行业相对较低的结论吻合。

此外,结合5.3.1节至5.3.3节的中间计算过程所得结果,还可以得到第三和第四的延伸结论:

第三,在产业集群的转移过程中,后发地区的企业转入、发展速度并未能完全跟上要素资源的迁入、积累,从而无法形成对资源的有效利用。这一结论是根据5.3.3节中"苏南地区要素资源紧缺而苏北地区要素资源存在过剩"而推论出的。为了支撑这一推论,我们对照表5-5比较了不同行业资本、高端人才和普通劳动力的空间配置扭曲程度,可以发现:纺织服装和设备制造行业的要素资源错配程度比另外两个行业低得多(这一点与结论一也相符合)。回顾前文所描述的江苏经济和产业集群的发展历史可知:纺织行业和设备制造行业都是在江苏区域间转移相对充分的行业。纺织行业是江苏发展最早的行业,是20世纪70年代末80年代初乡镇企业崛起之时的主体,也带动了改革开放以来苏南经济的第一轮腾飞,因此,在1994年江苏确立区域共同发展战略,鼓励苏南企业在苏北设厂之时,纺织产业理所当然成为重点鼓励的产业[①],也是江苏最早推动的在区域间转移的产业。而设备制造行业,尽管在20世纪90年代初才开始在"三来一补"大潮中在江苏兴起,但因为其对地区经济的巨大带动作用也很快成为江苏为平衡区域发展所主推的转移产业:以2005年起江苏推进的南北共建产业园来看,截至2013年,在苏北地区已经成立的37家共建产业园区中,有16家涉及设备制造行业。纺织行业和设备制造行业的相对充分的转移使得相关企业可以更多地利用苏中、苏北要素资源并更好地与当地要素资源进行融合。

第四,苏北传统产业集群中,企业的产业层次偏低,与要素资源存在结构错位。关于该点推论的得出:首先,第二点结论得出纺织产业是在苏北地区与当地资源融合最好的产业,而从技术含量上来看,纺织产业的技术含量相对其余产业较低;其次,对5.3.3节中"苏南地区要素资源紧缺而苏北地区要素资源存在过剩"的结论再做进一步思考,苏南地区无论资金还是人才都比苏北充沛得多,为何苏北地区反而存在高端人才的配置剩余?除了5.3.3节中已经给出的解释"苏北地区的企业生产力水平无法充分利用人才资源"之外,还有一个重要原因就是苏北企业所需人才技能低于实际人才技能,专业技术人员被闲置或得不到充分利用。

5.4 企业转移阻滞与要素非自发流动——资源错配根源

对上节所给出的四点结论仔细分析,则不难发现,所有结论都起因于这样的事实:相比

---

① 1995年4月,中共江苏省委、省政府发出《关于推动经济联合促进生产力发展的意见》,确定纺织行业的棉纱布和丝绸行业的缫丝等产业为南北转移的重点。

较地区集群内的企业所需,苏南地区要素资源相对紧缺,而苏北地区要素资源则相对过剩。基于上述事实,理论分析就需要从两方面入手:其一,集群中的企业为何没有进一步从苏南向苏北转移;其二,要素资源为何没有从苏北流向苏南。

5.4.1 企业转移的阻滞

为了解释企业转移的阻滞,我们首先需要给出一个简单模型,该模型的理论基础是:产业集群的转移对转出地和转入地的已有产业基础都有一定要求。

假设集群 A 中任意一个企业 i 在任意时间点 t 时,都受到拉力和推力的双重作用,而这两种力量产生于要素资源、政府态度和人文环境三个方面,如图 5-1 所示。在 5.1.2 中提到,唯有正向作用(即此处的拉力)大于负向作用(推力)之时,转入的集群才能有效运转并在当地根植,而同理,只有推力大于拉力,先发地区的集群内的企业才会自发地向后发地区转移。由于集群内企业间的关联和距离并非完全一致和均匀,对于特定企业 i 而言,其在整个集群中所受到的推力可能会大于拉力,使得其具有转移的倾向;而对于集群 A 内部的子集群 A',企业 i 在其中受到的拉力可能仍然大于推力,而此时特定企业 i 会选择与子集群 A' 中的其他企业一起行动。当子集群 A' 内所有企业的受力情况都与企业 i 类似,那么集群 A' 中的企业就会自发地进行集体转移,并带动配套的要素资源的迁移,这即是集群的自发性转移。

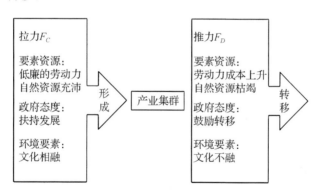

图 5-1 集群形成和转移的拉力与推力

图片来源:作者自绘

接着,从转出地和转入地的不同视角对江苏产业集群转移中造成要素资源配置扭曲的深层次问题进行说明:

对转出地:根据产业梯度转移理论,只有当创新主导产业形成一定规模并能对传统产业形成替代时,企业的群体性梯度转移才有可能大规模发生(刘友金,吕政,2012)。围绕上述模型,当一个地区的创新主导产业对传统产业形成替代,对这一地区的传统产业集群中的企业而言,劳动力成本上升(新兴产业的高利润带来工资率的上涨)、政府扶持减弱(政府更倾向扶持创新主导产业),推力极大地增加,而同时传统产业内部依然存在规模效应,传统企业之间依然具有拉力,此时,产业集群就会自发转移。但是,来自江苏的数据却表明其2013年高新技术产业产值占工业总产值比重为38%,与2001年韩国、日本的产业向中国沿海地区大批转移时其高新技术产业占比62%和83%的比重存在距离。先发地区的创新主导产业未能对传统产业进行替代,因此也就没有足够的推动传统产业转移的内部"推力"。

对转入地:从世界产业转移的发展历程来看,并不缺少产业集群与转入地融合良好的成功案例,例如:美国得克萨斯州、加利福尼亚州的半导体制造业在19世纪80年代初期以"集群"的方式转移到中国台湾新竹地区,形成后来蜚声世界的新竹电子产业集群;19世纪80年代末,软件业从美国的硅谷向印度的班加罗尔"集群式"转移,最终形成了今天的"印度硅谷";同样,19世纪90年代初期,汽车制造业集群从美国底特律、日本的爱知向中国的上海、广州地区转移,使得汽车产业成为上海和广州的支柱产业,根据统计数据,2012年汽车产业占据上海工业总产值的12%。与此同时,我们却也无法忽略以下事实:台湾本身拥有较好的经济基础和高质量的劳动力,印度在英语方面具有天然优势,而上海、广州都是海口城市,也是中国改革开放的先行地区,具有运输、政策等多方优势。围绕上述模型,即产业集群在转移之后,也会在要素资源、政府态度和人文环境三个方面面临转入地对其的影响。上述三个方面的正负力量共同作用,唯有正向作用大于负向作用之时,转入的企业才能有效运转并在当地根植。但是对苏北地区而言,一方面并没有良好的区位优势,且中介服务机构和本地基础设施都较为薄弱,另一方面苏北地区的创新环境和政府服务意识普遍不及苏南地区,上述两个方面都增加了企业的交易成本,削弱了其对转入企业的"拉力"。

特别值得一提的是:尽管产业的集群式转移能够有效减少集群内部企业的产业链上下融合风险,提高产业转移的成功概率,但是,企业关联并非仅仅来自集群内部,邻近地区的同类产业集群内的企业间一样存在隐性知识互动,苏南是产业集群的聚集地,当某个技术突破在一个集群传播开,地域邻近的其他集群会很容易习得此技术。倘若某个集群强行转移到苏北地区,由于苏北地区缺少同类集群,尽管群内企业的联系得以维持,但却可能丢失原先存在于集群之间的隐性知识互动和持续的经济发展能力,这也是苏南企业转向苏北的重要阻滞之一。

5.4.2 要素资源的非自发性流动

结合测算结果,考虑资源的最优配置,尽管苏南地区的资金与人力资本均较苏中、苏北更充沛,但要素总是倾向流入使其获得更高回报的区域,计算结果表明苏南地区的要素供给并未达到饱和,并且前文的分析也说明,产业集群中的企业从苏南向苏北转移的自发动力并不强,因此若任由"市场之手"发挥作用,要素的主动选择依然将是由苏北流向生产率水平更高的苏南。这一点从表5-7统计的2008年至2013年江苏分区域常住人口与户籍人口差额中可以得到印证。

表 5-7 2008—2013 年江苏分区域常住人口与户籍人口差额

		2008	2009	2010	2011	2012	2013
常住人口与户籍人口差额	苏南	681.1	721.5	887.8	903.0	909.2	904.0
	苏中	−98.9	−95.9	−90.3	−94.2	−90.5	−94.0
	苏北	−294.3	−320.4	−394.8	−424.2	−452.2	−487.4

数据来源：根据《江苏统计年鉴》整理

由表 5-7 可得，仅苏南地区的常住人口数量大于户籍人口数量，苏中、苏北的常住人口数量均小于户籍人口数量，这表明苏北和苏中的人口自发向苏南进行了转移，以寻求更高的工资回报（关于这一点，在本书的第 7 章中还会有详细的经济学解释）。并且，从时间序列来看，人力资源从苏北向苏南的自发转移还有扩大的趋势。显然，这样任由要素资源的自发转移将进一步加大区域经济差距，因此，考虑到江苏南北的均衡发展，江苏省人民政府在过去相当长的时间内主导了包括生产要素在内的产业集群在一定程度上由苏南向苏北的转移。也就是说，目前江苏省内的资源流动并非是要素资源自发流动的结果。"政府之手"的干预的确在很大程度上推动了苏北经济的起飞，但是资金与高端人才可以通过政府直接投资和人才支援计划等快速引入，而产业集群中企业的转移却非如此简单，由于产业集群中企业的转移并未跟随到位，因此在客观造成了苏北地区的企业无法充分利用要素资源，而苏南的要素供给无法完全跟上生产力水平，使得要素使用成本偏高的事实。

综上所述，江苏产业集群在转移过程中由于资源配置扭曲而带来的效率损失的根源可以归纳为两方面原因：其一，苏南地区的企业群体并未到向苏北地区自发进行转移的临界点，而主要由政府推动；其二，要素资源自发迁移的方向依然是由苏北流向苏南，但为了平衡区域经济发展，政府主导了要素资源由南向北的非自发式转移。为了达到区域均衡发展的目标，以兼顾效率与公平，纠正配置扭曲的正确方法显然并非"放任要素"的自发流动，而应当从"破解企业转移阻滞"入手，一方面创造集群转出地"推力"与集群转入地"拉力"；另一方面创造先发地区与后发地区同类产业集群之间的知识交流通道。

5.5 本章小结

尽管产业集群转移是实现大区域经济均衡发展的有效手段，但伴随而来的资源配置扭曲与效率损失却是当前在政府"有形之手"推动下，集群转移过程中难以回避的阵痛。通过对江苏省 1 500 家传统产业集群内的企业进行实地调查与相关测算，我们发现目前在江苏产业集群转移过程中，要素资源的配置扭曲状态是：其一，企业（产业）的转移和发展速度滞后于要素资源的迁移和积累速度,因此相比企业所需,经济先发地区(苏南)资源配置不足,而经济后发地区(苏北)的资源存在剩余;其二,在经济后发地区(苏北)的传统产业集群中,企业的产业层次偏低,与要素资源存在结构性错位。分析根源,主要在于:第一,苏南创新主导产业并没有完全形成对传统产业的替代,因此缺乏对传统企业(产业)的"推力";第二,苏北地区基础设施、服务环境和科研人才储备均不如苏南,这增加了转入企业的交易成本,造成苏北地区对传统企业(产业)的"拉力"不足;第三,由于产业集群本身之间存在知识联系,苏南地区良好的集群基础形成了对产业集群的"区域黏性",而苏北地区却囿于相对薄弱的集群基础,转入集群无法保有原来存在于集群之间的知识共享链,产生了对集群转入的阻滞力。破解之道在于:其一,设法从要素资源、政府态度和人文环境三个方面创造后发地区对集群的转入"拉力"和先发地区对集群的转出"推力";其二,设法打通南北产业集群之间的知识关联。根据测算结果,纠正配置扭曲可以使纺织服装、石化医药、设备制造和非金属矿物制品行业分别增加约 10%、39%、23% 及 41% 的产出。

第 6 章 承接产业转移中的园区共建

公平与效率,这是经济发展中无法回避的问题,在江苏推进的以均衡区域发展为目的的产业转移中亦同样醒目地存在着。2006 年,作为统筹区域发展、加快苏北振兴的重大战略举措,南北共建产业园区被正式提出并于次年开始正式实施。这项措施通过构建地级市政府之间的合作,打通了苏南与苏北集群之间的知识共享链,降低了产业由苏南向苏北自发性转移的临界点,提高了以人力资本为代表的要素资源由苏北向苏南流动的门槛,同时创造苏北地区对产业集群的"拉力"与苏南地区对产业集群的"推力",从而得以在很大程度上兼顾"效率"与"公平"。

鉴于"地区均衡发展"和"人民普遍富裕"是中国经济转型中最为重要的命题之一,因而在本章,我们将在区域知识关联的前提下构建模型,解释"园区共建"前后企业及要素的流动变化,并分析经济发展不同阶段园区共建的不同作用力度,以为更广范围的借鉴提供理论基础。本章的最后同样以苏宿工业园为案例,提供实际操作层的经验启示。

6.1 江苏产业转移中的园区共建历程

江苏南北共建产业园区的历程可以追溯到 2005 年,为了贯彻落实江苏省委、省政府《关于加快苏北振兴的意见》,引导产业向苏北地区转移,切实推进苏北工业化进程,促进苏南地区产业结构优化升级,推动全省经济加快发展、率先发展和科学发展,江苏省再次出台了《关于加快南北产业转移的意见》,其中提出了鼓励江苏南北进行产业转移的基本原则和具体措施,同时对政府在苏南、苏北产业转移中的组织协调作用进行了具体的阐述。2006 年,为了进一步振兴苏北工业化进程,江苏省委、省政府做出南北挂钩共建苏北开发区的重大决策,正式提出了《省政府关于支持南北挂钩共建苏北开发区政策措施的通知》,着重强调了政府在南北挂钩共建苏北开发区中的作用。次年便有 12 家共建园区被批准建立,此后在各级政府的大力支持下,园区数量不断增加,园区运作机制逐步完善,运作效率也有明显提高。2009 年,江苏省人民政府又再次印发了《关于进一步加强共建园区建设政策措施的通知》,提出了扩大共建园区合作范围、加强省级对共建园区的扶持、加大苏南对共建园区的支持力度、鼓励重大产业转移项目落户苏北等具体的政策扶持。

园区共建的具体做法是:在苏北地区设立的省级以上开发区中,划出一定面积的土地,由苏南、苏北共同规划、建设和管理。其中,苏南地区负责规划、投资开发、招商引资和经营管理等工作;苏北地区负责拆迁安置、基础设施配套、社会管理等方面工作。截至 2013 年,南北共建产业园区的总数达到 37 个,这些园区涉及的地区众多,产业广泛,除了纺织、电子等江苏的传统支柱产业外,也涉及医药、物流等新兴产业。到 2013 年,共建园区开发建设公司注册资本总额达 29 亿元,其中苏南方面投入注册资本为 23 亿元,占注册资本总额的近八成。苏南共计派出了 200 多名各级各类干部和骨干人才在共建区工作。

园区共建的做法改变了苏北地区政府的思维方式,带来服务意识的增强,并且,苏北在承接苏南产业集群转移的过程中除了获得促进经济发展的产业基础外,还获得了基础设施的升级和地区产业技术水平的提升,以上种种都增加了苏北地区对转入集群的"黏性"和对苏南集群转出的"拉力"。而苏南地区则因为部分传统产业的转出,得以集中资源发展高新技术产业,不但加快了本地的转型升级,也进一步增加了本地对传统集群转出的"推力"。可以说共建园区在充分发挥区域的比较优势,推动生产力布局进一步优化,在更高的层次上促进区域协调发展方面发挥了重要作用。

6.2 园区共建对企业及要素流动影响的理论解释

6.2.1 园区共建中的区域间知识关联

众所周知,主体之间的知识关联是产业集群的重要竞争力之一。而产业的集群式转移由于保有了企业内部的知识关联,使得产业在转入后能够更快地与当地环境相融,从而增加了集群内企业的生产效率。然而,知识关联并不仅仅存在于同一集群内部,它也广泛地存在于同一地区或是邻近地区的集群之间,这在上一章分析企业的转移阻滞之时就有过简单说明。为了直观表现,笔者绘制图 6-1:

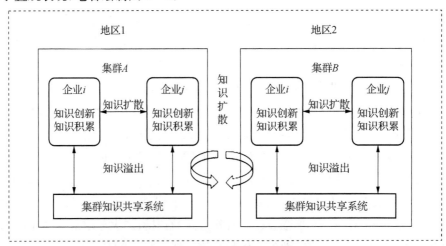

图 6-1 不同地区集群间的知识扩散

图片来源:作者自绘

由于知识流动的完成主体是集群中的劳动力,因此很容易理解集群内部和同一地区的集群之间由于劳动力的自发性交流而产生的隐性知识互动和上升。而事实上,邻近地区集群之间的人才交流也极为频繁和普遍。例如,如今综合指标排在中国园区第一位的苏州工业园区,在早期的发展过程中就采用了"星期六工程师"的做法,在周末雇用其邻近地上海的技术人员对关键技术进行指导。由于高等教育资源分布的不均匀,并非每个集群内都拥有具有领先优势的研发机构,例如,相比市辖区的集群,县域层面的集群的研发能力就要弱很多,而在人才与产业集聚地的苏南地区,其研发能力又以高校集中的南京和苏州最甚。通过劳动力之间的自发性交流和集群之间有目的的人才交流,在一些研发力量较强的集群中产生的新的技术就得以在集群之间扩散。当集群之间相距较远时,劳动力之间的自发性互动和有目的的人才交流便会随之降低,而园区共建,相当于以政府的力量促进了距离较远的集群(位于苏南的集群与位于苏北的集群)之间的人才互动和知识交流。对经济后发地区的企业群体而言,这相当于提升了其接受先发地区企业集群知识溢出的能力,即便在企业生产要素投入不增加的情况下,也能够增加企业产出。同时,在知识关联产生上述改变之后,即便苏南的某个集群转移到苏北地区,原先存在于该集群和其他苏南集群之间的隐性知识互动依然得以保留,那么苏南产业集群向苏北地区转移的意愿就可能增强。

6.2.2 园区共建前后的企业转移行为

假设有 N 个地区,地区内的企业是同质的,且都以产业集群的形式存在,企业的投入要素为人力资本和实物资本,则代表性地区 i 的任意企业 k 的生产函数可设定为:

$$Y_i = A_i H_{ik}^{\alpha} K_{ik}^{\beta}; H_i = E_i(h) L_i \qquad (式6-1)$$

由于地区内集群之间以及集群内部隐性知识流动会带来全要素生产力的提升,我们将其纳入 A_i。需要说明的是,企业人力资本总量取决于两部分:地区人力资本均量和企业的劳动力投入量[如表达式 $H_i = E_i(h) L_i$ 所示],由于劳动力是人力资本的实际拥有者,因此地区人力资本均量可以理解为地区劳动力质量,而劳动力投入量可以理解为劳动力数量。此外,根据前文,邻近地区集群之间的知识溢出也会增加集群中企业的全要素生产率 A_i,因而也需要一并纳入。综上,对 A_i 进行分解,则其包括:地区特定因素 $\tilde{A}_i$,本地知识的溢出效应 $[E_i(h)^{\varphi} L_i]^{\gamma}$,以及其余地区知识溢出对本地的辐射效应 $\prod [E_j(h)^{\varphi} L_j]^{\omega_{ij}}, i \neq j$。

其中,地区特定因素 $\tilde{A}_i$ 主要有地理环境、社会保障、贸易开放程度等;本地知识的溢出效应主要得益于聚集的劳动力之间自发的交流,隐性知识在这一过程中得到无成本的交换,因此其与本地人力资本均量 $E_i(h)$ 和本地劳动力数量 L_i 正相关,劳动力数量越多,则交流越充分;而人均人力资本量越高,则标志着劳动力的质量越高,隐性知识的交互可以在更高层次上进行。同理,其他地区对本地的辐射效应则得益于其他地区的人力资本均量和其他地区的劳动力数量,在其他条件相同的前提下,地区 j 的人力资本均量 $E_j(h)$ 越高和劳动力数量 L_j 越多,则其对地区 i 的辐射效应越大。参数 $\varphi \geq 1$ 刻画的是劳动力质量对集群间知识溢出效应的重要程度,当 $\varphi=1$ 时,与溢出效应相关的仅是劳动力的数量,而 $\varphi>1$ 时,劳动力的数量和质量共同作用于溢出效应,且 φ 越大,劳动力的质量越重要。参数 $\gamma>0$ 刻画的是集群间知识溢出效应对企业全要素生产率的影响程度,γ 越大,影响程度越大。

此外,参数 ω_{ij} 刻画的是 j 地集群对 i 地集群的知识影响权重。根据前文,两地距离越远,则人才交流的阻碍越大,因此 j 地集群对 i 地集群的知识影响程度也就越低。同时,一些以新经济地理学理论为基础的研究也表明:中心区域对外围的辐射效应呈现出随距离衰减的特征(陆铭,向宽虎,2012)。综上,我们设定权重参数 ω_{ij} 为两地间距离的减函数 $f(d_{ij})$。由于 $d_{ij}=d_{ji}$,因此 $\omega_{ij}=\omega_{ji}$。不难发现,当 $i=j$ 时,$[E_i(h)^{\varphi}L_i]^{\omega_{ij}}$ 衡量的即是地区 i 本身由于其内部人力资本的互动而产生的溢出效应。由于地区人力资本互动所产生的知识溢出是没有损耗地完全作用于本地的,此时 $\omega_{ij}=1$,$[E_i(h)^{\varphi}L_i]^{\omega_{ij}}$ 简化为 $[E_i(h)^{\varphi}L_i]^{\gamma}$,即 $[E_i(h)^{\varphi}L_i]^{\gamma}$ 可以看作 $i=j$ 时 $[E_i(h)^{\varphi}L_i]^{\omega_{ij}}$ 的特殊情况。据此,可以将上述 $[E_i(h)^{\varphi}L_i]^{\gamma}$ 以及 $\prod[E_j(h)^{\varphi}L_j]^{\omega_{ij}}, i \neq j$ 合并为一项:$\Lambda_i = \prod[E_j(h)^{\varphi}L_j]^{\omega_{ij}}$,代表地区 i 的企业所受到的包括其本身在内的 n 个地区人力资本互动所产生的总溢出效应。显然,当 $i \neq j$ 时,$\omega_{ij}<1$。这样,代表性地区 i 的代表性企业 k 的产出函数可以表示为等价的公式 6-2 和公式 6-3:

$$Y_i = \widetilde{A}_i \Lambda_i^{\gamma} H_{ik}^{\alpha} K_{ik}^{\beta} \tag{式 6-2}$$

$$Y_i = \widetilde{A}_i \prod[E_j(h)^{\varphi}L_j]^{\omega_{ij}} H_{ik}^{\alpha} K_{ik}^{\beta}; \begin{cases} \omega_{ij}=1, i=j; \\ \omega_{ij}=f(d_{ij}), i \neq j \end{cases} \tag{式 6-3}$$

根据公式 6-3,地区 i 企业 k 的利润函数可以表示为:

$$Profit = \widetilde{A}_i \prod[E_j(h)^{\varphi}L_j]^{\omega_{ij}} H_{ik}^{\alpha} K_{ik}^{\beta} - \rho_i H_{ik} - r K_{ik}; \begin{cases} \omega_{ij}=1, i=j; \\ \omega_{ij}=f(d_{ij}), i \neq j \end{cases}$$

首先,考虑不存在园区共建情况下集群中企业的自发行为。企业的行为目标在于利润最大化,即

$$\max Profit = \widetilde{A}_i \prod[E_j(h)^{\varphi}L_j]^{\omega_{ij}} H_{ik}^{\alpha} K_{ik}^{\beta} - \rho_i H_{ik} - r K_{ik}$$

其中,ρ_i 表示地区 i 的工资率,而 r 表示利率,我们设定利率为常数。为简化讨论,暂不考虑地区特定因素 $\widetilde{A}_i$ 的影响,则地区 i 企业 k 的利润主要取决于三方面:其一,本地集群内部和集群之间的人力资本互动所产生的知识溢出对全要素生产率的提升;其二,其余地区集群对本地集群中企业的知识辐射所带来的全要素生产率的提升;其三,本地人力资本工资率。

在江苏经济的腾飞初期,苏南地区工资率与苏北地区差额不大,但因为邻近上海,能够受到上海同类集群的知识辐射,因此企业会更希望落户苏南,这也是 20 世纪 90 年代外向型大潮中,除了考虑既有经济基础之外,诸多外资企业选址苏南的重要原因。当经济发展到一

定程度,ρ_i上升,为了保证利润水平,先发地区的企业会考虑向工资率相对较低的地区转移。在第4章已经说到,当企业之间的关联黏性很大,而大多数企业的转移意愿都比较强烈的时候,就会发生企业群的自发式转移。当企业转移发生的时候,企业需要进行权衡的是:其一,迁离集群和人才密集的先发地区必然会减少其受到的来自本地和相邻地区的其他集群的知识辐射,从而降低企业的全要素生产率,减少企业的总产出,记为$-\Delta P_K$;其二,迁入相对后发地区后,会面临较低的工资率,从而在其他条件不变的情况下增加企业利润,记为$\Delta \hat{P}_K$,只有当企业从地区i迁入地区j后的$\Delta \hat{P}_K > \Delta P_K$,企业才会将地区$j$选为其迁入地。

遵循上述行为逻辑,由于不同地区集群之间的知识辐射权重$\omega_{ij}=f(d_{ij})$为距离的减函数,因此,当企业迁入相对后发地区后,受到相对后发地区的集群的知识辐射权重增加,记为$-\Delta\omega$;而受到先发地区的集群的知识辐射权重将会减少,记为$\Delta\hat{\omega}$。由于地区集群的知识总溢出取决于地区人力资本均量$E(h)$和本地劳动力数量L,经济先发地区的集群数量更多,聚集的劳动力数量也会相应增加,并且同时,经济先发地区存在处于同产业链高端的高技术产业集群,其人力资本均量也会更高,所以先发地区的集群知识溢出远超经济后发地区,因而,纵使是$\Delta\hat{\omega}=\Delta\omega$,由于知识溢出$[E(h)^{\varphi}L]^{\gamma}$的不同,在地区工资率差别不大的情况下,企业的自发选择也是距离经济先发地区相对较近的地区。对江苏省而言,相比较苏南与苏中的差别,苏中与苏北地区的工资率差距相对较小,因此在不存在政府干涉的前提下,苏南企业的首选迁入地应当是距离苏南更近的苏中地区,而这一点,也与江苏的实际发展情况相符,例如距离苏州和上海都比较近的南通的经济腾飞就与近几年接受苏州和上海的产业转移有着密切联系。

接着,考虑园区共建对企业行为的改变。当政府推动园区共建的措施实施后,在建园初期,其主要表现是苏南与苏北产业集群之间的部分人力资本交流成本由政府分担,因此集群之间的知识交流变得密切,苏南与苏北集群之间的辐射权重增加,假设地区i为苏南地区,地区j为苏北地区,则在数值上可以内化为d_{ij}的减少,记为Δd_{ij}。由于苏北地区的工资率低于苏中,假设地区l为苏中地区,那么当$d_{ij}-\Delta d_{ij}=d_{il}$之时,企业群将会更倾向于向苏北搬迁,苏北对企业群的"拉力"就这样被创造出来。此后,由于企业群的进入,苏北地区原有的产业集群得到升级和扩大,集群中劳动力的质量和数量都会得到提高,集群本身的知识溢出能力增强,又降低了苏南地区其他相关企业迁入之后的融入难度,进一步加强了苏北地区对苏南企业群的"拉力",自此形成"苏南企业群转入苏北地区—苏北地区"拉力"增加—苏南企业群进一步转入"的良性循环。

6.2.3 园区共建前后的要素流动临界点——以人力资本为例

在上一节,我们从相对中观的层面阐述了园区共建对促进企业转移的经济学解释,而这一节,我们将从微观层面阐述园区共建对要素资源流动的影响。由于人力资本是集群知识溢出的主要原因,并且在上一章中对传统产业的测算结果也表明,相比较实物资本,人力资本对产出的贡献程度更高,因此本节对要素的讨论我们将以人力资本为主,兼论实物资本。

1. 园区共建对要素资源流动临界点的改变

首先,由于假设地区 i 的企业是同质的,因此根据公式6-2和公式6-3很容易有代表性地区 i 的地区生产函数:

$$Y_i = \tilde{A}_i \wedge_i H_i^\alpha K_i^\beta \qquad (式6-4)$$

$$Y_i = \tilde{A}_i \prod [E_j(h)^\varphi L_j]^{\omega_{ij}} H_i^\alpha K_i^\beta; \begin{cases} \omega_{ij}=1, i=j; \\ \omega_{ij}=f(d_{ij}), i \neq j \end{cases} \qquad (式6-5)$$

同样,公式6-4和公式6-5等价。

其次,由于人力资本的流动是人力资本的持有者劳动力在地区间流动造成的,因此探寻人力资本的流动我们需要设定劳动力的效用函数:

假定代表性地区 i 的劳动力 L_i 根据自身收入 y_i,通过消费商品 M 和住宅 H 达到效用最大化。则劳动力效用函数可以表示为:

$$U = C_M^{1-\theta(h)} C_H^{\theta(h)}$$

其中,$h \sim [\underline{h}, \infty)$ 为每个劳动力拥有的人力资本,$\underline{h} > 1$;$1-\theta(h)$ 和 $\theta(h)$ 分别代表劳动力 L_i 在商品和住房上的花费占收入的份额。这符合经济事实:拥有更高人力资本的劳动力在住房上的花费占收入份额越少。我们将 $\theta(h)$ 定义为 h 的减函数。

遵循6.2.2中的假设,代表性地区 i 的工资率为 ρ_i,则劳动力 L_i 的收入可以表示为 $y=\rho_i h$。假设住宅价格为 τ_i,商品价格为1,则用劳动力收入和地区价格体系表达的劳动力间接效用函数为:

$$V(I, y) = \frac{\theta(h)^{\theta(h)}[1-\theta(h)]^{1-\theta(h)} \rho_i h}{\tau_i^{\theta(h)}} \qquad (式6-6)$$

假设地区 i 的劳动力总量为 L_i,人力资本均量为 $\bar{h}_i$,则地区劳动力的总收入为 $\rho_i \bar{h}_i L_i$。标准化地区住宅供给量,则 $\tau_i = \theta(\bar{h}_i) \rho_i \bar{h}_i L_i$,劳动力间接效用函数可改写为:

$$V(I, y) = \frac{\theta(h)^{\theta(h)}[1-\theta(h)]^{1-\theta(h)} \rho_i h}{[\theta(\bar{h}_i) \rho_i \bar{h}_i L_i]^{\theta(h)}} \qquad (式6-7)$$

均衡状态,即不发生劳动力流动时,劳动力效用在地区间相等。由公式6-7可知,劳动力效用与自身所拥有的人力资本量以及地区工资率成正比,而与地区劳动力总量和地区人均人力资本量成反比。

首先考虑在不存在园区共建情况下,人力资本的自发流动情况:

根据公式6-4,可分别得到代表性地区 i 的工资率 ρ_i 和实物资本的边际回报率 r_i,表达式如下所示:

$$r_i = \beta \widetilde{A}_i \wedge_i \left(\frac{H_i}{K_i}\right)^\alpha \quad \text{(式6-8)}$$

$$\rho_i = \alpha \widetilde{A}_i \wedge_i \left(\frac{K_i}{H_i}\right)^\beta \quad \text{(式6-9)}$$

由于地区资本回报率为常数 r，因此可得由地区人力资本总量表示的地区实物资本总量的表达式：

$$K_i = B(\widetilde{A}_i \wedge_i)^{1/\alpha} H_i \quad \text{(式6-10)}$$

其中，B 为常数。根据公式6-10，当一个地区比其他地区拥有更多的人力资本，则这一地区就能够吸引更多的实物资本流入，也就是说人力资本对实物资本具有吸引作用，因此人力资本的流向能够在一定程度上影响实物资本的流向。

接着，由公式6-9可推导出地区间工资率之比的表达式如下所示：

$$\frac{\rho_i}{\rho_j} = \left(\frac{A_i}{A_j}\right)^{(\alpha+\beta)/\alpha} = \left(\frac{\widetilde{A}_i \wedge_i}{\widetilde{A}_j \wedge_j}\right)^{(\alpha+\beta)/\alpha} \quad \text{(式6-11)}$$

不难发现，地区工资率之比与地区生产率之比成正相关。假设两地区的其他条件完全相同，即 $\widetilde{A}_i = \widetilde{A}_j$，则地区间工资率的比值唯一取决于人力资本互动而产生的知识总溢出效应之比，而与其他因素无关。人力资本在地区间的流动是由人力资本的拥有者劳动力在地区间流动而产生的。而决定劳动力流动方向的，是劳动力效用函数。此外，劳动力在地区间流动还需要花费与地区间距离成正比的转移费用，我们假设其为 $T^{D_{ij}}$，并借鉴冰山交易成本的思路，将其内化成劳动力所拥有的人力资本的减少，则在不存在园区共建行为时，劳动力自发从地区 j 流动到地区 i 的触发条件是：在将转移费用造成的效用损失纳入计算后，劳动力在地区 i 获得的效用依然大于其在地区 j 的效用：

$$\frac{\rho_i(h - T^{D_{ij}})}{[\theta(\bar{h}_i)\rho_i \bar{h}_i L_i]^{\theta(h)}} \geq \frac{\rho_j h}{[\theta(\bar{h}_j)\rho_j \bar{h}_j L_j]^{\theta(h)}}$$

结合公式6-11，将地区受到的知识溢出效应纳入考虑，可推导出劳动力从地区 j 流动到地区 i 的临界点：

$$h = T^{D_{ij}} \left[1 - \left(\frac{\theta(\bar{h}_i)\bar{h}_i L_i}{\theta(\bar{h}_j)\bar{h}_j L_j}\right)^{\theta(h)} \left(\frac{\widetilde{A}_i \wedge_i}{\widetilde{A}_j \wedge_j}\right)^{\frac{(\alpha+\beta)(\theta(h)-1)}{\alpha}}\right]^{-1} \quad \text{(式6-12)}$$

当公式6-12的左边部分，即劳动力所拥有的人力资本量 h 超过右边部分时，则劳动力在地区 i 的效用更高，劳动力选择从地区 j 流动到地区 i。由于 $\theta(h)$ 为 h 的减函数，因此在其他条件相同的前提下，劳动力所拥有的人力资本量越多，则公式6-12左边部分超过右边部分的可能性越大，其流动的可能性也越大，也就是说高质量劳动力拥有更多在地区间选择的权利。

为简化讨论，同样假设两地区同质，即 $\widetilde{A}_i = \widetilde{A}_j$，有 h_m 与 $\frac{\wedge_i}{\wedge_j}$ 成反比，与 $\frac{L_i}{L_j}$ 成正比。结合前

文分析，容易得到原因：$\frac{\Lambda_i}{\Lambda_j}$ 决定着地区间的工资率之比，而 $\frac{L_i}{L_j}$ 则是地区间住宅价格之比的重要组成部分，若地区 i 的相对工资率更高，而相对住宅价格更低，则在不计算转移成本的前提下，任何劳动力都会从地区 j 流向地区 i。然而，由 $\tau_i = \theta(\bar{h}_i)\rho_i\bar{h}_iL_i$ 可知，高工资率和低住宅价格是一组矛盾的存在，因此劳动力才需要根据自身人力资本量在高工资率和高住宅价格之间进行权衡。

考虑极值情况，即劳动力不存在转移成本时，如果地区 i 的工资率大于地区 j，人力资本是否会全部转移到地区 i。令 $T^{D_{ij}}$ 取值为 0，可以推导出对于任何一个特定的劳动力，从地区 i 向地区 j 转移都需要满足的条件：

$$\left(\frac{\rho_i}{\rho_j}\right)^{\frac{1-\theta(h)}{\theta(h)}} \geq \left[\frac{\theta(\bar{h}_i)\bar{h}_iL_i}{\theta(\bar{h}_j)\bar{h}_jL_j}\right] \tag{式 6-13}$$

不难发现，随着劳动力持续向地区 i 转入，$\frac{L_i}{L_j}$ 不断增大，这就要求地区 i 与地区 j 的工资率之比也要不断增大，劳动力流动才不会停止。考虑极端情况：如果需要地区 j 的人力资本全部转移到地区 i，那么就要求地区 i 的工资率是地区 j 的无穷大倍，这在经济社会中不可能发生。因此即便是转移费用为 0，人力资本的流动也不会无止境地发生。

接着，我们考虑园区共建行为发生后，劳动力自发流动的临界点发生了怎样的改变。同样假设地区 i 为经济先发地区（苏南地区），地区 j 为经济后发地区（苏北地区），则根据公式 6-12 容易得到劳动力由苏南地区向苏北地区自发流动的临界点为：

$$h_m = T^{D_{ij}}\left[1 - \left(\frac{\theta(\bar{h}_j)\bar{h}_jL_j}{\theta(\bar{h}_i)\bar{h}_iL_i}\right)^{\theta(h)}\left(\frac{\widetilde{A}_j\Lambda_j}{\widetilde{A}_i\Lambda_i}\right)^{\frac{(a+\beta)(\theta(h)-1)}{a}}\right]^{-1} \tag{式 6-14}$$

园区共建后，苏南地区受到苏北地区的辐射和苏北地区受到苏南地区的辐射同时增加，我们分别记为 $\Delta\Lambda_i$ 和 $\Delta\Lambda_j$，增加的原因在前文已经说到，是由于苏南与苏北集群之间的辐射权重增加，且在数值上可以内化为 d_{ij} 的减少。由于江苏南北地区之间的辐射权重增加程度是一样的，但是因为苏南地区集群的知识辐射能力更强，因此，$\Delta\Lambda_j > \Delta\Lambda_i$。由于 $\theta(h) < 1$，因此，全区共建之后 h_m 下降，即劳动力由苏南地区流向苏北地区的门槛降低。

显然，园区共建后对公式 6-13 不会产生影响，因此园区共建之后，人力资本的流动同样不会无止境地发生。

2. 经济发展不同阶段园区共建对要素资源流动的影响

根据公式 6-7，我们将人力资本在地区间流动的作用力划分为聚合力和外推力。显然，代表性地区 i 对劳动力的聚合力为地区相对工资率，而对劳动力的外推力则是地区相对住宅价格。当劳动力从其他地区流入代表性地区 i 之后，由于同时改变了地区 i 劳动力数量和人力资本总量，因此将分别对上述两种力量产生改变。

在不考虑地区之间的影响的前提下，对聚合力：随着人力资本总量增加，本地人力资本溢出效应$[E_i(h)^\varphi L_i]^\gamma$上升,地区生产率水平提高,由于$\frac{\rho_i}{\rho_j}=\left(\frac{A_i}{A_j}\right)^{(\alpha+\beta)/\alpha}$,地区相对工资率也相应提高,聚合力增强。而对于外推力:由于土地供给量一定,因此劳动力数量的增加会带来拥挤效应,地区住宅价格$\tau_i=\theta(\bar{h}_i)\rho_i\bar{h}_iL_i$上升,外推力亦增强。为了考察这两种力量的同时作用效果,我们以x轴代表劳动力数量,y轴代表作用力强度,将聚合力和外推力同时反映在同一坐标体系中(图6-2)。

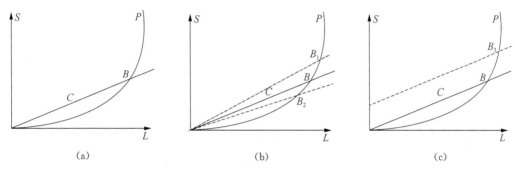

图6-2 聚合力、分散力与地区劳动力数量

图片来源:作者自绘

图6-2中,直线C代表劳动力流入所带来的地区聚合力的上升①,由于地区聚合力的产生路径是本地人力资本的溢出效应$[E_i(h)^\varphi L_i]^\gamma$和外地人力资本的辐射效应$\Pi[E_j(h)^\varphi L_j]^{w_{ij}},i\neq j$,因此本地$i$的劳动力数量、人均人力资本量$E_i(h)$以及其他地区的辐射强度都会影响直线$C$的形状。曲线$P$代表劳动力流入所带来的地区外推力的增加。由于任何地区的土地供给量都是一定的,因此当劳动力对住宅的需求远未达到土地供给总量时,住宅价格上升幅度较小,劳动力流入对地区外推力的增加有限;而当大部分土地都已被占用时,劳动力的流入会带来住宅价格的快速上升,地区外推力快速增加;当土地完全供给时,劳动力流入带来的外推力无穷大,一部分劳动力的流入必然带来另一部分劳动力的流出。图6-2a中的B点是地区劳动力数量的均衡点。

分两种情况将人力资本纳入考虑:其一,流入劳动力所拥有的人均人力资本量大于地区i的人均人力资本量,则该部分劳动力流入后,地区i人均人力资本量上升,直线C的斜率增加,在土地未达到完全供给时,地区可容纳劳动力数量增加[如图6-2(b)所示],根据生产函数$Y_i=\tilde{A}_i\Pi[E_j(h)^\varphi L_j]^{w_{ij}}H_i^\alpha K_i^\beta$,地区产出量与劳动力数量以及地区人均人力资本量都成正比,因此地区总产出及潜在最大总产出增加;其二,流入劳动力所拥有的人均人力资本量小于地区i人均人力资本量,此时又需要再分成地区劳动力数量未达$B(L)$和已达$B(L)$两种情况进行讨论。地区劳动力数量未达$B(L)$,则该部分劳动力流入后,地区i人均人力资本

---

① 此处为简化分析,假设C为直线,事实上若不是直线也并不影响分析结果。

量下降,直线 C 的斜率减小,此时地区总产出依然会增加,但由于地区可容纳劳动力数量减少[如图6-2(b)所示],地区潜在最大总产出减少;而若是地区劳动力数量已经达到 $B(L)$,则低于地区 i 人力资本均值的劳动力无法流入。此外,根据上述讨论,我们还可以得到一个延伸结论:地区 i 已有人均人力资本量越高,则地区潜在最大总产出越高。

接着,将地区之间的辐射效应纳入考虑。当地区 i 受到其他地区人力资本的辐射作用(如技术引入、人才交流等)时,直线 C 表现为向上方平移[如图6-2(c)所示],地区总产出上升,并且地区在均衡点可容纳的劳动力数量增加,意味着地区潜在最大总产出得到提升。可以这样认为,若两个地区的其他条件都相同,而其中一个地区能够更多地接受其他地区的人力资本溢出效应辐射,那么这一地区的生产力水平就会更高。由于 ω_{ij} 随距离递减,所以距离辐射源更近的地区就具有先天性优势,这即是为何创新中心的周边地区总是比其他地区拥有更高的经济发展水平。

进一步的,在上述理论基础上,可以尝试勾勒园区共建前后人力资本和与之相伴的实物资本在地区之间流动的整个影响过程。假设代表性地区 i 初始处在均衡状态,由于某一外生冲击,如对外直接投资或者某种新技术的突破等,代表性地区 i 的 $\widetilde{A}_i$ 增加,由于 $\frac{\rho_i}{\rho_j} = \left(\frac{\widetilde{A}_i \Lambda_i}{\widetilde{A}_j \Lambda_j}\right)^{(\alpha+\beta)/\alpha}$,其相对工资率亦增加。部分劳动力为了追求更高的效用水平,开始从周边地区流出并流向地区 i,假设地区 i 为经济先发地,则:

先发地区经济起步阶段:同样,先考虑不存在园区共建时劳动力的自发行为,此时土地供给远未达到饱和,劳动力实际数量低于均衡点 $B(L)$,地区 i 对劳动力的聚合力远大于外推力。在聚合力的作用下大量劳动力涌入,人力资本快速积累,地区总产出快速提升。在这一阶段,地区对涌入劳动力的质量(劳动力所拥有的人力资本数量)几乎不做选择。同时伴随人力资本的流入,由于 $K_i = B(\widetilde{A}_i \Lambda_i)^{1/\alpha} H_i$,物质资本进一步流入。20世纪90年代初期,江苏经济的发展就清晰地反映了这一过程:当时国内外资本优先选择并推动了苏南地区生产率和工资率的飞速上升,江苏省的劳动力流动出现了由苏北地区大批量向苏南转移的现象,苏南的现代化产业部门迅速崛起,很多IT业和装备业的制造类产业集群就是在这一时期迅速成长的。假如此时进行园区共建,同样会增加后发地区所接受到的知识溢出辐射,提高当地生产率水平和工资率,增加后发地区对人力资本的聚合力,但是园区共建的行为并不会使得经济后发地区的工资率水平超过经济先发地区。由于此时先发地的经济发展刚开始,住宅价格与后发地区差距不大,几乎不存在外推,因此,人力资本及与之相伴的物质资本还是会从后发地区向先发地区流入,这也是为什么在20世纪80年代末到90年代进行的江苏南北企业互助对接成效有限的原因。

先发地区经济成长阶段:先不考虑园区共建行为,此时土地供给接近饱和,地区劳动力实际数量达到均衡点 $B(L)$，地区 i 对劳动力的聚合力与外推力相等。此时，经济增长速度放缓，根据之前推导的不考虑转移成本时劳动力转移条件 $\left(\frac{\rho_i}{\rho_j}\right)^{\frac{1-\theta(h)}{\theta(h)}} \geq \left[\frac{\theta(\bar{h}_i)\bar{h}_i L_i}{\theta(\bar{h}_j)\bar{h}_j L_j}\right]$，一方面 $\frac{\rho_i}{\rho_j}$ 增速下降，另一方面 $\frac{L_i}{L_j}$ 比重提高，因此劳动力流入速度放缓。并且，此时也只有高质量劳动力才会流入（高于本地人均人力资本量）。同时，为了继续推动经济增长和扩大经济增长空间，地区所在地的政府部门可能对劳动力的质量予以限制，从而进一步抬高人力资本的流入门槛。同时，随着人力资本的集聚，先发地区的知识溢出大大加强。假如在这一阶段进行园区共建，先发地区（人力资本高地）对后发地区的知识辐射加强，$\frac{\rho_i}{\rho_j}$ 的增速进一步下降，甚至可能出现逆增长，劳动力（人力资本）和与之伴随的实物资本就有可能提前出现从先发地区向后发地区的回流，但在这一阶段，高质量劳动力还是会选择留在经济先发地区。

先发地区经济成熟阶段：此时土地供给达到饱和，地区劳动力实际数量达到均衡点 $B(L)$，地区 i 对劳动力的聚合力与外推力相等，但是只要有任何劳动力的流入，外推力就会变成无穷大。这一阶段，地区要继续提高经济发展水平就必须继续引入和保留高质量劳动力，因而，低质量劳动力的挤出就成为必然，具体表现形式则是：随着高质量劳动力的继续流入，地区住宅价格飞速上涨并超过低质量劳动力承受能力（相同工资率下劳动力收入与其拥有的人力资本量成正比）。与之相对应，对低质量劳动力存在大量需求的劳动密集型产业此时也失去生存空间，开始向其他地区转移。考虑到两方面的因素，第一，与距离成正相关的劳动力的迁移费用 $T^{D_{ij}}$ 的存在；第二，地区 i 的人力资本辐射作用随距离递减，根据所推导的公式6-14人力资本转移的临界点，可以发现距离地区 i 更近的 j 地区，更容易达到推动劳动力由地区 i 流向地区 j 的触发点（$T^{D_{ji}}$ 更低，且 $\frac{\tilde{A}_j \Lambda_j}{\tilde{A}_i \Lambda_i}$ 更高）。因而人力资本和产业在转出时总是最开始流向与地区 i 最近的地区。接着，接受人力资本和产业转入的地区 j 开始重复地区 i 的发展过程，并继续辐射其余地区，而相关产业也会在一定阶段继续向外扩散。因此，在实际经济社会中，大多数产业转移都是以经济高地为中心逐步向外扩散的。假设人均人力资本量代表了地区的产业层次（考虑到低质量的劳动力没有办法进行高技术含量的生产活动），那么此时伴随着低质量劳动力的流出和高质量劳动力的流入，中心地区 i 的人力资本总量进一步提高，产业结构也得到升级。显然，在先发地区经济发展的成熟阶段，要素资源的转移并不需要园区共建的推动，但是此时的园区共建却可以引导要素资源的转移方向，使得要素资源优先选择转入经济后发地区而非经济先发地区的邻近地区，这也是近几年来江苏政府正在着力推进的工作。

6.3 区域知识关联的数据检验

在6.2节,我们分析了园区共建行为对地区集群内的企业和要素资源迁移的影响,而分析的理论基础则是"区域知识关联",即:在地区之间,由于人力资本的交流互动会产生知识溢出,而这一知识溢出不仅影响本地经济和集群的发展,也会随距离递减的辐射并影响到其他地区的集群和经济。在本节中,我们将对这一理论基础进行数据检验。

6.3.1 数据检验模型的构建

对区域中集群知识关联进行检验的最为理想的数据是各个园区和基地的人力资本及经济增长数据,但囿于数据搜集的难度,我们没有办法实现,因此采用了折中的方式:使用江苏县域层面的数据进行检验。由于县域之间的知识关联归根结底来自县域中集群的知识溢出,而且江苏经济的增长的一半以上来自集聚经济[①],因此县域经济的发展水平能在很大程度上体现其中集群的经济发展水平。综合上述两点,采用县域层面的数据进行的检测结果是合理且能代表集群特征的。

依据所采用的数据,我们用以检测的实证模型就以考虑了区域知识关联的地区生产函数(式 6-5)为基础,即:

$$Y_i = \tilde{A}_i \Pi \left[E_j(h)^\varphi L_j \right]^{\alpha \omega_{ij}} H_i^\alpha K_i^\beta ; \begin{cases} \omega_{ij}=1, i=j; \\ \omega_{ij}=f(d_{ij}), i \neq j \end{cases}$$

首先,参考 Mincerian(1989)方法,通过建立劳动力与其所受教育年限之间的联系,将不可度量的人力资本可度量化,并用 $h_q = \exp(\mu_q S_q)$ 表示劳动力 L_q 所拥有的人力资本量。其中 $\mu_q \geq 0, S_q \geq 0$。S_q 测度了劳动力 L_q 受教育的年限,而 μ_q 被称作 Mincerian 回报,表示不可观测的、因劳动力个体而异的劳动力潜质。由于 μ_q 的存在,不同劳动力即使所受教育年限相同,也可能拥有不同的人力资本,而这一点已经被诸多学者的实证研究予以证实(Card,1999)。在本节中,我们参考 Gennaioli 等人(2013)的做法,将 $h_{iq} = \exp(\mu_{iq} S_{iq})$ 在 $\overline{\mu_{iq}} \overline{S_{iq}}$ 处进行一阶展开,有 $E(h_i) \cong e^{\overline{\mu_i} \overline{S_i}}$,其中 $\overline{S_i}$ 表示地区 i 的平均受教育年限,$\overline{\mu_i}$ 表示地区 i 的平均 Mincerian 回报。对于 $\overline{\mu_i}$ 的度量,经济学界目前尚没有给出一个较好的方法,在实际处理时我们参考常用做法(Acemoglu,Angrist,2000;Gennaioli,2013),假定各地区的平均 Mincerian 回报是相等的,将 $\overline{\mu_i}$ 视为常数,仅用受教育年限来衡量人力资本量。

---

① 《新华日报》2006年11月20日《产业集聚已成为江苏非公经济的新增长极》一文中提到江苏民营经济总量的一半以上来自各类产业集聚区。

将 $E(h_i) \cong e^{\overline{\mu_i}\,\overline{S_i}}$ 以及公式 6 - 10 代入公式 6 - 5 并做线性展开后,可以将公式 6 - 5 简化为人力资本与地区经济发展的线性表达式:

$$\ln Y_i = \frac{\alpha+\beta}{\alpha}\ln \widetilde{A}_i + (\alpha+\beta)\overline{\mu_i}\,\overline{S_i} + (\alpha+\beta)\ln L_i + (\varphi\gamma)\overline{\mu_j}\frac{\alpha+\beta}{\alpha}\sum\omega_{ij}\,\overline{S_j} + \frac{\alpha+\beta}{\alpha}\gamma\sum\omega_{ij}\ln L_j$$

(式 6 - 15)

接着,根据上述表达式,写出用向量表示的用于估算的基础方程如下所示:

$$\ln Y = l_n\beta_0 + \lambda_1\ln\widetilde{A} + \lambda_2 S + \lambda_3\ln L + \lambda_4 WS + \lambda_5 W\ln L \quad (式 6 - 16)$$

其中,l_n,S 及 $\ln L$ 均为 $N\times 1$ 的列向量,S 和 L 分别表示地区平均受教育年限和地区劳动力投入量;l_n 的所有元素均为 1。

由于 $\omega_{ij}=\omega_{ji}$,因此 W 是对角线元素为 0 的 $N\times N$ 的对称权重矩阵:

$$\begin{bmatrix} 0 & w_{12}^* & \cdots & w_{1N}^* \\ w_{21}^* & 0 & \cdots & w_{2N}^* \\ \vdots & \vdots & \ddots & \vdots \\ w_{N1}^* & w_{N2}^* & \cdots & 0 \end{bmatrix};$$

在实际运算过程中,需要对 W 进行行标准化。经过行标准化之后的权重阵消去了量纲,因此其与代表平均受教育年限的 S 相乘后,其量纲与 S 一致。

进一步的,令 $X=(x_1=S, x_2=\ln L)'$;并用 Y 表示 $\ln Y$;则可以将上述基础模型转换为用于实证分析的空间杜宾(SDM)计量经济模型:

$$Y = (I-\delta W)^{-1}(l_n\beta_0 + X\beta_1 + XW\beta_2) + (I-\delta W)^{-1}\upsilon \quad (式 6 - 17)$$

根据上述模型设定,反过来考虑特定地区的经济(Y)对包括本地区在内的所有地区人力资本(X)变动的反应程度:分别求 Y 矩阵对 x_1、x_2 的偏导,令 $k=1,2$,有:

$$\left(\frac{\partial Y}{\partial x_{1k}} \cdots \frac{\partial Y}{\partial x_{Nk}}\right) = \begin{bmatrix} \frac{\partial y_1}{\partial x_{1k}} & \cdots & \frac{\partial y_1}{\partial x_{Nk}} \\ \vdots & \ddots & \vdots \\ \frac{\partial y_N}{\partial x_{1k}} & \cdots & \frac{\partial y_N}{\partial x_{Nk}} \end{bmatrix} = (I_N-\delta W)^{-1}\begin{bmatrix} \beta_{1k} & w_{12}^*\beta_{2k} & \cdots & w_{1N}^*\beta_{2k} \\ w_{21}^*\beta_{2k} & \beta_{1k} & \cdots & w_{2N}^*\beta_{2k} \\ \vdots & \vdots & \ddots & \vdots \\ w_{N1}^*\beta_{2k} & w_{N2}^*\beta_{2k} & \cdots & \beta_{1k} \end{bmatrix}$$

$$= (I-\delta W)^{-1}[\beta_{1k}I_N - \beta_{2k}W] \quad (式 6 - 18)$$

根据公式 6 - 18 的展开式,在 $\beta_{2k}\neq 0$ 的前提下,任何单元的 x_1 或者 x_2 的变动都不仅仅带来本单元的 y 的变动,也会带来其他单元的 y 的变动。也就是说地区的经济发展不仅受到本地区人力资本水平的影响,也会受到其他地区因为人力资本互动而产生的知识溢出的辐射影响。$\delta\neq 0$ 刻画的是任何单元的 x_1 或者 x_2 的变动所带来的不存在于单元集之内的其他系统影响。

6.3.2 描述性数据检验

为了比较经济发展不同时期区域之间的知识关联程度,我们采用 2000 年和 2010 年的截面数据分别进行估算。在变量的测度方面,我们采用人均 GDP 测度地区经济发展情况(即理论模型中的 Y),采用年末从业人员数量测度劳动力投入情况(即理论模型中的 L),而对于人均受教育年限(即理论模型中的 S),我们统计地区 6 岁以上人口受教育情况,具体:以小学计 6 年,初中计 9 年,高中计 12 年,专科及以上计 16 年,分别乘以对应人数后除以地区 6 岁以上总人口数,得到最终用于计算的地区人均受教育年限。为增加模型稳健性所添加的控制变量包括:贸易自由度、土地面积和是否为市辖区。其中,贸易自由度用城市的年度公路货运总量($Trade$)来表示;土地面积通过查询年鉴直接获得记 $Area$;市辖区是一个衡量城市政治因素的虚拟变量,记为 $Urban$,取值 0 或 1。

表 6-1 相关变量的描述性统计

变量	定义	时间	观测数	均值	标准误	最小值	最大值
Y	人均产出(万元)	2010	64	5.471 7	4.987 5	1.299 9	29.765 9
		2000	64	1.150 9	0.860 3	0.291 7	3.479 0
S	平均受教育年限(年)	2010	64	8.728 8	0.726 3	7.682 2	11.025 2
		2000	64	7.672 1	0.565 5	6.767 3	9.331 7
L	劳动力投入(万人)	2010	64	77.536 1	64.952 7	19.890 0	403.300 0
		2000	64	55.205 6	32.181 5	18.010 0	222.570 0
$Trade$	贸易自由度(万吨)	2010	64	2 021.438 0	2 440.764 0	189.768 2	16 014.000 0
		2000	64	476.016 1	1 132.179 0	18.010 0	7 085.000 0
$Area$	土地面积(平方公里)	2010	64	1 573.344 0	779.627 6	332.000 0	4 728.000 0
		2000	64	1 573.344 0	779.627 6	332.000 0	4 728.000 0
$Urban$	市辖区	2010	64	0.218 8	0.416 7	0.000 0	1.000 0
		2000	64	0.218 8	0.416 7	0.000 0	1.000 0

所有用以估算的数据均来自 2001 和年 2011 年《江苏统计年鉴》及 2001 年和 2011 年全国人口普查的江苏资料。需要说明的是,在样本期间,有个别地级城市的行政区划发生了撤县划区的变动,本文均按地图做出调整,将变动后的区对应于原县级市纳入统计。另外本文将各地级城市的市辖区假设为该市的一个县级城市,因此,样本总共包含 64 个县域 2000 年和 2010 年两年的数据。所有变量及数据的描述性统计如表 6-1 所示。

从表 6-1 中我们发现,地区贸易自由度在 10 年间变化较大:以年度公路货运总量来衡量从 2000 年的 476.01 万吨增长到 2010 年的 2 021.44 万吨,变化幅度为 324.66%。这一变化表明地区之间的互动正变得更加密切,这在一定程度上会增加地区之间的知识关联。为了对区域知识关联对地区经济增长的影响有更为直观的认识,笔者分别做出 2000 年和 2010 年江苏人均受教育年限与人均 GDP 的地理分布图(图 6-3、图 6-4)。以 2000 年为例,左图展示了江苏省各县域的人均受教育情况,颜色越深则表明地区人均受教育程度越高;右图展示了各县域的人均 GDP 情况,颜色越深则表明地区人均 GDP 越高。2010 年的图例设计与 2000 年相同。

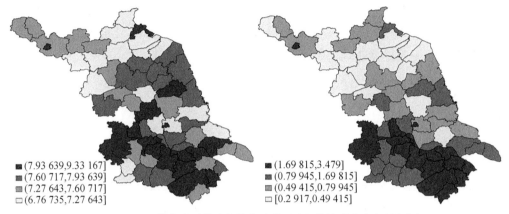

图 6-3　江苏人均受教育年限与人均 GDP 的地理分布(2000 年)

图片来源:作者自绘

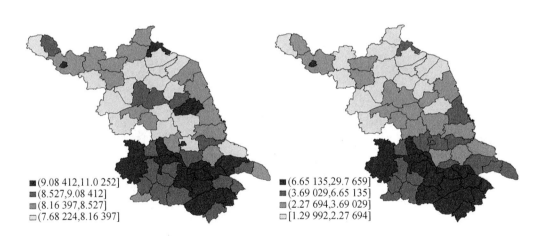

图 6-4　江苏人均受教育年限与人均 GDP 的地理分布(2010 年)

图片来源:作者自绘

从图 6-3 和图 6-4 中容易有两点发现:第一,无论是人均受教育高地还是经济高地都集中分布在江苏苏南,但是相比与苏南的经济发展差距,苏北的人均受教育年限差距要小得多。这当然一方面与中国推行多年的义务教育有关,另一方面也与江苏省人民政府为缩小区域差距而在苏北地区推动的人才引进计划有关。第二,即便两个县域的人均受教育年限非常相似(在图中表现为同一颜色),地处苏南的县域也往往比地处苏北的县域经济发展水平要高。在第5章对调研企业全要素生产率的计算中我们也得出了类似结论:尽管在苏南地区的传统企业中,高端人才比例并不比苏北地区的传统企业有明显优势,但是其全要素生产率却远高于苏北地区的传统企业。据此,我们可以做出这样的初步推断:区域之间存在知识关联,因此尽管从单个企业或单个地区来看,苏南并不比苏北在人力资本方面具有明显优势,但是由于苏南的企业或地区处于更高的人力资本的集聚区中(如图6-3、图6-4的左侧图所示,苏南地区的整体颜色要深于苏北地区),所受到的区域知识辐射更高,企业和地区的全要素生产率水平也因此更高。对比图6-3、图6-4,不难发现,上述现象在2010年比2000年表现得更为明显,可以推断区域之间的知识关联正在加强。

6.3.3 模型检验

1. 空间权重的选择

在6.2节的理论推导中,空间权重被设定为两地的减函数$\omega_{ij}=f(d_{ij})$,此处需要设定减函数的表达形式。参考相关研究的一般做法(Dubin,1988;Fischer,2010),并考虑到连续性权重较之离散权重可以增加回归系数的稳定性(Charlton,2006),我们将权重矩阵设定成如下形式:

$$w_{ij}=\begin{cases}\dfrac{1}{d_{ij}},i\neq j\\ 0,i=j\end{cases}$$

其中,d_{ij}表示地区i与地区j之间的距离。目前计算两地距离的方式主要有两种:一种是欧几里得距离(Euclidean Distance),测度的是两点之间的直线距离;另一种则是大圆距离(Haversine Distance),测度的是两点之间的球面距离,一般在进行地域跨幅较广的空间计量时(例如计算国家之间的相互关联度)采用后者更为精确。考虑到江苏胜域的跨幅相对于地球6 371 km的半径,采用欧几里得距离和大圆距离的估算结果几乎没有差距,并且欧几里得距离的估算方式要简单得多,因此采用欧几里得距离进行计算,计算公式为:

$$d_{ij}=\sqrt{(x_i-x_j)^2+(y_i-y_j)^2}$$

其中,(x_i,y_i)和(x_j,y_j)分别为两点的坐标,此处计算中所采用的地区坐标数值均为县域地区的中心点坐标值。

2. 区域知识关联的检验

(1)检验方法

我们希望通过数据运算,来反向证明前文所构建的考虑了区域关联的模型在实际经济社会中是正确的,从而说明区域(集群)之间存在知识关联。由于实证模型是基于公式6-5

推导得出,因而,此处我们仅需证明,实际数据之间存在公式6-15的关联。不难发现公式6-15其实是空间杜宾模型的典型形式,因此我们的检验步骤分为两步:第一,我们利用非空间截面模型的残差估计量构建LM统计量(LM_{Error}和LM_{Lag})及稳健(Robust)LM统计量(RLM_{Error}和RLM_{Lag}),分别进行空间自相关性检验(Anselin,1988),若检验结果支持空间滞后模型和空间误差模型二者之一成立,或二者均成立,则认为江苏省县域之间的经济发展存在空间关联。LM统计量服从$\chi^2(1)$的分布。关于LM统计量的构造方式和假设前提在诸多文献中均有涉及,此处不再赘述。第二,在第一点得到确认后,我们将遵循Lee与Yu(2010)所给出空间滞后模型、空间误差模型和空间杜宾模型间的选择方法,从一般到特殊,先建立空间杜宾模型并进行估算,然后通过构建LR(LR_{SEM}和LR_{LAG})统计量检验空间杜宾模型是否能简化为空间滞后模型或空间误差模型。结合本文模型,LR_{SEM}检验的原假设是$H_0:\delta\beta_1+\beta_2=0$;而$LR_{LAG}$检验的原假设则为$\beta_2=0$。若LR检验的结果支持上述原假设之一,则空间杜宾模型退化为空间滞后或空间误差模型。如果第二步的检验通过,数据之间的关系为空间杜宾,那么就可以说明江苏县域的经济发展也存在空间关联,并且江苏省县域之间存在知识关联。

(2) LM检验

分别对2000年和2010年的数据进行非空间截面模型的OLS估计及LM检验,相关计量结果报告如表6-2所示。

表6-2 非空间截面模型系数估计及空间自相关性检验

解释变量	2000年	2010年
S	0.779 1*** (0.161 2)	0.819 8*** (0.120 7)
$\ln L$	0.314 4(0.229 4)	0.406 3** (0.189 0)
$\ln Trade$	−0.106 2(0.149 8)	−0.066 2(0.134 3)
$\ln Area$	−0.666 3*** (0.161 3)	−0.562 9*** (0.143 0)
$Urban$	−2.046 0(1.605 9)	−0.713 6* (0.192 3)
常数项	−0.204 60(1.605 9)	−2.716 6(1.488 0)
σ^2(均方误差)	0.475 7	0.416 3
R^2	0.565 5	0.704 5
LM spatial lag-P值	0.000	0.000
LM spatial error-P值	0.000	0.001
Robust LM spatial lag-P值	0.000	0.000
Robust LM spatial error-P值	0.820	0.625

注:括号内为标准误差,*、**和***分别表示在10%、5%和1%水平通过显著性检验

表中的被解释变量为 $Ln(Poutput)$。2000 年数据的检测结果显示：对于 LM 检验，LM_{Error} 和 LM_{Lag} 检验的显著性结果 P 值均为 0.000，通过检验；而对 RLM_{Lag} 和 RLM_{Error} 检验的显著性结果 P 值分别为 0.000 和 0.820，RLM_{Lag} 检验通过，而 RLM_{Error} 检验无法通过。根据前文设定的检测原则，地区间的经济发展存在空间关联，可以进一步构建 LR 统计量检验，以判断模型是否为典型杜宾模型，地区之间是否存在知识关联。同样，2010 年数据的检测结果显示：对于 LM 检验，LM_{Error} 和 LM_{Lag} 检验的显著性结果 P 值分别为 0.001 和 0.000，通过检验；RLM_{Lag} 和 RLM_{Error} 检验的显著性结果 P 值分别为 0.000 和 0.625，RLM_{Lag} 检验通过，RLM_{Error} 检验不通过。根据检测原则，地区间的经济发展存在空间关联，可以进一步构建 LR 统计量检验，检验地区之间是否存在知识关联。

(3) LR 检验

针对本文的空间杜宾模型（SDM），我们采用 Elhorst（2010）建议的极大似然估计（MLE）方法展开相关估算，同样，被解释变量为 $Ln(Poutput)$。

表 6-3 报告了 2000 年和 2010 年的估算结果。观察 LR 检验的结果：对于 2000 年数据，LR_{SEM} 检验的显著性结果 $P=0.0721$，表明在 10% 的显著水平下拒绝原假设，即 $\delta\beta_1+\beta_2\neq 0$，原模型无法简化为空间误差模型；并且 LR_{LAG} 检验的显著性结果 $P=0.0205$，表明在 5% 的显著水平下拒绝原假设，即 $\beta_2\neq 0$，原模型亦无法简化为空间误差模型，数据之间的关系表现为空间杜宾；对于 2010 年数据，LR_{SEM} 检验的显著性结果 $P=0.0217$，表明在 5% 的显著水平下拒绝原假设，即 $\delta\beta_1+\beta_2\neq 0$，原模型无法简化为空间误差模型；并且 LR_{LAG} 检验的显著性结果 $P=0.0006$，表明在 1% 的显著水平下拒绝原假设，即 $\beta_2\neq 0$，原模型同样无法简化为空间误差模型，因而与 2000 年数据一样，2010 年数据之间的关系也表现为空间杜宾。

至此，我们对区域知识关联的模型检验就已经全部完成。采用 2000 年和 2010 年的数据所进行的实证检验结果显示：实际经济社会中的数据关联与我们所构建的公式 6-15 的关联形式一致，区域之间存在知识关联，6.2 节所进行推导的理论基础是成立的。同时，我们采用求解偏微分方法（Lesage，Pace，2009）来计算区域知识关联对经济发展的影响结果，即公式 6-18 中的矩阵对角线上元素的均值为本地人力资本的直接效应，矩阵非对角线元素行或列之和的均值则为其余地区知识的辐射效应。计算结果显示：2000 年，地区经济的总产值中有 38.64% 得益于其他地区的知识辐射，而这一比例在 2010 年上升到 41.37%，这说明地区之间的知识关联正在增强，证明了我们在 6.3.2 中对描述性数据检验结果的推论。

表 6-3　空间杜宾模型系数估计及 LR 检验

解释变量	2000 年	2010 年
S	0.577 1***(0.176 7)	0.620 7***(0.079 0)
$\ln L$	−0.022 7(0.253 9)	0.227 1*(0.124 1)
WS	1.835 0*(1.116 1)	1.569 6*(0.602 9)
$W\ln L$	3.464 0***(1.307 1)	1.037 3**(0.602 9)
$\ln Trade$	0.054 7(0.210 3)	−0.161 8**(0.082 7)
$\ln Area$	−0.174 4(0.157 3)	−0.280 5***(0.095 7)
$Urban$	−0.127 5(0.642 1)	−0.191 1(0.130 5)
常数项	−30.678 3***(11.641 6)	−20.320 9***(4.615 3)
样本数	64	64
R^2	0.748 9	0.975 0
σ^2	0.539 9	0.265 9
$\text{Log}L$	−3.277 4	−2.712 2
LR on $\delta\beta_1+\beta_2=0-P$ 值	0.072 1	0.021 7
LR on $\beta_2=0-P$ 值	0.020 5	0.000 6

6.4　实践和经验——苏宿工业园的案例

截至 2013 年,在苏南与苏北所共建的 37 个园区中,苏宿工业园是建立较早,并且成效也较为显著的园区,本节将以此为案例,描述和归纳园区的建立和发展过程,为江苏乃至更广泛的中国其他后发地区吸引产业集群、提高经济发展速度,提供实践层的参考。

6.4.1　建园背景

1. 政策背景

早在 2001 年,江苏省委、省政府出台的《关于进一步加快苏北地区发展的意见》中就规定了苏州与宿迁建立市级挂钩的合作关系,合作方式则是以项目带人才、带资金、带技术。此后,在宿迁通过招商引资所承接的大量的南北产业转移项目中,来自苏州的项目占据半壁江山。尽管在此期间并未提到园区共建或者是产业转移,但是如前文所述,这样考虑项目与要素资源之间关联的转移思路正是产业集群的转移思路,而考虑在项目与要素资源的转移过程中,地区之间一对一关联地提供帮助和扶持思路也是后来园区共建的思路雏形。2005年,随着苏北发展协调小组《关于加快南北产业转移的意见》的出台以及"加快苏北工业化"

战略的实施,苏州、宿迁南北帮扶合作继续深入。2006年,《江苏省政府关于支持南北挂钩共建苏北开发区政策措施的通知》发放之后,苏州、宿迁两市决定在这一政策措施的指导下紧密合作,共建苏州宿迁工业园区,以充分发挥苏州、宿迁两地优势,以实现苏州地区的产业集群向宿迁的梯度转移,以及苏州地区产业集群的升级。

2. 经济背景

除了江苏省人民政府大力推动的"南北挂钩""南北共建"等政策主导因素外,"苏宿工业园"的诞生还有经济发展的必然。2006年左右,历经对外开放浪潮洗礼的苏州已开始与20世纪80年代的新加坡显现出诸多相似之处:一方面,传统制造业已经相当发达并且在资源、能源、环境上开始提出更多的需求,而苏州的承载力已经不堪重负,产业升级迫在眉睫;另一方面,要实现产业升级就必须引入高新技术产业,但是传统企业却已经占据了绝大部分的工业用地。因此,为了维持和打造下一个苏州的经济奇迹,传统企业走出苏州成为必由之路。与之相对,彼时宿迁则正如"外向型大潮"初期的苏州,有着相对充裕的工业用地以及低价的劳动力,经济发展急需产业转入拉动。因此,从经济发展的角度来看,这一时期,苏州宿迁工业园对苏州而言承载的是苏州打造新的经济增长中心、实现跨区域发展的重要手段;而对于宿迁而言,则是其实现跨越式发展与经济起飞的重要依托。

结合5.2节的分析可知,2006年左右的苏州已经处于经济发展的成熟期。当先发地区的经济发展处于成熟期,企业的转移和要素资源的迁移是自发现象,但是若不存在"园区共建"的引导性措施,那么企业和要素资源将会优先选择移入经济先发地区的邻近地区。正是因为苏州宿迁工业园的建立,才得以增加了宿迁对苏州产业集群的"拉力",实现了苏州与宿迁经济发展的双赢。

6.4.2 苏宿工业园的发展过程

苏宿工业园区的运作以苏州方为主,开发主体为"江苏省苏宿工业园区开发有限公司",主要依托苏州工业园组织实施开发、建设、管理,其目的在于借鉴苏州工业园区规划建设中的成功经验,以形成产业转移的集聚地,实现宿迁当地的经济发展与产业升级。

2006年11月1日,苏州、宿迁两市正式签订了合作开发协议,12月11日苏州工业园区代表苏州市派出首批管理团队进驻宿迁,苏宿工业园区开发建设正式启动,此后仅用了不到一年的事件,苏宿工业园就完成了整体规划和初步建设:

2007年3月26日,苏宿工业园区开发有限公司的3亿元注册资本全部到位;

2007年5月,苏宿工业园组建苏宿建屋置业有限公司;

2007年5月底,首批市政道路工程设计完成,6月28日正式开工;

2007年7月,委托新加坡公司进行城市规划、整体规划与工业区规划;

2007年8月2日,园内首个工业项目奠基;

2007年8月16日,通过江苏省环保部门的区域环境影响评估;

2007年8月22日,园区与8家企业签约,6家企业正式开工。

这张简明的进度时间表尽管无法完全概括苏宿工业园区从无到有的全部过程,但从紧凑的时间线和短暂的时间间隔中,依然可以看出苏宿工业园区建设的高效。

在苏宿工业园区的建设过程中,苏州工业园区不仅全程全面参与建设,更是把苏州工业园区先进的理念和独一无二的发展经验毫无保留地带到了宿迁,而最突出的两方面在于:第一,苏宿工业园严格遵守了"先规划后建设、先地下后地上、先工业后商业"的开发建设时序,这正是中国-新加坡苏州工业园实践检验过的成功经验;第二,苏宿工业园充分继承了苏州工业园的"亲商"理念,以为企业(投资商)服务为最高宗旨,在招商引资、日常管理服务中形成一种"以商为本"的态度和价值观,帮助投资商获得满意的投资回报率。为了将"以商为本"的理念发挥到实处,苏宿工业园还在苏州工业园管理团队的帮助下具体提出了五大实施细则,包括:强化意识、身体力行;透明政策、规范操作;加强联系、主动服务;严肃纪律、端正作风;以及加强监督、举报必查。

此后,在园区发展过程中,为了保证转入苏宿工业园的产业集群尽快适应宿迁发展环境,也为了对两地经济都有可持续的推动作用,两地政府采用了强化沟通、彼此体谅的做法。宿迁市人民政府层面,他们充分理解苏州市人民政府的难处与意图:苏州已经拥有了一大批民营企业,经过20世纪90年代和21世纪初期突飞猛进的发展,现在大多完成了原始积累,正需要扩大与升级,但由于苏州本地能源、资源、生态的限制,这些企业无法进行更大的拓展。从世界知名制造业企业的发展历程来看,在经济全球化的趋势下,如果一个企业没有实现跨区域甚至跨国的发展,则不可能具备全球竞争力。因此,苏州市政府希望发展本土企业的总部经济。鉴于此,宿迁市着力为苏州企业跨区域发展提供"走出去"的平台与条件,苏宿工业园内的产业发展尽量紧靠苏州产业,形成优势互补的格局。而与之相对应,苏州市人民政府并未仅仅将宿迁看作产业转移的基地,而是充分考虑宿迁所需:核心的竞争能力和经济的可持续发展。因此,除了直接转移到苏宿工业园区的人力资本和实物资本外,苏州市政府还定期派遣技术人员到苏宿工业园对其中的企业进行项目指导,除了将苏州工业园区的新技术引入外,也加快了苏宿工业园的技术对接。此外,苏州市还将苏宿工业园区纳入了新加坡向苏州转移管理软件的范围,这是新加坡-苏州合作模式在苏州以外的地区第一个试点。这一套管理软件的基本出发点是将一个园区并不仅仅是只当作一个工业集聚区来规划建设,而是把园区当作城市化的一部分,代表着一个城市的未来发展走向,从而提升了宿迁的整体竞争力。

经过7年的发展,到2013年,苏宿工业园共完成16个专项规划。以台湾可成科技、日本尼吉康电子、江阴长电科技为代表的各类入园企业达到99家,总投资247亿元,注册资本49.3亿元,外资项目总投资占工业总投资的55%,平均投资强度达每亩326万元。随着园区经济基础和基础设施水平的提高，一些处于较高产业层次的企业也开始自发向宿迁投资，促使园区内逐步形成了电子电气、精密机械、新材料和新能源等相互关联、相互促进的产业集群，提升了园区的整体发展水平，也极大地带动了宿迁地区的经济发展。从2009年起，苏宿工业园连续4年在全省同类开发区综合考核中排名第一，并于2012年3月18日，在全省37个共建园区中首家获批省级开发区。

6.4.3 苏宿工业园的经验及启示

通过回顾苏宿工业园的发展历程，我们至少可以概括出三类值得借鉴的做法：

第一，高规格的基础设施建设。

苏宿工业园完全遵循了苏州工业园创办初期的"高标准基础设施"的起步要求，在苏州工业园区的介入和帮助下，苏宿工业园区的整体规划也是着眼于长期发展。参考苏州工业园的基础设施建设，截至2013年，苏宿工业园累计建成11纵5横通车路网47.99公里，完成12.6平方公里"八通一平"投资环境的开发，已建、在建各类项目的总建筑面积达182.6万平方米。园区功能配套设施建设方面已累计投资7.41亿元，形成了设施、功能比较完善的发展形态和空间。1995年，尼吉康电子入驻苏州工业园区，2012年，尼吉康在经过对全国24个开发区的考察后，最终又将2亿美元的分公司落户苏宿工业园，其原因正是其与苏州工业园区同样高标准的基础设施和规划。

第二，管理理念的复制。

相比较对基础设施等"硬件"的复制，对管理理念的"软件"移植是苏宿工业园在实践中产生的更为重要的经验。苏宿工业园的合作共建并不是简单的项目、企业与要素资源的打包转移，而是对管理理念的全面输出。前文提到，在园区建立初期，苏州的管理团队就已经入驻，在这批管理人员的传授和影响之下，苏北管理人员除了在管理方法上有所提升之外，更重要的是在管理理念上对"亲商"和"服务"的重视，此后他们提出的"五大管理实施细则"则是对隐性知识的显性化，在隐性的管理理念明晰为具体的操作步骤后，就更便于传播和实施。而同样，园区管理部门"亲商"和"服务"的态度也减少了由苏南转入的企业的交易成本，加快了企业与宿迁地区的融合，创造了宿迁对苏州产业集群的拉力。

第三，知识沟通渠道的创建。

在共建苏宿工业园区的过程中，苏州市和宿迁市在政府、技术人才、管理人才等各个层面上都通过政府推动加强了知识交流：例如政府之间明晰彼此意图、苏南管理人员入住园区、苏南技术人才定期指导等。值得一提的是，作为管理类知识输入的典型，苏州还帮助苏宿工业园引入、学习苏州工业园一直使用的管理软件，这套管理软件的管理理念正是"产业与城市功能的协同"，苏宿工业园的使用是这套软件第一次应用于苏州工业园之外。

知识交流的强化不仅使得苏州的企业群体在转移到宿迁后依然能够保有其与苏南地区

企业的知识关联,增强了宿迁地区的生产技术水平,而且"产城融合"的理念也很快体现在苏宿工业园的建设中,2013年,院内总投资5.48亿元的园区公舍、东吴尚城、明日邻里中心等生产生活设施已经全面投入使用。同时,由于两地集群之间的知识关联,苏州与宿迁两地之间的集群以集群链的形式形成良好的互动关系,完成了苏州集群在宿迁的复制、延伸和拓展。苏州实施"总部经济"的意图得以逐步实现,宿迁也因为引进了苏州先进的制造业企业,建立起了电子电器、精密机械、新能源、新材料等新兴产业集群,优化了宿迁当地的产业结构。

6.5 本章小结

"均衡发展"作为国家竞争力的重要标准,是省域及以上更广区域的经济发展中极为重要的命题。"共建产业园区"这一已被江苏实践检验的有效手段,双向破解了先发地区的企业转移阻滞与后发地区的资源非自发性流动,不失为均衡地区发展的有效措施。通过经济学建模分析,我们得以一窥这一措施的内在原理:企业和物质资源的打包式(产业集群)转移是经济发展到一定阶段的必然现象,但是,在不存在任何干涉的情况下,产业转移都是以经济高地为中心逐步向外扩散的。而园区共建通过增强特定地区的硬件设施水平,构建特定地区与先发地区的知识传递渠道,改变了先发地区要素资源流出的临界点和企业、要素资源的流向,加快了产业集群从苏南向苏北的转移。同时,模型推导显示:在先发地区经济的起步阶段,园区共建并不能促使企业和要素资源向后发地区的转移;在先发地区经济的成长阶段,园区共建能够将企业和要素资源的打包式转移(产业集群的转移)提前,但高质量劳动力仍会选择留在经济先发地区;在先发地区经济的成熟阶段,园区共建能够通过改变企业和要素资源的转出流向,促进其向后发地区而非中等发达地区转移。上述推导表明:园区共建的成功是经济发展到一定阶段才会产生的现象,这在一定程度上解释了为何"园区共建"的类似行为在20世纪80年代末便有迹可循,但却在近几年才开始初显成效。来自苏宿工业园的案例给予的启发是:成功的园区共建至少需要硬件方面高标准的基础设施和软件方面管理理念的复制,以及最重要的是政府、技术人才、管理人才等各个层面上畅通的知识交流。

第 7 章 产业与城市的融合发展

"产城融合"发展理念,是当前国家在"创新""转型"发展中,为提升城市对产业的承载力而提出的。顾名思义,"产城融合"指的是产业与城市(镇)的协同发展,尽管从地域范围看,这一概念已经突破了对产业集群传统认知的空间组织形式,但从思维方式来看,它并非仅仅通过促进单个企业的发展来带动产业,而是通过对地区内影响经济发展的各主体的建设与促进互动,强化地区经济的整体关联度,从而构建更为适合的产业发展和创新升级的环境,打造产业与经济发展的内生能力。这种考虑主体关联性的发展思路依然是一种集群式发展的思维方式。

回顾区域创新集群的"协同性"特征则不难发现,区域创新集群是"产城融合"理念运用于园区范围的特殊体现;并且,由于"区域创新集群"还具备"产城融合"不完全具备的"共享性"及"三层次创新"特征,区域创新集群可看作是"产城融合"的高级形式,即"产城融合"是中国诸多"工业镇"和"工业园区"类型的产业集群走向区域创新集群的必经阶段。因此,探索"产城融合"的内在机理和作用路径无论对江苏乃至中国的产业集群,还是对更广范围的城、镇区域经济的转型升级都具有重要意义。

7.1 "产城融合"的概念新解

中国理论界对"产城融合"的研究大致兴起于 2011 年,随着其上升为国家战略,近两年研究渐次增多。就已有文献来看,目前达成的共识主要有:产业是城市发展的基础,城市是产业发展的载体(张道刚,2011)以及产城融合应当是"人本导向"(唐晓宏,2014;罗守贵,2014)。纵然这样的解读尚未能充分揭示"产城融合"的内在机理,却依然可寻其所经历的由单纯的"产业"和"城市"互动发展到"产""城""人"融合发展的认识渐进,而"人"的引入是对这一概念理解的加深。首先,遵循"人本导向","产城融合"的最终目的是提高生活在"城"中的"人"的效用水平;其次,在经济理论中,"人"通常被抽象成劳动力,劳动力是"产"的重要投入要素,因此其和"产"在地域上具有天然的不可割裂性;再次,与普通生产要素仅需要提供储存空间不同,劳动力除栖息之地(住宅)外还存在诸如安全、社交、自我实现等其他层面的需求,因此其与"城"必然存在千丝万缕的联系。在马斯洛需求框架下①进一步对"人"的全部需求做略览,主要有:满足生理需求的食品、住宅;安全需求的医疗;社交需求的娱乐;尊重需求的就业、高档消费和自我实现需求的教育、培训等。不难发现,"城"满足"人"需求的主要手段是服务业所提供的商品——服务。相比较工业产品,服务具有无形性、不可储存性、生产与消费同时性三大特征(Hill,1977),尽管在现代信息和通信技术的影响下,上述三个特征都已受到不同程度的挑战和质疑,但改变却有限,大多数服务活动,尤其是消费服务仍受到明显的时空限制(江小涓,2011),因此,和工业产品不同,服务业很难实现"跨区域"的供给,也就是说,"城"的功能无法作用于不在其地理范围之内的劳动力。

基于上述分析,"城"就不能仅仅理解为"城市""城镇"或者是"园区"这类的地域概念,我们更倾向于认为其是借助服务业所实现的"城市功能"。由于城市功能的获得来自作为"产"之一的服务业②,因此可以认为一个地区的服务业越繁荣,则城市功能越完备("城"越繁荣)。需要指出的是,此处"城市功能"中的"城"并非仅限于国家行政区划界定的"城市",它可以是工业园区、工业镇(村),当然也包括了"狭义"的"城市",如北京、上海等,参考美国哥伦比亚大学经济系教授 Brendan O'Flaherty(2005)在其《城市经济学》一书中对"城"所做的定义:"'城'是许多人在小范围内经常进行大量活动和互动的地点③",本文将"产城融合"中的"城"延伸为在劳动力聚集的地理范围内,满足劳动力不同层次需求的城市功能。此外,尽管"住宅"属于服务业,但是与其他服务业不同,"人"对"住宅"存在刚性需求(范剑勇,2011),这也是为何在"产""城"脱离的工业镇(村)、工业园区中可以没有其他服务业,却一定要有住宅区的原因。并且,由于"人"对住宅需求的刚性,住宅价格能够调节劳动力流动并进而影响产业发展和城市功能的完善。

对于"产"的理解,有必要从"产城融合"的提出背景入手,"产城融合"理念主要是针对中国普遍存在的以工业为绝对主体的产业集群(园区、基地等)、工业县(镇)提出的,而这些集群和区域产生的原因不外乎两点:其一,从发展理念来看,改革开放初期,中国曾流行"先生产、后生活"的产、城非同步发展观,在这种观念的主导下,为了更快地推动工业化进展,工业集中区和城镇化建设往往一边倒地倾向于"工业"设施而忽略"生活"设施;其二,从经济建设来看,把分散在农村和混杂在居住、商业区的企业迁出并集中到一定区域进行生产,有利于节约土地使用费用,同时也有利于节约基础设施和管理费用,在经济基础薄弱的改革开放初期,"集中力量办大事"是必然的选择。上述做法在当时的历史背景下的确促进了中国的工

---

① 此处参考了上海交通大学安泰管理学院 Browning 和 Singelman 两位教授所作产业导入与城市发展互动关系图。
② 从广泛意义上讲,城市所提供的安全保障、基础设施等都是服务的一部分(Browning,Singelman,1975)。
③ 为方便经济学意义下的讨论,该书作者将迪士尼乐园、新泽西州的英吉利镇、纽约州的沃特金斯峡谷和伦敦、上海以及宾厄姆顿一样看作城市。

业化和城镇化进程,而如今,生活空间滞后于生产空间、服务设施滞后于产业发展的矛盾却开始显现:在改革开放初期,企业所需要的大量劳动力是城镇化过程中从农村地区流入的"进城务工人员",这些劳动力对生活设施的要求相对较低,但随着区域产业业态的提升,企业对技术的创新和应用都需要相应的科研和专业人才,而这些人才在选择工作地点时对居住的舒适性有较高的要求。在对多个工业县(镇)的走访调研中,笔者发现:制约当地集群升级的最大问题往往并非资金或是技术,而是商贸、娱乐、教育、医疗等服务的缺乏所带来的专业人员的流失。鉴于上述讨论,我们可以认为产城融合中的"产"主要指工业,当然,此后在对这一概念的演化中,学术界又逐步将其拓展至服务业,但工业却一直是其更为侧重的部分。兼纳二者,我们将"产"理解为工业和服务业。

服务业对工业的支撑作用在前文已有阐述,而作为"产"另一组成部分的"工业"对服务业的起步同样起到不可或缺的作用:根据已有研究,由于生产与消费的同时性,需求规模是制约服务业发展的根本条件,只有大量消费者和经济组织集中在一起,才可能提供服务产业化所需的足够大的市场需求(Hill,1977),而工业发展所带来的"人"的集聚为催生服务业提供了良好环境。当然,工业对服务业及与之相关的城市功能的促进作用不仅限于起步之时,当工业与服务业的聚集产生融合之后,其对服务业的发展和城市功能的完善将会形成持续的推动作用,这将在后文中予以阐述和证明。此外,尽管"住宅"属于服务业,但是与其他服务业不同,劳动力对"住宅"存在刚性需求(范剑勇,2011),这也是为何在"产""城"脱离的工业县(镇)、工业园区中可以没有其他服务业,却一定要有住宅区的原因。并且,由于劳动力对住宅需求的刚性,当商贸、住宅和工业一体化之后,住宅价格能够调节劳动力流动并进而影响产业结构的调整:随着经济繁荣程度的增加,住宅价格的上涨必然会形成对低质量劳动力的挤出,改变区域劳动力知识结构,促成整个区域的产业层次的提升。

综合上述讨论,本文试图对产城融合的内涵作如下表述:"产城融合"是城市功能和产业发展协同共进的发展模式,其外在表现是居住区、工业区与商贸区互为一体的城(镇)、园区建设;其内在机理是劳动力("人")、工业、服务业及住宅这四大关键要素在劳动力("人")为核心关联基础上的有效互动和融合上升。而最大化劳动力("人")这一连接产业发展和城市运转的关键主体的效用是产城融合的目的所在。

7.2 "产城融合"的内在机理与作用路径

7.2.1 解释模型的构建思路

综合7.1节的理论基础,对产业与城市功能融合发展的问题进行抽象:首先,劳动力是关键连接点,尽管未出现在"产城融合"的字面,但其既是产业发展的投入要素,又是城市功能的直接需求方,故将其列为关键要素之一;其次,由于城市功能来自服务业,且产兼纳工业和服务业,因此将二者作为关键要素之二和之三列出;最后,在服务业中,由于住宅具有"需求刚性"的特点,其价格能调节地区劳动力流动和产业结构,因此单列以作讨论。至此,在对"产城融合"问题进行解构后,得以将其抽象成四大要素:劳动力、工业、服务业和住宅。其中,服务业主要指消费型服务业,其繁荣程度既代表了服务业的产业繁荣程度,又代表了城市功能的完备程度。

借鉴 Krugman(1999)在 D-S 垄断竞争模型基础上提出的核心-边缘模型(core-periphery)及 Helpman(1998)所作拓展,此处同时引入服务业和住宅价格,将上述四大要素置于同一框架,构建模型的理论框架如图 7-1 所示。

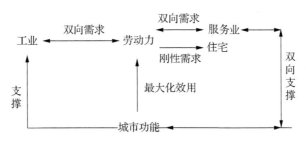

图 7-1 产城融合的理论模型

图片来源:作者自绘

之所以借鉴这一模型,主要出于两点考虑:第一,核心-边缘模型成功地将三样要素——劳动力、农业和工业纳入同一框架,而分析则从关联要素"劳动力"切入,模型中的劳动力既是工业的投入要素又是工业产品的需求要素,本文思路与这一思路近似;第二,核心-边缘模型提出后,诸多学者(Helpman 1998,Fujita 1999,Brakman 1999,Hanson 2005)对其进行了拓展和检验,模型的可拓展性和拓展之后的稳健性已经经过实践证明。

模型分析将从劳动力需求出发,通过均衡条件构建等式,以推导出"产城融合"发生时(即从表现形式上来看,四个关键要素聚集在同一地区,并相互作用),工业、服务业和住宅市场之间是如何通过关联要素劳动力相互作用的。由于未改变"核心-边缘"模型的三大基石——(D-S)垄断竞争假设、(CES)效用函数和"冰山贸易成本",亦未改变模型均衡条件——地区间实际工资相等,因此 Krugman 在其模型中基于这些条件所推导出的部分结论在本文中将予以沿用并在正文部分不做过多说明,其推导过程见本书附录1。

7.2.2 解释模型的基本等式

按照前文对"产城融合"概念的解读,无论是园区还是县(镇)、城市,都是可以理解为"城市功能"中的"城"这一地区概念。因此,为简化讨论,假定初始存在两个不同的地区

(标记为地区 1、地区 2),每个地区都有工业品和服务业两个部门。劳动力根据自身收入通过消费可在地区间自由贸易的工业品以及不能自由贸易的服务产品和住宅①来达到效用最大化。

假设劳动力的效用函数为:

$$U = C_M^a C_S^b C_H^c$$

其中,a,b,c 分别代表劳动力在工业品、服务和住房上的花费所占收入的份额,显然,$a+b+c=1$。假设在比较长的时间内,从事工业品生产的劳动力和从事服务业的劳动力不会轻易在行业间流动,因此工业工资和服务业工资可以存在差异②。考虑在上述假设下的极端情况:当一个地区只有服务业而完全没有工业的时候,劳动力对工业品的需求可以通过运输解决,劳动力的效用损失只体现在运输费用引致的实际购买能力的减少,而当一个地区仅有工业而完全没有服务业的时候,劳动力的效用将为 0,此时即使这一地区工业再繁荣也无法留住劳动力。

其余的前提假设包括:商品在地区间的运输费用为 T,整个社会的总劳动力是 L,其中从事工业品生产的劳动力占总劳动力的份额为 μ,则从事服务业的劳动力份额为 $1-\mu$;进一步,假设地区 1 从事工业品生产的劳动力占从事工业品生产的总劳动力的 λ,从事服务业的劳动力占从事服务业的总劳动力的 γ,则地区 2 相对应的份额比例分别为 $1-\lambda$ 和 $1-\gamma$。此外,假设服务业产品之间的替代弹性为 ε_S,工业产品之间的替代弹性为 ε_M。

在上述设定的基础上,地区 1、地区 2 的总收入全部来自园区,可以分别表示为:

基本等式 1:$Y_1 = \mu \lambda W_{1M} + (1-\mu) \gamma W_{1S}$;

基本等式 2:$Y_2 = \mu(1-\lambda) W_{2M} + (1-\mu)(1-\gamma) W_{2S}$;

首先,求解两地区分别表示工业品和服务的价格指数的等式。以地区 1 的工业产品价格指数为例,根据定义,其取决于两部分:第一,在地区 1 销售的,由地区 1 生产的工业产品价格;第二,在地区 1 销售的,附加了运输成本 T 的由地区 2 生产的商品价格。由于在模型中加入服务业部门后并未改变各部门中厂商之间垄断竞争的假设,商品价格依然由厂商单方面决定,因此考虑该问题仅需从模型的供给方(厂商)入手。厂商在定价时并不考虑市场需求,采用的是成本加成定价法,即假设某一代表性厂商 i 的生产函数为:

$$l_i = \alpha + \beta x_i \quad \text{(式 7-1)}$$

则根据成本加成法的定义,商品 i 的价格为:

$$p_i = \frac{\varepsilon_M}{\varepsilon_M - 1} \beta w_i \quad \text{(式 7-2)}$$

---

① 本文未考虑农业部门,事实上若考虑农业部门并不影响分析结果。
② 做出这一点假设是为了符合实际。

可以发现,由于劳动力是唯一投入要素,在运输成本固定的情况下,服务业部门的引入并未改变 Krugman 模型中商品价格仅与工人工资相关的结果。因此 Krugman 模型中价格指数的表达形式可以沿用,对工业品有:

基本等式 3:$I_{1M}=[\lambda W_{1M}^{1-\varepsilon_M}+(1-\lambda)(W_{2M}T)^{1-\varepsilon_M}]^{1/(1-\varepsilon_M)}$

基本等式 4:$I_{2M}=[\lambda (W_{1M}T)^{1-\varepsilon_M}+(1-\lambda)(W_{2M})^{1-\varepsilon_M}]^{1/(1-\varepsilon_M)}$

而对服务业部门,由于服务是不可贸易的,可以认为服务的运输成本为无穷大,即 $T\to\infty$,则两地区服务的价格指数为:

基本等式 5:$I_{1S}=[\gamma W_{1S}^{1-\Delta_S}]^{1/(1-\Delta_S)}$

基本等式 6:$I_{2S}=[(1-\gamma)W_{2S}^{1-\Delta_S}]^{1/(1-\Delta_S)}$

其次,求解两地区分别表示工业部门和服务业部门工资率的等式。以地区 1 的工业部门为例,工资率取决于两方面:第一,厂商利润为 0 时的产出量;第二,地区劳动力效用最大化时对工业品的需求量。在 Krugman 模型中,其假设劳动力的所有收入都花费在工业品消费上,而本文所构建的模型中,由于劳动力还存在服务和住宅消费,因此仅有 aY_1 的收入花费在工业品消费上,这一点与 Krugman 模型存在不同,在此做出工资率表达式的数学推导。依然以地区 1 的工业部门为例:

供给方:地区 1 代表性厂商 i 均衡时利润为 0,则根据公式 7-2,自然有产量为:

$$x_i=\frac{\alpha(\varepsilon_M-1)}{\beta} \tag{式 7-3}$$

需求方:地区 1 的劳动力在预算约束下通过消费不同的工业品达到效用最大化,即

$$\text{Max } C_M = \sum_{i=1}^{N}(c_i^{(\varepsilon_M-1)/\varepsilon_M})^{\varepsilon_M/(\varepsilon_M-1)}$$

$$\text{S. t. } \sum_{i=1}^{N} p_i x_i = aY_1$$

拉格朗日乘数法求得最优解:

$$c_i=p_i^{-\varepsilon_M}I^{\varepsilon_M-1}aY_1 \tag{式 7-4}$$

其中 $I=[\sum_{i=i}^{N}p_i^{(1-\varepsilon_M)}]^{1/(1-\varepsilon_M)}$。

市场上,厂商面临的需求来自两方面:地区 1 的需求和地区 2 的需求,由于地区 2 消费地区 1 的商品时,劳动力面临的是附加了运输费用的价格,因此其需求量会有一定程度的减少,为 $(p_iT)^{-\varepsilon_M}I_{2M}^{\varepsilon_M-1}aY_2$。

当厂商的产量与劳动力的需求相等时,市场均衡,根据这一条件,有

$$\frac{\alpha(\varepsilon_M-1)}{\beta}=a[p_i^{-\varepsilon_M}I_{1M}^{\varepsilon_M-1}Y_1+[(p_iT)^{-\varepsilon_M}I_{2M}^{\varepsilon_M-1}Y_2] \tag{式 7-5}$$

将(7-2)式代入(7-5)式,可解得

$$w_i = \left(\beta \frac{\frac{1-\varepsilon_M}{\varepsilon_M}}{\frac{\varepsilon_M-1}{\varepsilon_M}} \left(\frac{a}{\alpha(\varepsilon_M-1)} \right) \right)^{1/\varepsilon_M} \left[I_{1M}^{\varepsilon_M-1} Y_1 + I_{2M}^{\varepsilon_M-1} T^{-\varepsilon_M} Y_2 \right]^{1/\varepsilon_M}$$

标准化 $\left(\beta \frac{\frac{1-\varepsilon_M}{\varepsilon_M}}{\frac{\varepsilon_M-1}{\varepsilon_M}} \left(\frac{a}{\alpha(\varepsilon_M-1)} \right) \right)^{1/\varepsilon_M}$ ①，则 $w_i = \left[I_{1M}^{\varepsilon_M-1} Y_1 + I_{2M}^{\varepsilon_M-1} T^{-\varepsilon_M} Y_2 \right]^{1/\varepsilon_M}$

据此可以得到地区 1、地区 2 工业部门的工资率表达式为：

基本等式 7：$w_{1M} = \left[I_{1M}^{\varepsilon_M-1} Y_1 + I_{2M}^{\varepsilon_M-1} T^{-\varepsilon_M} Y_2 \right]^{1/\varepsilon_M}$

基本等式 8：$w_{2M} = \left[I_{2M}^{\varepsilon_M-1} Y_1 + I_{1M}^{\varepsilon_M-1} T^{-\varepsilon_M} Y_1 \right]^{1/\varepsilon_M}$

用同样的方法，考虑 $T \to \infty$，可以得到两地区服务业工资率表达式分别为：

基本等式 9：$W_{1S} = \left[Y_1 I_{1S}^{\varepsilon_S-1} \right]^{1/\varepsilon_S}$

基本等式 10：$W_{2S} = \left[Y_2 I_{2S}^{\varepsilon_S-1} \right]^{1/\varepsilon_S}$

至此，已经得到本文所构建模型的所有基本等式。模型均衡条件是两地区实际工资率相等，其数学表达式如下：

$$\frac{W_{1M}}{I_{1M}^a I_{1S}^b I_{1H}^c} = \frac{W_{2M}}{I_{2M}^a I_{2S}^b I_{2H}^c} \tag{式 7-6}$$

$$\frac{W_{1S}}{I_{1M}^a I_{1S}^b I_{1H}^c} = \frac{W_{2S}}{I_{2M}^a I_{2S}^b I_{2H}^c} \tag{式 7-7}$$

其中 I_{1H}、I_{2H} 分别代表地区 1 和地区 2 的房价指数，可用来衡量地区住宅市场的繁荣程度。同时，在 Krugman 模型中已经得到证明：在厂商可以自由进入和退出市场的前提下，两地区的工业产量之比与两地区工业劳动力之比完全相等，劳动力的分布形态实际就是产业的分布形态的结论，在本模型中也同样成立，并可延伸至服务业②：

$$\frac{N_{1M}}{N_{2M}} = \frac{L_{1M}}{L_{2M}} = \frac{\lambda}{1-\lambda} \tag{式 7-8}$$

$$\frac{N_{1S}}{N_{2S}} = \frac{L_{1S}}{L_{2S}} = \frac{\gamma}{1-\gamma} \tag{式 7-9}$$

结合对"产城融合"的理解，模型中工业的分布形态 $\frac{\lambda}{1-\lambda}$ 可以用来表示工业，即"产"的繁荣程度，而服务业分布形态 $\frac{\gamma}{1-\gamma}$ 既可以用来表示"产"的繁荣程度又可以表示"城"的功能的

---

① 此处参考了 Brakman 于 2003 年出版的 *A Introduction to Geographical Economics* 第 108 页的处理方式。

② Krugman 在其发表于 *Journal of Political Economy*（1991 年第 3 期）的论文 "Increasing Returns and Economic Geography" 中有对这一结论的证明（第 489 页），证明中用到了垄断厂商的成本加成定价法。

完备程度。

7.2.3 机理与路径的理论解释

在两地区工业部门的均衡点,根据公式 7-6,有:

$$\frac{W_{1M}}{W_{2M}} = \frac{I_{1M}^a}{I_{2M}^a} \cdot \frac{I_{1S}^b}{I_{2S}^b} \cdot \frac{I_{1H}^c}{I_{2H}^c}$$

将基本等式 3~6 代入,可得

$$\frac{W_{1M}}{W_{2M}} = \left[\frac{\lambda W_{1M}^{1-\varepsilon_M} + (1-\lambda)(W_{2M}T)^{1-\varepsilon_M}}{\lambda (W_{1M}T)^{1-\varepsilon_M} + (1-\lambda)(W_{2M})^{1-\varepsilon_M}}\right]^{-a/1-\varepsilon_M} \cdot \left[\frac{\gamma W_{1S}^{1-\varepsilon_S}}{(1-\gamma)W_{2S}^{1-\varepsilon_S}}\right]^{-b/1-\varepsilon_S} \cdot \left[\frac{I_{1H}}{I_{2H}}\right]^{-c}$$

(式 7-10)

令 $\frac{a}{1-\varepsilon_M} = \rho_M$;$\frac{-b}{1-\varepsilon_S} = \rho_S$,并设定 F 为贸易自由度,且 $F = T^{1-\varepsilon_M}$。经济学中,贸易自由度和交易费用是相对的两个概念,一般较高的交易费用意味着较低的贸易自由度。在本模型中,由于 $1-\varepsilon_M < 0$,所以 F 与 T 呈负相关,这样的设定符合经济学原理。则上式中:

$$\left[\frac{\lambda W_{1M}^{1-\varepsilon_M} + (1-\lambda)(W_{2M}T)^{1-\varepsilon_M}}{\lambda (W_{1M}T)^{1-\varepsilon_M} + (1-\lambda)(W_{2M})^{1-\varepsilon_M}}\right]^{-a/1-\varepsilon_M} = \left[\frac{\frac{\lambda}{1-\lambda}\left(\frac{W_{1M}}{W_{2M}}\right)^{1-\varepsilon_M} + F}{\frac{\lambda}{1-\lambda}\left(\frac{W_{1M}}{W_{2M}}\right)^{1-\varepsilon_M}F + 1}\right]^{-\rho_M}$$

对该式分别在 $\frac{\lambda}{1-\lambda} = 0$ 和 $\frac{W_{1M}}{W_{2M}} = 1$ 处进行二元泰勒展开后可得近似值如下:

$$F^{-\rho_M}\left[1 - \frac{\rho_M}{F}(1-F^2)\frac{\lambda}{1-\lambda}\right]$$

将这一近似值回代公式 7-10,并两边取对数得:

$$\ln\frac{W_{1M}}{W_{2M}} = -\rho_M\ln F + \ln\left[1 - \frac{\rho_M}{F}(1-F^2)\frac{\lambda}{1-\lambda}\right] - b\ln\frac{W_{1S}}{W_{2S}} + \rho_S\ln\frac{\gamma}{1-\gamma} - c\ln\frac{I_{1H}}{I_{2H}}$$

(式 7-11)

将式中的 $\ln\left[1 - \frac{\rho_M}{F}(1-F^2)\frac{\lambda}{1-\lambda}\right]$ 再一次在 $\frac{\lambda}{1-\lambda} = 0$ 处进行一元泰勒展开,可进一步简化为:$-\frac{\rho_M}{F}(1-F^2)\frac{\lambda}{1-\lambda}$,回代公式 7-11 并移项整理后得到:

$$\frac{\lambda}{1-\lambda} = \frac{-F\rho_M}{(1-F^2)\rho_M}\ln F - \frac{Fb}{(1-F^2)\rho_M}\ln\frac{W_{1S}}{W_{2S}} - \frac{F}{(1-F^2)\rho_M}\ln\frac{W_{1M}}{W_{2M}} + \frac{F\rho_S}{(1-F^2)\rho_M}\ln\frac{\gamma}{1-\gamma} - \frac{Fc}{(1-F^2)\rho_M}\ln\frac{I_{1H}}{I_{2H}}$$

(式 7-12)

依照前文对系数的设定,有 $\varepsilon_M > 1$,$\varepsilon_S > 1$;略加计算可得 $\rho_M > 0$,$\rho_S > 0$。根据经济学定义,贸易自由度的取值范围应当在 0 至 1 之间,即 $0 < F < 1$,因此,由公式 7-12 可以直观地得到 $\frac{\lambda}{1-\lambda}$ 与 $\frac{\gamma}{1-\gamma}$ 成正相关,而与 $\frac{I_{1H}}{I_{2H}}$ 呈负相关的结论。由于 $\frac{\lambda}{1-\lambda}$ 与 $\frac{\gamma}{1-\gamma}$ 分别表示着工业和服

务业的繁荣程度，而$\frac{I_{1H}}{I_{2H}}$衡量的是住宅市场的繁荣程度，因此根据模型推导可以得出这样的初步结论：在两地相对工资（名义工资）和运输成本一定的情况下，服务业的繁荣可以促进工业的繁荣(a)，而住宅市场的繁荣却会对工业产生挤出效应(b)。根据(a)部分可以得出：

第一，随着产城融合的展开，服务业对工业会起到明显的带动作用。

根据模型，服务业对工业的影响路径可做出这样的描述：服务业繁荣程度的上升意味着服务业劳动力的增加和服务业总产出的增加，这带动了地区对工业品的需求量。根据供给-需求原理，在工业品短期供给不变的情况下工业品价格上升。以地区 1 为例，根据表示工资率的基本等式 7：$w_{1M}=[I_{1M}^{\epsilon_M-1}Y_1+I_{2M}^{\epsilon_M-1}T^{-\epsilon_M}Y_2]^{1/\epsilon_M}$，地区 1 工业部门工资率取决于两部分，其一，地区 1 工业品价格和地区 1 的社会总收入；其二，地区 2 的工业品价格和地区 2 的社会总收入。地区 1 服务业的繁荣不会影响地区 2，即等式的 $I_{2M}^{\epsilon_M-1}T^{-\epsilon_M}Y_2$ 部分，却会同时提高 I_{1M} 和 Y_1，因此带来 w_{1M}，即地区 1 工业劳动力名义工资率的上升，短期内名义工资率的上升会带来工业劳动力的流入，由于厂商规模报酬递增①，厂商成本下降，而社会总需求却会随劳动力的流入进一步上升，根据成本和需求关联的累积循环因果原理，这将带来地区 1 工业繁荣程度上升。

用同样的方法分析两地服务业部门的均衡点，可得：

$$\ln\frac{W_{1S}}{W_{2S}}=-\rho_M\ln F-\frac{\rho_M}{F}(1-F^2)\frac{\lambda}{1-\lambda}-b\ln\frac{W_{1S}}{W_{2S}}+\rho_S\ln\frac{\gamma}{1-\gamma}-c\ln\frac{I_{1H}}{I_{2H}}$$

移项并进行整理，得到决定服务业繁荣程度的关系式：

$$\ln\frac{\gamma}{1-\gamma}=\frac{\rho_M}{\rho_S}\ln F+\frac{\rho_M(1-F^2)}{F\rho_S}\frac{\lambda}{1-\lambda}+\frac{(1+b)}{\rho_S}\ln\frac{W_{1S}}{W_{2S}}+\frac{c}{\rho_S}\ln\frac{I_{1H}}{I_{2H}} \quad (式7-13)$$

显然，$\frac{\gamma}{1-\gamma}$ 与 $\frac{\lambda}{1-\lambda}$、$\frac{I_{1H}}{I_{2H}}$ 均存在正相关，即：在两地相对工资（名义工资）和运输成本一定的情况下，工业的繁荣可以促进服务业的繁荣(c)，而住宅市场的繁荣也会对服务业繁荣起到正向作用(d)。同样，只考虑(c)部分结论而将(d)部分留待后文讨论，可以得出：

第二，随着产城融合的展开，工业的繁荣亦可以正向促进服务业的繁荣。

依据模型，工业对服务业的影响路径与服务业对工业的影响路径类似：工业的繁荣意味着工业产出和工业劳动力的增加，这将带动该地区收入的增加和对服务业需求的增加。在服务短期供给不变的情况下，服务价格上升。以地区 1 为例，由基本等式 9：$W_{1S}=[Y_1I_{1S}^{\epsilon_S-1}]^{1/\epsilon_S}$ 可知，服务业名义工资率仅取决于本地服务价格和本地社会总收入，因此工业的繁荣将带来服务业名义工资率的上升。短期内，名义工资的上升将吸引更多的服务业劳

---

① 此为 D-S 垄断竞争模型的设定，这一设定符合实际情况，也是前文所引用的生产函数设置成线性的原因。

动力流入该地区,对服务业的需求进一步上升,在规模报酬递增的作用下厂商成本却下降。同样根据成本和需求关联的累积循环因果原理,这将会长期带动地区1服务业繁荣程度的上升和由此带来的城市功能完备程度的提高。

接着考虑(b)和(d)部分结论。将(b)和(c)合并可以绘制出图7-2。

其中,图7-2(a)的斜率代表了地区服务业繁荣程度与工业繁荣程度的比值,我们可以以此衡量地区产业结构,斜率越大表示服务业在地区所占产业比值越高,该地区产业结构越优。随着住宅市场的繁荣,相对房价上升,服务业的产值从图7-2(b)的B_1上升到B_2,而工业的产值则从图7-2(c)的B_1下降到B_2,图7-2(b)、(c)的变化共同反射到图7-2(a)就是在图7-2(a)中均衡点由B_1移动至B_2并随之带来了斜率的增加,即产业结构的升级。

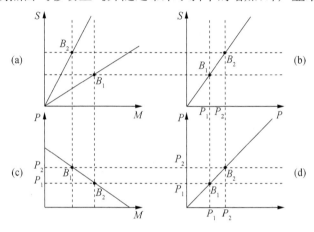

图7-2 住宅价格对产业结构的影响

图片来源:作者自绘

由此可以得出:

第三,随着产城融合的展开,住宅市场繁荣所带来的房价上升会促进地区产业结构升级。

单纯从模型推导的等式无法确切给出住宅相对价格与服务业和制造业繁荣程度的作用路径,但从影响三者的共同因素劳动力入手,却可以对这一路径做出分析:服务业和制造业的繁荣以劳动力的流入为前提,而更多的劳动力意味着对房屋需求的增加,这带动了住宅市场的繁荣和住宅价格的上涨。从短期来看,住宅价格上涨将对服务业和工业部门的劳动力带来挤出效应,但由于服务业具有本地生产本地消费的特点,如果另一地区没有消费群体,那么服务业不会搬迁到另一地区进行生产,因此它对本地消费群体的依赖性超过制造业,住宅价格上升对工业部门的挤出效应较服务业部门也就更甚。当房价上升1单位,工业部门伴随劳动力减少而带来的繁荣程度的下降程度会超过服务业下降程度,此时就表现为服务业在地区产业中所占比例上升。随后,由于劳动力的流出,住宅价格开始做出下跌的反应,地区实际工资率上升,这将再次带来劳动力的流入及因此产生的在新的工业和服务业比值上的工业和服务业繁荣程度的上升,如此循环往复,从更长期看,这一过程将促进服务业的繁荣、工业的产业转移和地区产业的升级。

整合上文的第一、第二、第三点结论,我们可对产城融合的整个过程作直观勾勒,如图7-3所示。

一个地区实施产城融合,起点始于图7-3(a)中的B_1点,地区产业因为工业与服务业的相互促进而更繁荣(作用路径已在前文详细说明),产业均衡点由B_1移动到B_2,这带来了住宅价格由P_1上升到P_2,如图7-3(b)所示。接下来的循环分为A部分和B部分。A部分如图7-3(a)、(d)所示,从长期看,住宅价格上升对工业部门的劳动力经过挤出、吸引的反复循环后,促进了工业部门的产业转移,工业份额减少,B部分如图7-3(b)、(c)、(e)、(f)所示,从长期看,房价对服务业的作用经过了挤出再吸引的反复循环后,促进了服务业的扩张。最终,当市场重新恢复均衡时(房价对工业和服务业的作用路径前文已详细说明),A循环和B循环的共同作用结果是:地区服务业占比上升,地区完成产业升级,同时地区转出的产业会辐射周边。

需要说明的是:城市功能的完备会带来产业(工业和服务业自身)的繁荣,同时服务业和工业的繁荣所带来的住宅价格上涨会对工业产生挤出效应,这是一对相反的力量,我们将其称为产城融合的拉升力和分散力。当拉升力大于分散力,尽管住宅价格上升,产业结构升级,但工业的繁荣程度依然是上升的,而这大多出现在产城融合的开始阶段;当拉升力小于分散力,就会发生工业转移,产业结构进一步升级的现象,这大多出现在产城融合实施多年之后;在工业逐步转出后,由于服务业本身兼具"产"和"城"的双重性质,产城融合可以在服务业内部进行。从价值链角度,若"产城融合"地区的服务业和其转出工业间存在价值关联,那么这一地区就和周边工业转入地形成分工,且"产城融合"地区将占据价值链高端。

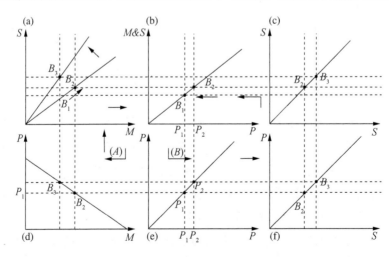

图7-3 产城融合过程

图片来源:作者自绘

综上分析，在一个地区采取产城融合的发展策略后，其表现形式上是居住区、工业区与商贸区为一体的城（镇）、园区建设，而从内在机理看：一开始，服务业的繁荣和服务供给的增加（在此过程中，城市功能也更加完备）能够对产业（工业和服务业自身）发展起到正向推动作用，同时工业的发展也能够带来服务业供给的增加（城市功能进一步完备）。此后，随着工业和服务业繁荣程度的上升，聚集的劳动力会带来对住宅刚性需求量的增加，住宅市场繁荣，住宅价格上涨，在价格对两种产业（工业、服务业）不同程度挤出效应的循环作用下，地区产业结构得到升级：服务业扩张、工业向周边地区转移，带动周边地区的经济增长，我们称为产城融合的溢出效应。而在本地，"产城融合"继续在服务业内部螺旋上升，同时在由分工产生的本地产业和周边地区产业的价值关联中，本地区将处于价值链高端。

7.3 "产城融合"作用的再检验——江苏65县（区）的实证

理论模型通过严格的数学推理表明：当一个区域实施"产城融合"后，第一，集群内的服务业对工业会起到明显的带动作用；第二，工业的繁荣亦可以正向促进服务业的繁荣；第三，住宅市场繁荣所带来的房价上升会促进区域产业结构的升级。而在本节中我们希望用经济数据对上述三点作用以及其内在路径做出实证再检验。

7.3.1 实证模型的设定与数据说明

首先上述第一和第二这两点结论分别是通过公式7-12及公式7-13推出，对应设定实证模型（A）、（B）；其次，上述第三点阐述了这样的关系，住宅价格上升会带来服务业在地区产业的占比上升，对应设定实证模型（C）；最后，我们还希望证明产城融合所带来的产业升级并非只是表面的服务业比例上升（因为这可以通过住宅价格对工业的挤出大于对服务业的挤出达到），而是服务业长期的繁荣和由此带来的城市功能的完备，对应设定实证模型（D）。

$$\ln MPros_{it}=\alpha+\beta_1\ln MPros_{it-1}+\beta_2\ln SPros_{it}+\beta_3\ln RHP_{it}+\beta_4\ln RW_{it}+X_{it}+\varepsilon_{it} \quad (A)$$

$$\ln SPros_{it}=\alpha+\beta_1\ln SPros_{it-1}+\beta_2\ln MPros_{it}+\beta_3\ln RHP_{it}+\beta_4\ln RW_{it}+X_{it}+\varepsilon_{it} \quad (B)$$

$$\ln RS_{it}=\alpha+\beta_1\ln RS_{it-1}+\beta_2\ln RHP_{it}+\beta_3\ln RW_{it}+X_{it}+\varepsilon_{it} \quad (C)$$

$$\ln SPros_{it}=\alpha+\beta_1\ln SPros_{it-1}+\beta_2\ln RHP_{it-2}+\beta_3\ln RW_{it}+X_{it}+\varepsilon_{it} \quad (D)$$

其中，模型（A）、（B）、（C）考察短期，（D）考察长期。模型中 $MPros$ 和 $SPros$ 分别表示工业及服务业繁荣程度，RS 表示地区产业结构，RHP 表示住宅价格水平，RW 表示地区工资水平，X 为所有控制变量。下标 t 表示当期量，$t-1$ 和 $t-2$ 则分别表示滞后1期和滞后2期的量。考虑到被解释变量工业繁荣程度、服务业繁荣程度和住宅价格都存在不同程度的自相关，因此将被解释变量的一阶滞后项作为解释变量加入回归模型。

由于"产城融合"概念中的"城"是一个可以大至城市、小至园区的范围，因此我们希望找到一个大小折中且数据相对容易获得的区域范围进行实证。对园区而言,因为缺乏统计资料,且各园区存在的时间也不尽相同,难以找到时间跨度较长的经济数据;而若是简单用地级市层面的数据进行估算容易因为某些县服务业或工业的产值特别高而造成该地区产业普遍繁荣的假象。考虑到县域内部发展水平的相似度较高,最终将实证范围选定在县域层面。

我们分别采用县域工业相对产值(RM)和服务业相对产值(RS)来衡量地区的工业繁荣程度和服务业繁荣程度;相对房价(RH)衡量地区住宅价格水平;服务业相对占比(RSR)衡量地区产业结构;相对工资(RW)衡量地区的工资水平。其中,工业产值与服务业产值直接通过年鉴获得,房价通过县级市房地产开发投资额除以房地产销售面积得到,工资水平是在岗职工平均工资,服务业占比是指城市服务业产值占城市 GDP 的比重。此处以工业相对产值(RM)示例文中相对量的计算方法:假设某一县级市的工业产值为 mp_i,其余所有样本城市的工业平均产值为 $\overline{mp}$,则该县级市的相对工业产值为 $mp_i/\overline{mp}$。采用同样的方式,可以分别计算得到服务业相对产值、相对房价、服务业相对占比以及相对工资。根据模型 $A\sim D$,其关键变量为:工业相对产值(RM)、服务业相对产值(RS)、相对房价(RH)衡量地区房价水平和服务业相对占比(RSR)。需要说明的是:尽管在理论模型中服务业和工业的工资水平被分开分析,但实证模型对二者进行了合并,这主要出于三方面考虑:其一,工资水平的测度采取相对量,在实际经济社会中,地区工资的相对值在工业和服务业部门中几乎相等;其二,数据的可得性;其三,工资并非实证重点关注的变量。

为增加模型稳健性所添加的控制变量包括贸易自由度、教育条件、医疗条件、外贸依存度、与上海的距离以及是否市辖区。其中,贸易自由度用城市的年度货运总量的对数值($\ln Trade$)来表示;教育条件用每万人中等及其以上学校在校生数量占本地区总人口的比重(Edu)来表示;医疗条件采用城市每年的医院、卫生院床位数的对数值($\ln Health$)来表示;外贸依存度采用城市的进出口贸易值与同时期内城市的 GDP 的比值(FTD)来表示;与上海的距离通过 Google Earth 软件测得,取对数后记为 $\ln Distance$;市辖区是一个衡量城市政治因素的虚拟变量,记为 $Urban$,取值 0 或 1。

表 7-1 样本数据描述性统计

变量	定义	观测数	均值	标准误	最小值	最大值
RM	工业相对产值	650	1.051 1	1.557 1	0.032 8	9.967 6
RS	服务业相对产值	650	1.042 2	1.702 9	0.049 2	12.338 1
RH	相对房价	650	1.004 6	0.480 9	0.001 9	3.444 6
RW	相对工资	650	1.011 2	0.266 7	0.133 0	2.350 5
RSR	服务业相对占比	650	1.026 3	0.107 0	0.735 4	1.524 6
$\ln Trade$	贸易自由度的对数值	650	6.905 5	0.974 2	3.752 6	9.901 1

续表

变量	定义	观测数	均值	标准误	最小值	最大值
$\ln Health$	医疗条件的对数值	650	7.917 6	0.787 7	6.311 7	10.564 3
Edu	教育条件	650	0.158 3	0.178 1	0.027 2	0.675 6
$\ln Distance$	离上海距离的对数值	650	5.421 1	0.612 0	3.770 6	6.388 1
FTD	外贸依存度	650	0.317 4	0.503 1	0.004 0	3.728 0
$Urban$	市辖区	650	0.226 2	0.418 7	0.000 0	1.000 0

数据来源：2005—2014年《江苏统计年鉴》

本节实证检验所使用数据均来自2005—2014年的《江苏统计年鉴》以及江苏省13个地级市的统计年鉴。在样本期间，有个别地级城市的行政区划发生了撤县划区的变动，本文以2004年作为基准，将变动后的区对应于原县级市纳入统计。另外本文将各地级城市的市辖区假设为该市的一个县级城市，因此，样本总共包含65个县级市10年的数据。所有变量及数据的描述性统计如表7-1所示。

7.3.2 实证方法的选择

考虑到面板数据中地区存在不能观测的个体异质性，并包含在残差项中，因此残差项包含两部分：随时间改变的v_{it}以及不随时间改变的u_i，即$\varepsilon_{it}=u_i+v_{it}$。以实证模型（A）为例，由于$\ln MPros_{it}$是$u_i$的函数，因此$\ln MPros_{it-1}$也是$u_i$的函数，解释变量与残差项相关，模型存在内生性问题①。并且由于滞后项和固定效应项u_i的存在，模型存在自相关问题，扰动项非球形，采用一般的工具变量法无法得到有效估计。为克服上述内生性和自相关问题，本文采用GMM方法对实证模型进行估计。GMM方法从矩条件出发②，构造包含总体未知参数的方程，并利用方程求解参数，不需要对变量的分布进行假定，也无须知道随机误差项的准确分布信息，因此可以有效地解决内生性问题、固定效应问题和自相关问题。

在计量经济的动态面板模型的实际应用中，GMM方法历经了由差分GMM（Arellano, Bond, 1991）到系统GMM（Arellano, Bover, 1995; Blundell, Bond, 1998）的演变，二者的区别在于差分GMM通过差分方程估算，采用水平值的滞后项作为差分方程的工具变量，而系统GMM则联立了差分方程和水平方程，采用水平值的滞后项作为差分方程的工具变量，同时采用差分变量的滞后项作为水平方程的工具变量。由于本文使用的是截面较大而时序较短的面板数据，当时序连续而观测时期较短时，水平滞后项往往是差分方程中内生变量的弱工具变量

---

① 模型的内生性问题不仅于此，其他内生解释变量都可能与当期残差项相关。
② 其基本思想在于借助最优化方法找到一组估计量，使所有样本矩向量都尽可能地接近于0。

(Blundell,Bond,1998),采用差分 GMM 可能引致有偏估计,而系统 GMM 则可以有效避免这一问题。因此,本文最终选择系统 GMM 方法作为实证模型的估计方法。

系统 GMM 估计所利用的矩条件的成立前提要求差分方程中残差项没有二阶和更高阶自相关,并且工具变量具有可靠的外生性,因此需要对数据分别进行 AR(1)、AR(2)检验和 Sargan 检验。AR(1)检验和 AR(2)检验的原假设分别是差分方程的残差序列不存在一阶序列相关或二阶序列相关,当相应统计量的 p 值大于 0.05,表示在 5% 的显著性水平上接受原假设,否则拒绝原假设。由于被解释变量的滞后项被纳入回归方程,可以判断 AR(1)的检验结果必然是拒绝原假设,因此主要考虑 AR(2)的检验结果。Sargan 检验的原假设是模型估计所选用的所有工具变量都是外生的,当相应统计量的 p 值大于 0.05,表示在 5% 的显著性水平上接受原假设,否则拒绝原假设。在数据通过 Sargan 检验和 AR(2)检验的前提下,系统 GMM 的估计结果是一致有效的。

7.3.3 实证过程和结果

1. 短期内服务业繁荣程度、住宅价格对制造业繁荣程度的影响

针对实证模型(A),以制造业相对产值 RM 作为被解释变量,其滞后一期值 $L1.RM$、服务业相对产值 RS、相对住宅价格 RH、相对工资 RW 以及相关控制变量为解释变量,采用系统 GMM 法进行回归[①],并分别进行 Sargan 检验和 Arellano-Bond 检验,得到结果如表 7-2 所示。AR(1)和 AR(2)的检验结果表明,模型(A)差分方程的残差序列只存在一阶自相关,而且没有二阶自相关,模型通过序列相关性检验条件。同时 Sargan 检验也表明所有的工具变量都是有效的。

在回归结果中,当期服务业繁荣程度对工业繁荣程度的影响为正值,且显著,这符合模型分析中提出的第一点结论,即服务业的繁荣能够带动工业的繁荣。根据回归结果,服务业繁荣程度(城市功能完备程度)每上升 1 个单位就会带动工业上升 0.736 个单位,这一带动程度相当可观。同时回归结果表明:住宅价格对工业繁荣程度的影响是负值,且显著,说明短期内住宅价格上升对工业会产生一定的挤出效应,佐证了前文在解释住宅价格对产业结果作用路径时提出的理论分析。进一步的,由回归结果表明住宅价格每上升 1 单位会对工业产生 0.045 个单位的挤出效应,比起服务业的拉升作用微不足道,这表明在江苏省,"产城融合"的推进还处在初始阶段,此时对这一战略予以加强将产生的效果是:服务业(城市功能完备程度)和工业的繁荣程度都将得到上升。对于其他解释变量——教育水平、贸易自由度、外贸依存度对工业发展都起到显著正影响,这并不难理解,因为居民基础设施和市场建设都属于社会服务,这进一步说明了"产城融合"发展中,这些基础设施的建设是非常重要的。

[①] 所有数据在进行回归计算前都经过单位根检验,限于篇幅,此处没有列出。

表7-2 模型(A)、(B)的估算结果

解释变量	RM	RS
L1.RS	—	0.906 9***(0.000 8)
L1.RM	0.046 0***(0.002 1)	—
RS	0.736 2***(0.004 6)	—
RM	—	0.079 5***(0.000 6)
RH	−0.045 0**(0.052 2)	−0.013 3***(0.001 3)
RW	0.722 0***(0.012 6)	−0.008 5***(0.003 8)
lnTrade	0.191 3***(0.005 6)	−0.059 0***(0.002 2)
lnHealth	−0.733 2***(0.012 9)	0.206 1***(0.004 0)
Edu	0.179 5***(0.011 7)	0.066 1***(0.003 6)
lnDistance	0.289 0***(0.015 0)	−0.003 6(0.004 1)
FTD	1.194 8***(0.007 5)	0.034 3***(0.002 6)
Urban	0.160 9***(0.021 5)	−0.223 2***(0.003 2)
Cons	2.046 2***(0.112 1)	−1.125 3***(0.023 3)
Sargan-Test P 值	0.139 9	0.086 3
AR(1) P 值	0.012 2	0.037 2
AR(2) P 值	0.320 7	0.124 9

注：系数右方的括号内的值是标准差，＊＊＊表示在1%水平上显著，＊＊在5%水平上显著，＊在10%水平上显著，下表同

2. 短期内城市工业繁荣度、房价水平对城市功能完备度(服务业繁荣度)的影响

针对模型(B)，以服务业相对产值RS为被解释变量，其滞后一期值L1.RS、工业相对产值RM、相对住宅价格RH、相对工资RW以及相关控制变量为解释变量，采用系统GMM法进行回归，并分别进行Sargan检验和Arellano-Bond检验，得到结果如表7-2(右侧)所示。Sargan统计量和AR(2)统计量的结果显示模型的所有工具变量都是有效的，且差分方程残差项不存在二阶或更高阶自相关。

估算结果显示：工业繁荣程度对服务业繁荣程度的影响为显著正相关，证明了模型分析中的第二点结论，即工业的繁荣也可以正向促进服务业的繁荣，从而带动城市功能的进一步完善。一个值得注意的现象是，从回归系数看服务业滞后一期的发展情况对当期发展的拉动作用远大于工业的拉动作用，为0.907。我们认为这与两方面原因有关：第一，服务业本身兼具"产"与"城"的双重特质(服务产业是产业的一种，而"服务"又是城市功能的重要支撑)，因此前期服务业发展状况对当期服务业发展的作用力是城市功能的提升力和产业发展延续

力的合力;第二,目前工业发展速度远超过服务业(城市功能的完备程度),因此工业繁荣程度对服务业发展的边际提升作用较低,在测算结果中(表7-2)工业对服务业的拉升系数仅为0.080,远低于服务业对工业的0.736,就是对这一观点的佐证。因此,目前在一些以工业镇(村)和工业园区中,所采取的单纯发展工业而不考虑完善城市功能(发展消费型服务业),认为服务业是工业发展到一定阶段后产业升级才会出现的做法是有失偏颇的。同样,当期住宅价格对当期服务业繁荣程度存在显著负影响,并且从回归系数看,住宅价格上升1单位会对服务业产生0.013单位的挤出,对比模型(A)中,房价上升对工业的挤出系数为0.045,超过服务业,进一步证明理论模型中"房价上升对工业的挤出效应甚于服务业"的分析是正确的。对于其余解释变量:与距离中心城市的距离对服务业繁荣的影响不显著,这一结果与服务业本身生产和消费的同时性和同一空间性有关,而贸易自由度、教育水平、医疗水平这些衡量基础建设的指标依然对产业发展起到显著正影响。

3. 住宅价格对地区产业结构的影响

针对模型(C),以地区服务业相对比重 RSR 作为被解释变量,以其滞后一期值 $L1.RSR$、相对房价 RH、相对工资 RW 以及相关控制变量作为解释变量,采用系统 GMM 法进行回归,并进行 Sargan 检验和 Arellano-Bond 检验,结果如表 7-3 所示。

表 7-3 模型(C)、(D)的估算结果

解释变量	RSR	RS
$L1.RSR$	0.892 4*** (0.025 4)	—
$L1.RS$	—	0.942 9*** (0.000 8)
RH	0.011 6*** (0.002 7)	—
$L2.RH$	—	0.030 3*** (0.001 9)
RW	0.056 0*** (0.005 9)	−0.069 7*** (0.002 8)
$\ln Trade$	−0.004 3** (0.002 1)	−0.071 1*** (0.001 3)
$\ln Health$	0.071 7*** (0.004 0)	0.120 0*** (0.003 3)
Edu	0.014 3*** (0.004 0)	−0.048 1*** (0.003 7)
$\ln Distance$	0.033 8*** (0.006 1)	−0.131 2*** (0.004 8)
FTD	0.032 8*** (0.004 7)	0.016 9*** (0.003 1)
$Urban$	−0.070 4*** (0.005 9)	−0.120 8*** (0.004 8)
$Cons$	−0.666 7*** (0.034 9)	0.355 7*** (0.038 9)
Sargan-Test P 值	0.105 8	0.061 2
AR(1) P 值	0.000 1	0.023 9
AR(2) P 值	0.318 5	0.184 8

同样，Sargan统计量和AR(2)统计量的结果显示模型的所有工具变量都是有效的，且差分方程残差项不存在二阶或更高阶自相关。从GMM回归结果的系数看，住宅价格与服务业占地区产业比重显著正相关：房价每上升1单位，服务业占地区比重上升0.012个单位，证明了模型分析中的第三点结论，即住宅市场繁荣所带来的房价上升会促进地区产业结构升级。估算得到的数值说明房价上升对地区产业结构的直接拉动是非常有限的，并且根据数理模型的分析和实证模型(A)、(B)中估算结果的佐证，短期内产业结构的提升是由于房价上升对服务业繁荣程度的减损少于工业繁荣程度的减损导致的，在短期看来，这并非良性提升，因此单纯认为只要大幅度提高房价就能提升当地的产业结构的理解是错误的。当然，从长期看，正是因为住宅价格的挤出效应带来了服务业繁荣程度的增加和在此基础上的产业结构的提升，而这是模型(D)检验的内容。

4. 住宅价格对服务业发展的长期影响

模型(D)是在模型(C)的基础上，为论证住宅价格对地区产业结构的调节作用并不是以损失产业发展繁荣程度为前提而设定的。针对模型(D)，以城市服务业相对产值RS作为被解释变量，以其滞后一期值$L1.RS$、相对房价RH的二期滞后值$L2.RH$、相对工资RW以及相关控制变量为解释变量，采用系统GMM法进行回归，并进行Sargan检验和Arellano-Bond检验，结果如表7-3所示（右侧）。同样，Sargan统计量和AR(2)统计量的结果显示模型所有工具变量是有效的且差分方程的残差项不存在二阶及以上自相关，在考虑控制变量后采用GMM方法的估算结果显示：住宅滞后两期的结果与服务业繁荣程度存在显著正相关，并且住宅价格每上升1单位将带动两年后服务业繁荣程度上升0.030个单位。因此，尽管短期内房价上升对服务业繁荣程度产生了一定的负作用，但随后，由于劳动力的流出而带来的住宅价格下降—劳动力流入将带来在更高层次上的服务业和工业的繁荣。从实证结果可知前期服务业对当期服务业和当期服务业对工业的拉动系数均超过工业对服务业以及前期工业对当期工业的拉动系数，因此服务业比例上升后，将更快地带动地区的产业发展。此外，由于服务业是实现城市功能的主要手段，因此服务业比重的提高也标志地区城市功能完备程度的提高。

7.4 "产城融合"的操作示例——盐城环保产业园

无论是理论推导还是县域数据的实证，都已经论证了"产城融合"，这一较"区域创新集群"具有更广地域适用性的发展理念在促进区域产业繁荣和产业结构升级方面的重要作用。以小见大，此处我们再次以产业集群切入，以盐城环保产业园为示例，一窥"产城融合"的实践过程并总结其中的启示。

7.4.1 园区概述和建设背景

盐城环保产业园兴建于2009年,是近年来苏北产业发展中最引人注目的产业集群。仅用4年时间,它几乎从零开始,完成了诸如宜兴环保科技工业园这样的苏南知名环保产业集群近10年才走完的历程。2009年起,盐城环保产业园园区企业主营业务收入年均增长35%,2012年突破60亿元;2013年前8个月工业经济总收入达58亿元,52家行业龙头企业全部投产运营,汇聚产业工人近万人(2012年笔者实地调研数据)。目前盐城环保产业园不仅是江苏省产业集聚示范区,还是国家级高新技术特色产业基地。

2009年前后,盐城经济的发展面临这样的两大背景:其一是"沿海大开发"战略为划入战略规划的盐城带来了前所未有的经济发展机遇。而作为新兴的沿海工业城市,盐城希望可以避免粗放型经济增长的路径,摆脱依赖承接产业转移而产生的"低端锁定",从高起点调整产业结构,从而实现苏北城市的跨越式赶超。其二是在沿海开发的大潮中,连云港、盐城、南通等沿海城市的临海工业园区发展出了20多个化工园区。在园区不断拉长的产业链上,那些为大型企业提供生产配套的中小型化工企业,因为所处产业链条不同、产品类型不同、排放的特征污染物不同等诸多原因,难以制定统一的排放标准,对海洋环境造成污染。为了可持续发展,沿海地区的环境保护产业亟须加强,而在早期的发展过程中,盐城已经形成了一定的环保产业基础,2009年时,盐城仅自发形成的环保设备企业就有200多家,但这些企业分布在各个乡镇,群雄割据且群龙无首,整个行业亟待进行整合重组。鉴于此,盐城市人民政府在2009年4月推动了"盐城环保产业园"的成立,这也是盐城环保产业集群形成的开端。"盐城环保产业园"西靠盐城市区,东临黄海之滨,在沿海高速以东,新洋港以南,中期规划50平方公里,启动区6.69平方公里。目前而言,这一环保产业集群不仅是江苏沿海经济带上濒海最近的国家级环保产业基地,也是中国规划面积最大的国家级环保产业基地。

7.4.2 园区发展过程

从江苏环保产业的整体布局看,存在"五区一园"共计六大环保产业集群,分别是南京节能环保服务业集聚区、无锡节能装备(产品)制造集聚区、宜兴环保产业集聚区、苏州节能环保产业集聚区、盐城节能环保产业集聚区以及常州环保产业园,其中,除盐城环保产业园之外的其余5大集聚区均处于苏南。不同于苏南的环保产业集群是地区产业发展到一定阶段的产物,盐城环保产业园由于产业基础薄弱,故完全采用"自上而下"的推进模式,4年多来,其推动过程大致可以分为五步:

步骤一:构架园区目标定位,具体包括制定详细的规划、完善基础设施建设和通过各类渠道进行宣传。环保产业园区的建设依然采用了"规划先行"的方式:产业园成立后,管理部门先后依托清华大学、东南大学、南京大学的研究院所编制了"环保产业园""土地控制""产城融合""环保小镇"等六个规划,并按照规划目标,每年分步骤实施。此外,盐城市人民政府还在2010年先后出台了《盐城市环保产业发展振兴规划纲要》和《盐城市人民政府关于推进江苏盐城环保产业园建设与发展的政策意见》,对集群的经济指标和产业选择进行规范。尽管苏南环保产业园在发展过程中亦是制定了完整的发展规划,但是那些规划的制定是伴随园区发展中遇到的问题而不断增加的,而盐城环保产业园则在建园之初便有详细的"六规合一",这在江苏环保产业集群的发展过程中尚属首例。

步骤二:集聚核心研发能力。自建园起,盐城环保产业园就致力于引进国内外知名高校研发团队和科研机构。截至2013年6月,盐城环保产业园已经与20多所高校建立合作并先后成立复旦大学盐城创新创业基地、南京大学盐城环境与工程研究院、同济大学城市污染国家控制实验室、清华大学BOD研究中心、日本广岛大学上岛教授工作室、东南大学脱硫脱硝实验室。此外,德国GEA、中科院过程工程研究所、国家环科院华东分院等国际国内顶级研发项目也正在建设之中。到2013年6月,园区共获国家发明专利和实用专利647项,诞生了"高效电袋除尘""太阳能硅片切割""RO浓盐水深度处理""水蚯蚓污泥去污"等9项"中国第一"新技术,而这些技术,必然会在一段时间后扩散为产业共性技术成为园区内企业转型升级的动力源泉。

步骤三:汇聚国内领军企业。出于两方面的考虑:第一,大型龙头企业汇聚能够形成创新合力,并且其拥有的研发能力可以更好地与园内研发机构进行技术对接,完成研究成果的产业转化;第二,龙头企业能够带动一批中小企业围绕其进行配套生产,伴随产业集群的形成和崛起,全市已有的200多家分散的环保企业将得以被合理整合,从而提高环保产业整体竞争力。园区招商时的目标定位就是拥有核心技术的领军企业,目前浙江天宏、慧聪网、厦门三维丝、中电投远达环保这些业内知名企业都已集聚园内,以其四大重点环保产业之一的"烟气治理"产业为例,全国烟气治理5强企业中有4家落户园区。

步骤四:完善整体产业链条。在完成核心"点"的布局后,园区管理部门开始完善后期维持产业园区生命力的产业链条,当地政府在鼓励原有环保企业向园区集中的同时注重公共服务平台的建设,以吸引配套企业的入驻。园区每年在公共服务平台上的投入至少1亿元。此外,园区周边城镇也在集群的辐射作用下发展配套产业。到2013年,园区已形成原材料供应市场、融资服务、物流配套等整条环保上下游产业链。

步骤五:打造"消费型"服务业。为了克服当地早先因"人口少""消费能力弱"而产生的"消费服务业基础薄弱"的问题,以为园区内的劳动力提供更好的生活环境,自2011年起盐城市人民政府开始在环保产业城的西面建设囊括现代商务街区、总部经济带、金融服务中心、国际社区、高校园区等城市化功能的"绿地商务城";2012年,推进了园区内2平方公里的"环保小镇"的建设,试图在小镇核心区打造融时尚商业中心、大型现代绿色节能示范性居住区及五星级酒店为一体的综合性城市功能区。2013年,继商务城后占地150万平方米的超级城市综合体绿地滨湖城在环保大道与生态大道交会处开始动工,而这也意味着环保产业集群经济辐射范围的扩大与个人消费服务业的升级。

回顾上述步骤,不难发现发展初期盐城环保产业园着眼的是国内龙头企业。但是任何一个集群在具备本土竞争力后必将走向国际化,在更大的市场上进行资源整合。因而,随着园区内生产和生活环境的国际化接轨,2012年起,盐城环保产业园区开始积极推动已入园领军企业拿出优质资源与国际名企合作重组。截至2013年6月,新加坡三达公司已与园区签约,韩国大有公司已在园区开工,美国燃料公司已与园区中建材江苏环保研究院开展实质性合作,德国莱斯公司与园区同和公司签订了合作意向,美国布鲁勒、德国必达福、日本三菱、法国法雷奥、韩国斗三重工水处理等12个外资项目正在深度洽谈中。众所周知,我国环保产业正处于快速发展阶段,与发达国家相比存在产业规模较小,缺少核心技术的问题,而更广与更深范围的国际合作与技术引入必将提升盐城环保产业集群的整体产业链层次。

7.4.3 "产城融合"的操作启示

位于江苏苏北的盐城环保产业园的成功证明了"产城融合"理念在经济后发地区的适用性,无疑意味着苏北跨越式发展的革新的到来,尽管创新转型的标杆"区域创新集群"并非朝夕可至,但至少"产城融合"提供了一条广域的可行的道路。与江苏的绝大多数成功园区的发展类似,盐城环保产业园在建设初期就遵循了高起点规划的原则,而其发展过程也是遵循了"大项目—产业链—产业集群"的一贯套路,但是,比较其他园区,"盐城环保产业园"更注重服务业的发展,并且从"产城融合"的操作层角度,至少有两点值得借鉴:

第一,对"城市功能"的重视。首先,园区规划初期就将"产城融合"的理念贯穿整个规划,在早期提出的六个规划中就有"产城融合""环保小镇"这两个着力于"城市功能"打造的子规划。其次,园区在吸引技术人才的同时就已经开始引入"消费型"服务业。如前文所述,"城市功能"的完善程度对高质量劳动力的影响程度尤甚,而环保产业属于技术密集型产业,大量的技术领军人才、国际管理人才和产业工人随着盐城环保产业集群的发展集聚于此,必然会对集群内的消费型服务业提出更高要求。因此,在园区建设的过程中,除加快完善电子商务、服务外包、研究咨询、数据分析、人才服务、物流配送等产业发展所需要的功能配套外,盐城市人民政府亦同时推进了安居住房、人才培育、卫生健康、社会保障、市政配套等10项民生工程,以促进产业发展与城市功能互补,提升园区承载能力。然后,伴随着园区产业的发展,对"城市功能"的建设也在不断加强:自2011年到2013年,盐城环保产业园区先后大手笔地打造了"绿地商务城"、综合性城市功能区和超级城市综合体——绿地滨湖城,以保证园区的可持续发展。

第二,服务的跨越式发展。尽管在初始阶段,盐城环保产业中的位于产业链中间的制造业环节并没有很强的竞争力,但是盐城环保产业园在一开始就跳过了发展中间制造环节,直接定位于发展产业链两端的研发和服务。在盐城环保产业园区内,重点把握的"两头"都紧扣"研发"和"服务"。其中一"头"是工程施工、工程运营和工程检测。除引入施工及运营能力极强的龙头企业(如中建投下属的凯胜集团)外,园区还于2011年专门投建了江苏省环保设备质量监督检验中心,直接为园区的环保企业提供设计、制造、监测等过程规范化和标准化指导。另一"头"是工程总包、工程设计及技术研发。园区引入了中电投、国电龙源环保、中建材集团三家具备工程总包资质的央企,并且它们先后与南大、同济、复旦、中科院过程所等建立研究院。2011年国家火电行业新标准的出台直接产生了200亿元的整改投入,而园区内一直致力于研发生产烟气治理等环保技术、设备的江苏紫光正是通过与产业园区内研究所合作,突破核心技术,开发出多个环保新品而抢占了商机①。此外,园区还建设了几个"园中园"为园内企业提供场地租赁、工商税务、金融咨询等服务,目前已经有"园中园"被省科技厅认可为五星工业园孵化园。

在产业链高端的带动与辐射作用下,园区通过推进位于中间环节的制造业向外扩散激发周边地区产业的积极性和灵活性。例如,亭湖区附近的阜宁县就已形成专门的滤料产业集群,为园区的烟气治理企业提供滤料,并且在环保园区有力的带动下,阜宁县阜城滤料产业集聚区已经被评为江苏省产业集聚示范区和国家火炬计划的特色产业基地。可以说,发展至今,远程环保产业园已经形成主园区环保服务业为中心,大型商贸生活中心为配套,周边城镇环保设备生产制造业为辅助的"产城融合"发展新框架。在这一新型架构中,不仅制造业产业链得以全面覆盖大、中、小企业,制造业核心能力得到了保留和发展,更重要的是对消费型服务业的引入和对研发、金融等生产型服务业的重视,全面完善了园区的城市功能,园区的全产业链属性和可持续发展能力日益凸显。

7.5 本章小结

在中国,方兴未艾的"产城融合"战略不仅有着"产业集群"的思维方式,是诸多工业主导的集群走向"区域创新集群"的必经阶段,亦是更广范围内城(镇)产业繁荣和升级的必然要求。"产城融合"理念较"区域创新集群"具有更广的地域适用性。"产城融合",外在表现上是居住区、工业区与商贸区融为一体的城(镇)、园区建设;内在机理则为劳动力("人")、工业、服务业及住宅这四大关键要素在劳动力("人")为核心关联基础上的有效互动和融合上升。"产城融合"的目的是在城市功能与产业经济同步繁荣的基础上实现劳动力("人")效用的最大化。

---

① 其中与东南大学合作研发的高效布袋除尘器可将除尘率从95%提高到99.98%,烟气排放浓度也从50毫克/米³降至30毫克/米³。

从理论模型的推导来看：当一个区域实施"产城融合"战略后，工业和服务业能够在劳动力这一连接要素的作用下相互促进、共同繁荣，而城市功能也随着服务供给的增加日趋完备。此后，随着城市功能和产业繁荣程度的提升，越来越多的聚集的劳动力会带来对住宅刚性需求量的增加和住宅价格的逐渐上涨。在住宅价格对工业和服务业产生不同程度挤出效应的循环作用下，"产""城"融合到一定阶段会出现工业向周边转移并带动周边地区的经济增长的"溢出效应"，同时区域产业结构升级。随着工业的逐步转出，由于服务业兼具"产"和"城"的特质，"产城融合"能够继续在工业转出地区的服务业内部螺旋上升，因此"产城融合"无论对产业集群还是对更广的城（镇）域发展而言都是一种可持续的发展模式。

来自江苏 65 个县（区）的经济数据证明了理论模型的结论，同时实证研究还表明：由于早期"先生产，后生活"的工业化、城镇化发展方式，目前江苏的工业发展程度超过城市功能完善程度，因此此时强化城市功能（发展服务业）建设对产业（包括工业和服务业）的拉动作用要大于直接发展工业本身。盐城环保产业园的成功案例除了为"产城融合"的发展理念提供了操作层的示例外还带来了后发地区摆脱低端锁定、实现跨越式发展的新思路。其启示在于："产城融合"的路径不一定要遵循传统经济学思维中从第一产业到第二产业再到第三产业的发展路径，可以直接先行推动地区发展服务业，再由服务业反推制造业。

第 8 章
产业承接地创新能力的构建

8.1 区域创新集群的概念解读

8.1.1 概念的提出

"创新理论"由 Schumpeter 首次提出,以 20 世纪 90 年代为分水岭,对创新的关注从企业内部转移到企业外部,其中最重要的代表作是 Cook、Braczyk 和 Heidenreich(1996)主编的《区域创新系统:全球化背景下区域政府管理的作用》一书,书中第一次对"区域创新系统"进行了较为详细的解读。根据 Cook 的定义,区域创新系统主要是由在地理上相互分工与关联的生产企业、研究机构和高等教育机构等构成的区域组织体系,这种体系支持并产生创新。而集群研究最早则可追溯到 19 世纪末 Marshall(1889)的规模理论,此后经过 Webber(1909)、Hoover(1937)以及 Perroux(1950)等学者的发展,至 Porter(1998)对产业集群给出一个概念性诠释:在特定区域中,具有竞争与合作关系,且在地理上集中,有交互关联性的企业、专业化供应商、服务供应商、金融机构、相关产业的厂商及其他相关机构等组成的群体。很多创新系统研究的代表人物都认为产业集群是创新系统的最佳载体(Cooke,2002;Feldman,1994)。创新研究向创新系统的扩展以及集群研究向创新领域的渗透,在客观上为"创新"与"集群"实现有机的融合创造了条件。鉴于集群在各国推动创新方面所起到的重要作用,1999 年,经济合作与发展组织(OECD)出版研究报告《集群——促进创新之动力》,首次提出"创新集群"(Innovative Clusters),指出创新集群是由企业、研究机构、大学、政府、中介服务组织等构成,通过产业链、价值链和知识链形成长期稳定的创新协作关系,具有聚集优势和大量知识溢出、技术转移和学习特征的开放的区域创新网络。此后对"创新集群"的研究渐次增多,早期集中在三方面,包括:创新集群的形成过程(Boschma,Lambooy,1999;Hallencreutz,Lundequist,2003;Lee,2005)、创新集群的内在动力(Maskell,2001;Ibrahim,Fallah,2005;Wolfe,Gertler,2004)以及创新集群与区域竞争力的关系(Meng,2005;Porter,2003)。2005 年后,学者们对创新集群中"创新文化"

的重视程度持续上升,联合国贸易与发展委员会(UNCTD)、联合国工业发展组织(UNIDO)、经济合作与发展组织(OECD)、世界银行等国际机构在发展中国家的大量调研结果表明:具有创新潜力的产业集群的主要特征是集群内部行为主体的结网和互动,形成了良好的创新环境。学者牟绍波和王成璋(2008)认为,集群创新文化的不可复制性是各地仿效"硅谷"失败的原因;Yim和Deok(2012)在对韩国经验进行总结后认为集群文化在促进企业和高校的合作过程中起到了重要作用;Markus(2012)在对美国、日本及德国的创新集群进行分析后指出,对创新集群的研究不能脱离其特有的文化背景,对成功经验的借鉴亦不能全盘照搬,应该在综合考虑本国文化和政治环境的基础上修正性运用;而陈劲等人(2014)在将中关村创新集群和国外典型创新集群进行比较后也得出类似结论。

此外,随着技术创新模式逐渐趋于创新资源集成化和行为主体协同化,协同创新成为热点研究领域。学者们开始关注集群之间创新能力的互动以及其与企业创新能力甚至地区创新能力之间的互动,学者Calamel(2010)等在对法国创新集群进行研究后认为:创新集群之间的合作是一个动态的过程,其中信息在集群间的流动以及不同集群人才的互动非常重要,通过改善合作方式,技术创新可以催生社会创新。学者Petrol(2011)等在对巴西的产业集群进行研究后认为:创新集群间的整合与合作有利于高效利用区域资源,推动区域发展。同时仅限于单个集群的创新系统的局限性也开始受到重视。在中国,王雪原等人(2013)在分析不同创新系统的功能、形式与发展导向的基础上对这些创新系统进行整体功能定位,并提出了具体协同方式。吴翌琳(2013)在对中国31个省区市的区域创新系统进行创新能力评估及归类后为这些创新系统的协同发展提出了务实性思路。

基于研究趋势和发展需要,本文提出"区域创新集群"的概念。"区域创新集群"是"创新集群"的延伸,不仅体现在更广的范围,创新集群仅针对单一集群而言,而区域创新集群针对的是不同创新集群的协同创新以及城市(镇、乡)发展与产业发展的协同创新;也体现在更深的内涵,区域创新集群不仅强调产业创新与企业创新,还强调社会创新,即创新创业的生活方式,强调产业创新与社会创新的融合。而来自美国"硅谷"、日本"筑波"以及中国"中新工业园"这些创新先驱的实践都表明:在创新集群之后,基于多集群合作、多层次融合的新的区域创新集群将成为中国园区升级的新方向。

8.1.2 区域创新集群的创新体系

区域创新集群的核心在于其创新体系,从垂直维度看,其创新体系可以分为三个层次,由下至上依次为:企业创新层、产业创新层和社会创新层。

1. 企业创新

企业创新是以单个企业为主体的微观层面的创新,位于本文所提出的创新三层次框架中的最底层。企业是创新集群的主体要素,亦是创新系统中的核心节点,知识不仅在节点之间流进流出，也在企业内部流动。"知识转化"被认为是企业创新的核心过程，关于这一点，日本学者野中郁次郎（1989）在《创造知识的企业》一书中有过详细论述，他将知识分为"隐性"和"显性"两种类型，认为这两种知识之间的相互转化创造了新的知识并构成了企业创新的基础，而企业内部知识创造的过程大致需要经历社会化（Socialization）、外部化（Externalization）、结合（Combination）、内部化（Internalization）这样四个阶段。

一般认为创新人才、企业内良好的创新环境以及对外界知识资源的开放吸收是促进企业创新能力的重要因素。其中，企业对外界知识资源的开放吸收是企业创新层与其他创新层相连接的重要纽带，对外界知识资源的吸收渠道主要有四类：一是与其他企业、研究机构的合作创新获取新的知识和技术；二是通过购买外部创新成果获取知识和技术；三是通过人才引进、技术培训获取知识和技术；四是通过知识溢出效应接受其他主体的知识辐射。

企业创新是构成三层次体系的重要组成部分，也是集群内创新能力转化为经济产出的完成主体。由于最早受到学术界重视，关于企业创新的定义与内容已无太多争议，因此其并非此处探讨的重点。

2. 产业创新

产业创新的实质是产业共性技术的创新。如果说企业创新是由产业集群内的单个企业来完成，那么产业创新在很大程度上要依赖的是产业集群的创新系统。根据科斯的交易成本理论，企业与市场是相互替代的，替代取决于管理成本与交易成本的边际比较，对科斯的交易成本理论作简单的推论，我们可以对商业活动发生在市场还是发生在组织进行二分：当交易成本高于管理成本，企业就会将商业活动置于企业内部，而反之企业则会选择用市场活动代替企业内部活动。交易成本的高低取决于商品的属性。研发成果以及技术产品的特殊性决定了它是存在高额交易成本的商品（Williamson，1985），"纯市场"的方式并不是创新活动的最佳途径，因此一些实力雄厚的企业通常选择以组织替代市场的方式将创新活动内化到企业内部，例如：美国的微软、苹果公司以及中国的华为公司会在各地布局企业研究院。

但是，对于众多中小企业而言，内化式创新的成本，往往超过单个企业的承受能力，例如，根据本文第5章中提到的，在我们于2013年对江苏传统企业的随机抽样中，尽管所有的企业都明确知道改进技术和转型升级的重要性，但在回收的1 292家企业调查问卷中，技改投入为0的企业数量依然占到46.5%（601家），而其原因也大多为企业研发资金缺乏等。因此，对于由众多中小企业组成的产业集群而言，以组织内化的方式进行创新也并非是一个可以广泛推广的最优途径。鉴于此，依托区域创新集群，发挥各主体优势进行产业创新就成为有别于"纯市场"和"企业内化"的第三种有效的创新方式。产业创新能够在很大程度上解决单个企业由于资源不足而无法攻克的产业共性问题，以及研发成果交易成本过高的技术扩散问题,促进处于产业集群内的企业的群体繁荣发展。随着大学、科研机构的加入,集群的组成结构得以丰富和优化,集群的知识流动得以加快,集群的价值网络和创新系统也会因此更加完善。

3. 社会创新

社会创新指的是一种创新的生活方式:人们将创新理念融入生活,不再对创新活动和生活休闲作清晰的界定。在这样的生活方式的指导下,整个创新系统的重要节点(包括企业、高校、中介机构等)都得以功能最大化。为了对社会创新有更形象的理解,我们引入具有示范性意义的"硅谷指数"作为说明:"硅谷指数"是硅谷人自己制定①的,用来衡量硅谷经济、社会发展程度的指标。在这组指标中,被广泛认同的典型硅谷特征,如创新创业、风险资本、研发投入等并未在一级指标中得到反映,取而代之的是流入人口的学历和种族特点、住民健康状况、收入和生活成本变化、环境质量、文化艺术生活、能源的可循环利用等全方位衡量硅谷生活质量的指标(周海波,胡汉辉,2014)。这组指标将硅谷的创新渗透在社会发展和住民安居乐业的氛围之中,而这样一种创新与生活相统一的氛围正是"社会创新"的诠释。

为了打造这样一种生活方式,形成社会创新,至少有三类元素不可或缺:其一,舒适的基础设施;其二,鼓励创新的政策环境;其三,广泛存在的创新理念。但是,需要强调的是,基础设施、政策环境以及创新理念是形成社会创新的必要条件而远非充分条件,只有三者之间融合上升,社会创新才有可能逐步形成。

8.1.3 区域创新集群的特征

除了兼具上述三个创新层次之外,区域创新集群一般还会表现出四类特征,分别是:创新主体的协同、产业发展与城市生活的协同、知识资源的共享以及基础设施的共享。其中,前两者我们称为区域创新集群的协同性,而后两者我们称为区域创新集群的共享性。

1. 创新主体的协同

首先,回顾不存在创新协同的产业集群中,创新是如何产生的:领跑企业实现科研突破并创造出新产品、新流程或新商业模式,而周边的跟随企业则借助地理邻近优势进行学习和模仿,企业之间"亦竞争亦合作"的关系推动了群内企业的整体繁荣。在这样的集群里,由于创新起源于企业个体,因此单个企业的创新能力对传统集群的创新活动起到至关重要的影响,由于单个企业的创新能力具有不确定性,其可能因为资金问题或者企业技术人员的离职

---

① 20 世纪 90 年代初期,为了"帮助硅谷向更加辉煌的境界前进",硅谷网络联盟(Joint Venture: Silicon Valley Network)和硅谷社区基金(Silicon Valley Community Foundation)开始联合制定"硅谷发展指数",并从 1995 起几乎每年发布一次《硅谷发展指数报告》。

而产生断裂,因此,不存在创新协同的产业集群无法保障创新活动的长期性和连续性。接着,分析区域创新集群中创新活动的产生:科研机构着重基础研发,其研发成果转让给拥有成果转换能力的相关企业,这些企业在研发成果的基础上进一步开发出能够用于生产的新技术,并以新产品、新流程或新商业模式的形式显现出来。随后,这些技术会进一步扩散至集群中的其他跟随企业,这些跟随企业在已有技术的基础上根据分工的不同进行微创新,推动产业集群内企业群体的繁荣。而在另一方面,区域创新集群内的科研机构因为企业之间存在知识关联,得以随时根据企业生产情况和市场信息,调整研究方向,而教育机构和中介机构则为各类主体的技术模仿和创新提供人才及资金保障。不难发现,与不存在协同创新的产业集群相比,区域创新集群的创新活动不会因为单个企业的消亡而止步,创新成果得以连贯、持久地产生。

事实上,由于区域创新集群往往包含诸多不同行业的创新子集群,因此其创新主体的"协同"范围也相应地不仅限于单个子集群内部,亦会发生在不同层次集群的创新主体之间。例如:同处一个区域的生物医药产业集群中的企业和生态环保产业集群中的企业之间可能发生知识流动,并且这两类企业会同时与区域内的高校、金融机构等创新主体发生协同作用。在广域的协同中,整个区域创新集群(包括次产业集群)的创新活动都将得到持续、稳定的蓬勃发展。而上述这样的广域协同在本章将要阐述的案例——苏州工业园内普遍存在。

2. 集群升级与城市生活的协同

区域创新集群强调产业升级与城市生活的协同,强调产业集群与城市建设的相互支撑。在区域创新集群中,创新性企业组织与产业组织被视为支撑当地创新型生活方式和社会结构的产业基础,为整个城市的发展提供动力和经济保障,而城市的基础设施、人才储备、宜居环境为产业的升级、繁荣提供支撑,其具体表现为三个方面:其一,生产和生活双重作用的基础设施。例如在硅谷,酒吧、咖啡厅等非正式交流场所遍布企业内外,并且在这些场所内的非正式交流随处可见,同学、同事、相识关系都可以成为相互联系交流的纽带。这种交流与高度一体化组织的内部交流有本质上的不同,它带来了最新的市场信息、管理经验、技术诀窍,同时更为异质化的知识也激发了创新的灵感。其二,创新人才的集聚。众多的学者对创新产业集群的典范"硅谷"进行探究,达成一致意见:硅谷模式归根到底是其独有的创新氛围,并建议跟随者培养这样的创新氛围。本文认为,硅谷的创新氛围并非培养而出,形成硅谷创新氛围的最重要的因素是密集而高水平的创新人才,在硅谷大约700平方公里的土地上坐落着斯坦福、加州伯克利分校等五所著名学府以及几十所专业院校,聚集了1 000多位美国科学院院士以及40多位诺贝尔奖得主。这些人才本身所具备的创新特质,例如充满激情、不惧失败、尊重知识等融合到了硅谷生活和生产的方方面面,他们不仅强化了产业集群的创新能力,亦带来了创新的文化和活力。创新人才之间的交流和互动进一步强化和扩散这种创新精神和创新文化,并使其内化成城市的生活方式,例如平时休闲生活的派对、沙龙等都可能成为激发生产创新的来源。在这种情形之下,生活与生产无法明确区分。其三,鼓励创新的制度。包括对知识产权的保护,对产学研合作的支持,以及管理部门的服务态度等。当上述三个方面相互叠加,融合互通,生产与宜居的区域共享,生产与生活的创新理念相通,生产与休闲的过程相融,就达到了产业升级与城市生活的协同。

3. 基础设施共享

一个地区的基础设施决定了区域内企业获取投入和出售产出的交易成本,也决定了市场的范围和规模(林毅夫,张建华,2012),而对于产业集群也是如此。与一般的产业集群相比,区域创新集群也往往拥有更多也更为优良的共享基础设施,例如更加快速的网络、便利的交通(铁路、机场等)、有保障的能源(水、电、气等)供给系统等,这些基础设施有利于集群内企业的扩张以及适应不断变化的国内和全球市场的远距离、大规模交易,降低了企业成本,使企业有余力应付风险性更高的破坏式创新。除此之外,在区域创新集群中,共享的基础设施还往往包括健身场所、图书馆、企业食堂等,完善而低成本的生活设施有利于留住技术人才,同时,不同的企业甚至是不同的次集群的劳动力在同一基础内共用上述基础设施,不仅仅是降低了公共产品的供给成本,更重要的是加强了创新主体在共同使用基础设施过程中的知识交流。

4. 知识资源的共享

较之基础设施的共享,知识资源的共享是区域创新集群区别于一般集群的更为关键的特征。在区域创新集群中,由于知识,尤其是产业技术共性知识的主要产生渠道是集群内部的创新体系,它有赖于知识主体之间的协同与互动,因此很难被单个企业垄断,而产业技术的共性知识往往具有很强的通用性,能被不同产业中的众多企业同时使用,从而引发大规模的使用性创新,这一点可以从硅谷的起源得到印证:硅谷的起步源于1956年肖克利研发的半导体技术,随着肖克利对这一技术的共享,半导体技术成为了微电子产业的共性技术,并由此促生了计算机产业的繁荣发展,目前硅谷内在世界上首屈一指的创新型企业如 AMD、英特尔、苹果都是当年在利用产业共性技术——半导体技术的基础上进行企业创新的结果。此外,区域创新集群内的企业存在长期的创新合作,更容易沟通,产生信任并形成共生关系,因此群内先驱企业在升级、发展以及对新技术使用过程中产生的知识也更容易扩散并为其他企业共享,先驱企业创新知识和信息的溢出,会大大降低尾随企业所面临的创新风险,从而促进集群内企业整体的创新繁荣。

8.2 从工业集群到东方硅谷——苏州工业园的实践

国家级开发区苏州工业园设立于1994年,最初由中国和新加坡两国政府合作建设,其初衷是通过对新加坡资本和技术的引入,带动苏州经济的发展和产业升级,为中国工业园区的建设提供先行经验。苏州工业园区行政区划面积为278平方公里(其中,中新合作区80平方公里),同时享有国家经济技术开发区和高新技术产业开发区的优惠政策。设园以来,苏州工业园综合实力迅速提高,并成为国内最具竞争力的开发区之一。根据2013年的数据,园区以占苏州市3.4%的土地、7.4%的人口创造了15%左右的经济总量,园区综合发展指数位居国家级开发区的全国排名第二位。此外,2013年,园区万元GDP能耗为0.272吨标准煤,COD和SO_2排放量仅为全国平均水平的1/18和1/40,生态环保指标连续4年列全国开发区首位,生物医药、纳米技术应用、云计算等战略性新兴产业的产值占规模以上工业总产值比重接近60%,苏州工业园已经成为名副其实的"区域创新集群"。

8.2.1 区域创新体系的重构——从企业创新到社会创新

二十多年来,苏州工业园遵从了一条"工业集群—高技术产业集群—企业、产业、社会协同创新的区域创新集群"的园区升级路径,具有明显的"产业发展、科教发展和社会发展"的三阶段特征。

第一阶段:工业集群,企业创新层打造(1994—2001年)

1994年苏州工业园区成立,首期主要是发展金鸡湖板块,定位是在国际直接投资(FDI)的带动下,承接国际产业转移,主动参与国际产业分工。园区规划借鉴了新加坡城市规划经验,基础设施全部按照"九通一平"的高标准,将"生地"转为"熟地",投资总计86.8亿元,为招商引资奠定了良好的基础。在政府管理和服务上,园区也积极学习新加坡城市建设管理、经济发展和行政管理的先进经验,塑造促进经济发展的软环境。这一阶段,园区的工业规模迅速扩张,到2001年,苏州工业园累计引进外资项目764个,世界500强企业中的美国通用、艾默生、英国BOC、法国欧莱雅等39家企业先后入驻园区,形成了电子资信、生物制药、精密机械三大支柱产业,奠定了园区的企业创新基础。

第二阶段:高技术产业集群,产业创新层建设(2002—2006年)

随着知识经济时代的到来,苏州工业园区产业升级的压力日益增加。2002年,力图转型,园区选择了"硅谷"作为标杆,致力打造"高技术产业集群"。在这一阶段,园区重点发展和培育的是电子信息、精密机械、生物制药和新材料这四大产业集群,到2006年底,四大高技术产业集群的形态初步形成。除了将招商工作的重点放在引进高科技和资本密集、具有辐射带动效应的项目上，其转型起步的另一标志是"苏州研究生城"的建立。为了改善园区的人力资本基础，苏州市人民政府不惜巨资，在研究生城内引入国内外著名高校的研究院和分校区以及国内著名的研究院所，而苏州研究生城后来也成长为融研发与生产为一体的创新综合体——独墅湖科教创新区。伴随着越来越多的国内著名高校的研究院或分校区入驻独墅湖，苏州工业园区又逐步在其周围引入相关产业及中介机构，构建起各类创新主体协同合作的平台。

第三阶段：区域创新集群，社会创新层重构（2007年至今）

随着园区人口的集聚以及经济多元化发展，苏州工业园区在其"十一五"规划中对自身进行了重新定位：在保留"具有国际竞争力的高科技工业园区"的基础上，增加了"现代化、国际化新城区"的新定位。在其后苏州市城市总体规划（2007—2020年）中也将园区定位为东部新城和市域CBD，随后，园区将行政中心东迁至金鸡湖湖东地区，以带动湖东地区的商贸开发，标志着园区开始从一个单纯的生产空间向融生产与生活为一体的综合空间转变。如今，苏州工业园区已远非诸多地区所见到的那种员工白天在这里以智力劳动换工资，晚上去其他区域消费和生活的产业集群，而是成为一个融社会创新精神、城镇基础设施与产业的创新能力为一体的创新生活宜居区域，实现了从工业园区向区域创新集群的转变。今后，苏州工业园区会随着"园带镇"功能进一步释放区域创新集群的知识资本，伴随着大阳澄湖地区的开发，在更大区域范围内实现人、社会和产业的协同与可持续发展。

8.2.2 集群创新内核的打造——独墅湖科教创新区

独墅湖科教创新区是苏州工业园区从一般的生产性产业集群向区域创新集群转型发展的需要。进入21世纪，苏州地区尽管经济较为发达，但由于计划经济时期国家对高等教育分配的不均匀，使苏州在经济快速发展过程中依然缺乏高水平大学和研发机构。为弥补地方教育资源的不足，苏州于2002年开始利用地方财政在苏州城东独墅湖畔创办研究生城。

目前独墅湖科教创新区已经并非是只有研究和教育机构的研究园区，而是在研发基础上衍生出了产业，其本身也构成了一个完整的拥有创新系统的产业集群。由于一开始的发展定位是为苏州工业园乃至苏州地区的产业升级提供研发支撑和人才培养，因此，独墅湖科教创新区与很多工业园区不同，其经历了一个从"研究园区"（先有高校和科研机构）向"工业园区"（再有企业）的反向发展过程，具体而言（如图8-1所示）：

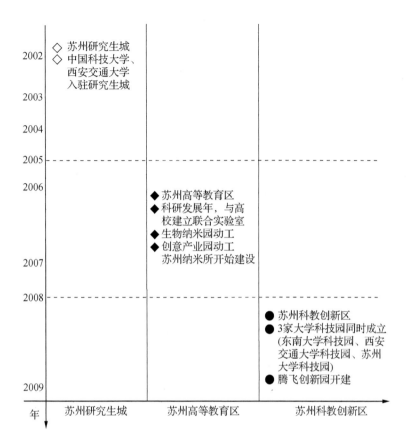

图 8-1 独墅湖科教创新区发展历程

图片来源：作者自绘

第一阶段，苏州研究生城（2002—2005 年）

如这一阶段的名称，此阶段独墅湖科教区仅仅和中国一些有研究生院的高校合作，引入这些高校的研究生部，其主要目的在于：其一，为苏州工业园区内的企业提供和留住人才；其二，增加地区的基础研发力量。当时，最早的合作伙伴是中国科技大学和西安交通大学。

第二阶段，苏州高等教育区（2005—2008 年）

2005 年苏州市人民政府将研究生城更名为高等教育区，开始创办西交利物浦大学，并将苏大新校区引入，以本科教育为主。2006 年苏州提出"科研发展年"以"留下科研团队，扎根师资队伍"为目的，推进高水平实验室与工程平台的建设，同年 3 月苏州生物纳米园及创意产业园开始动工，9 月与中科院签订中国科学院苏州纳米技术与纳米仿生研究所共建协议，2007 年 7 月纳米园被国家科技部、商务部联合授予"国家纳米技术国际创新园"。

第三阶段，苏州科教创新区（2008 年至今）

到 2008 年，独墅湖区已经拥有本科生、研究生以及教师科研平台的全部教育体系以及以一系列高水平实验室为依托的研发体系，独墅湖区也正式更名为科教创新区，开始向产业环节延伸,进入创新发展的全面建设阶段。基于原有产业基础和未来发展方向,区内重点支持五大新兴产业:纳米技术、生物医药、融合通信、软件和服务外包及动漫产业。

目前,独墅湖科教区已经引进美国加州伯克利大学、乔治华盛顿大学、加拿大滑铁卢大学、澳大利亚莫纳什大学、新加坡国立大学等一批世界名校资源,25所高等院校和职业院校入驻,在校学生规模超7.5万人,其中硕士研究生以上近2万人,成为全国唯一的"国家高等教育国际化示范区"。独墅湖高教区对苏州园区创新体系的形成至少在两方面显示出明显成效。第一,提升了园区的创新氛围。前文已经详述过区域智力资本对区域创新氛围的带动作用,位于园区之内的独墅湖科教区会使得那些著名高校的毕业生在多年的求学经历中对苏州产生归属感并在毕业后定居苏州,而这部分人相比原居民显然更具创新能力和创新精神,也更有利于创新氛围的形成。并且,随着时间的积累,原居民也会逐渐被创新的文化所感染和熏陶,形成创新理念。第二,增强了园区的科研基础。研发机构的基础研究为产业共性技术的突破提供了研发力量,而同时教育机构培养的各类人才也加快了研发成果扩散和技术模仿的速度。如今,创业者在苏州工业园区中几乎可以找到任何其需要的专业人才,这也是苏州工业园区对创新创业者形成聚合力的重要原因。

8.2.3 园区创新效率的评价——兼论区域创新体系的自修复性

1. 评价方法

由于区域创新集群的创新路径是产、学、研在市场机制和政府力量共同作用下的有效协同,因此本文采用创新投入与创新产出之间的转化效率来测度苏州工业园区的创新效率。本文的测度方法是数据包络分析(DEA)法。由于DEA方法不需要考虑生产前沿的具体形式,且能够处理多投入、多产出情况,因此是目前国内外学者所普遍采用的评价创新系统绩效的方式。本文将首先采用C^2R-DEA和BC^2-DEA模型对区域创新集群的技术效率和规律效率进行评价,然后再运用改进后的DEA模型——超效率DEA(简称"SE-DEA")对同时相对有效的评价对象进行进一步的分析和排序,以有效解决C^2R-DEA和BC^2-DEA模型所不能处理的多个决策单元(DMU)同时处于有效生产前沿面上(即出现多个DMU同时相对有效)的问题。

(1) C^2R模型与BC^2模型

C^2R模型是由Charnes、Cooper和Rhodes创立的第一个模型,其假设有n个决策单元,每个决策单元都有m种类型的"输入"和s种类型的"输出"。给最初的C^2R模型加入松弛变量s^+、s^-,通过Charnes-Cooper变换和引进非阿基米德无穷小的概念,得到C^2R模型:

$$\begin{cases} \min[\theta-\varepsilon(\hat{e}^T s^- + e^T s^+)] \\ \text{s.t.} \sum_{j=1}^{n} x_j \lambda_j + s^- = \theta x_0, \\ \sum_{j=1}^{n} y_j \lambda_j - s^+ = y_o, \\ \lambda_j \geqslant 0, j=1,2,\cdots,n; s^-, s^+ \geqslant 0 \end{cases} \quad (\text{式 8-1})$$

其中，x_0、y_0 是被评价某决策单元 DMU_0 的投入、产出向量；ε 为非阿基米德无穷小量；θ 为该决策单元的相对效率值。设上述问题的最优解为 λ^*、s^*、θ^*，则有如下的经济含义：① 当 $\theta^* = 1$ 且 $s^{*-} = s^{*+} = 0$ 时，此决策单元为 DEA 有效，即此时该决策单元的生产活动同时为技术有效和规模有效；② 当 $\theta^* = 1$ 且 s^{*-} 或 $s^{*+} \neq 0$，称 DMU_0 为弱 DEA 有效，表示在这 n 个决策单元组成的经济系统中即使把投入可减少 s^{*-} 仍可保持原产出不变，或在投入不变的情况下可将产出提高 s^{*+}；③ 当 $\theta^* < 1$ 时，则该决策单元非 DEA 有效，即在这 n 个决策单元组成的经济系统中，可通过组合将投入降至原投入 x_0 的 θ^* 比例而保持原产出 y_0 不减。C^2R 模型可以用来评价决策单元是否同时达到规模有效和技术有效。

而 BC^2 模型是由 Banker、Charnes 和 Cooper(1984)提出的不考虑生产可能集满足锥性的 DEA 模型，它可以用来评价 DMU 的纯技术效率，进而可以评价其规模效率。具体而言，BC^2 模型是在式 8-1 的基础上加入约束条件 $\sum_{j=1}^{n} \lambda_j = 1$。若最优解 $\theta^* = 1$，该 DMU 为弱技术有效；若 $\theta^* = 1$ 且 $s^{*-} = s^{*+} = 0$，则该 DMU 为技术有效，则它一定位于有效生产前沿面上。θ^* 就是该决策单元的纯技术效率。而规模效率=总效率/纯技术效率。规模效率=1，表示处于规模有效状态即固定规模报酬状态；规模效率<1，表示处于规模无效状态，规模无效分为规模报酬递增和递减两种情况，可通过计算式 $k = \frac{1}{\theta} \sum_{j=1}^{n} \lambda_j = 1$ 来判断，若 $k<1$，表示规模收益递增，若 $k>1$，表示规模收益递减。

(2) 改进的 DEA 模型——超效率 DEA(SE-DEA)

在 DEA 模型的分析结果中，通常会出现多个 DMU 被评价为有效的情况(效率值为1)，这些有效 DMU 的效率高低无法进一步区分。为了解决这一问题，Andersen 和 Petersen(1993)提出了对有效 DMU 进一步区分其有效程度的方法，即改进的 DEA 模型——超效率模型。超效率模型的核心就是将被评价 DMU 从参考集中剔除，也就是说，被评价 DMU 的效率是参考其他 DMU 构成的前沿得出的，有效 DMU 的超效率值一般会大于1。该模型可以通过式 8-1 修改后得到：

$$\begin{cases} \min[\theta - \varepsilon(\hat{e}^T s^- + e^T s^+)] \\ \text{s.t.} \sum_{\substack{j=1 \\ j \neq j_0}}^{n} x_j \lambda_j + s^- = \theta x_{j_0}, \\ \sum_{\substack{j=1 \\ j \neq j_0}}^{n} y_j \lambda_j - s^+ = y_{j_0}, \\ \lambda_j \geq 0, j = 1, 2, \cdots, n; s^-, s^+ \geq 0 \end{cases} \quad (\text{式 } 8-2)$$

其中,θ 为该决策单元的超效率值,$\theta \geq 1$ 说明决策单元为 DEA 有效;$\theta < 1$ 说明决策单元非 DEA 有效,表示决策单元的生产活动既不是技术效率最佳,也不是规模效率最佳。

2. 评价实证

(1) 数据选择

以 2007 年为界,苏州工业园区步入区域创新集群的发展阶段,因此,本文以 2007—2013 年相关数据为研究样本。考虑到研究目的以及数据的可得性,选取以下创新投入指标,各类研发机构(X_1)、R&D 人员(X_2)、科技公共服务平台(X_3)和 R&D 投入(X_4);选取以下创新产出指标,省级认定高新技术企业数(Y_1)、专利授予(Y_2)和技术收入(Y_3),来评价苏州工业园区区域创新体系的创新效率。各指标数据均来源于相关年度的《苏州科技统计年鉴》《中国火炬统计年鉴》以及《苏州工业园区统计年鉴》。具体数据见表 8-1。

表 8-1 苏州工业园区 2007—2013 年创新投入与产出值

DMU	X_1/个	X_2/人	X_3/个	X_4/亿元	Y_1/个	Y_2/件	Y_3/亿元
2007	38	15 003	6	35.33	54	682	8.005 7
2008	30	21 101	10	42.52	70	1023	32.68
2009	29	27 323	12	45.57	86	1534	42.68
2010	42	27 936	17	58.53	71	3014	53.56
2011	45	34 748	20	86.85	104	4207	80.82
2012	50	40 999	22	83.43	137	5399	102.32
2013	56	50 129	24	95	131	6460	170.32

(2) 创新效率的评价

利用 C^2R 模型,运用 MaxDEA5.2 软件,计算出苏州工业园区区域创新体系的总体运行效率,以及投入松弛量与产出松弛量,具体结果见表 8-2。根据计算结果,苏州工业园区的区域创新系统在 2007 年、2009 年、2012 年及 2013 年的相对总体创新效率是 1,说明这些年份区域创新集群的创新体系同时达到了技术有效和规模有效。而 2008 年、2010 年及 2011 年苏州工业园区的区域创新体系的相对效率值都小于 1,且都存在创新投入与产出的松弛量,说明这些年份园区的技术效率和规模效率至少有一项未达到 DEA 有效。

表 8-2 苏州工业园区的总体效率值与松弛变量(2007—2013 年)

DMU	总体效率	X_1	X_2	X_3	X_4	Y_1	Y_2	Y_3
2007	1	0	0	0	0	0	0	0
2008	0.998 7	0	0	0	-1.075 9	0	810.119 4	4.531 0
2009	1	0	0	0	0	0	0	0
2010	0.819 3	-6.497 7	0	-1.646 4	-1.378 3	5.480 5	0	0
2011	0.920 1	-2.530 6	0	-1.312 1	-15.010 3	2.003 4	0	3.560 3
2012	1	0	0	0	0	0	0	0
2013	1	0	0	0	0	0	0	0

为了进一步分析苏州工业园区的纯技术效率与规模效率,采用 BC^2 模型算出其纯技术效率值和规模效率值,并得出此时的规模效率所处的状态。同时,为了区分各 DEA 有效的年份的效率高低,采用 SE-DEA 模型计算出相应超效率值,并对各年份的效率情况做出排名,具体结果见表 8-3。

表 8-3 苏州工业园区的效率评价结果(2007—2013 年)

DMU	纯技术效率(BC^2 值)	规模效率	SE-DEA 值	效率排名	规模效率状况
2007	1	1	1.255 8	2	不变
2008	1	0.998 7	0.998 7	5	递增
2009	1	1	1.148 2	4	不变
2010	1	0.819 3	0.819 3	7	递增
2011	1	0.920 1	0.920 1	6	递增
2012	1	1	1.177 6	3	不变
2013	1	1	1.525 9	1	不变

由表 8-3 可知,苏州工业园区在 2007—2013 年的纯技术效率均为 1,说明这些年创新投入的资源使用是最优效的,已经达到最大的产出结果,无浪费现象。而规模效率最优的年份与前文整体效率 DEA 有效的年份完全相同,它们处于固定规模报酬状态,说明此时的生产规模是最优的。而 2008 年、2010 年和 2011 年苏州工业园区的规模效率都小于 1,处于规模递增状态,说明园区规模成了制约创新效率提高的瓶颈,导致创新产出和创新投入无法成比例增加,如果此时增加规模,会进一步提高资源使用效率,从而提升园区的创新效率。

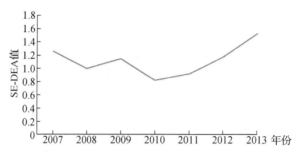

图 8-2　苏州工业园区创新效率变化图(2007—2013 年)

而从 SE-DEA 值可以看出,在 DEA 有效的年份,苏州工业园区的创新效率仍然层次分明:2013 年创新效率最高,SE-DEA 值为 1.525 9,其次是 2007 年,为 1.255 8。创新效率最低的年份是 2010 年,为 0.819 3。究其原因,2008 年全球金融危机使苏州工业园区内的企业受到冲击,生产规模紧缩,资源无法充分利用,所以 2008 年园区的规模效率小于 1,创新效率骤降。而 2009 年受国家 4 万亿财政振兴计划的刺激,园区内的企业规模得到扩大,资源配置效率同步提升,从而回归规模有效状态,整体创新效率也有了一定程度的回升。但是 2009 的大量投入造成了一定程度上的产能过剩,外需市场缩小,内需市场饱和,企业缺乏生产动力,2010 年以及 2011 年的规模效率再次小于 1,处于消化 2009 年强财政刺激影响的阶段。此后,经过两年调整,苏新工业园的创新效率在 2012 年再次达到 DEA 有效,且创新效率稳步回升。将 2007—2013 年苏新工业园的创新效率值用折线图的形式展现(图 8-2)可以发现:就总体趋势而言,作为区域创新集群的苏新工业园的创新效率处于逐步上升的趋势,尽管因外界冲击,偶有起伏,但其内部企业创新、产业创新与社会创新的自发性有效互动可以改进规模和资源的配置状况,实现自我调整和修复,在回归规模效率的同时提高区域的整体创新效率。

8.3　创新可以复制——苏州工业园区的启示

8.3.1　复制的可行性

苏州的存在性案例为我国星罗棋布的产业集群(产业园区、产业基地)的转型升级和打造创新能力提供了极具参考价值的蓝本,然而,苏州雄厚的经济实力会让不少学者存在这样的隐忧:经济相对落后地区是否存在复制区域创新产业集群的能力？诚然,地区经济发展程度的不同所造成的地区资源禀赋的差异会为创新模式的推广带来阻碍,但是我们也需要注意:在 2002 年苏州引入"区域创新"概念来打造独墅湖高教区时人均 GDP 仅为 4 300 美元,而当年的新加坡人均 GDP 为 21 429 美元,美国则为 34 379 美元,财富的差距并未造成"区域创新集群"移植的失败。前文说到,区域创新集群的核心在于它是一个兼具层次性、协同性和共享性的区域创新系统,在这一系统中创新体系的完善、产业的升级以及城市的发展是一个协同共生的过程,也即它并非要求一开始就达到与发达地区同等完善的高度,后发地区可以根据当地的资源禀赋和产业基础,依循上文所述的三层次创新结构和创新内涵来推动区域创新集群雏形的产生,这一雏形的完善是一个长期的过程,但在此过程中区域的资源禀赋和产业基础都将随之改善。

此外,后发地区在借鉴、利用先发地区的成功经验时所需的成本本来就远低于先发地区的发起成本,这便是所谓的"后发优势"。林毅夫在其2012年的新书《繁荣的求索》中提道:"后发国家的政府可以将那些人均收入高于本国100%左右(以购买力平价计算)的国家作为自己准备追赶的先驱国,"而这一点显然可以运用在后发地区确定准备追赶的先发地区的决策过程中。江苏的南北经济差异一直都是关注均衡发展过程中被反复提及的问题,统计数据显示:2012年江苏省人均收入排在第一位的城市是苏州市,为37 531元,较排在最后一位的18 311元高出约105%,也就是说按照这一标准,在苏州践行的区域创新集群可以成为全省各市的仿效目标。同理,将这一法则运用到全国,我们也会发现很多地区都是推行区域创新集群的潜在地区。

综上,我们可以得出这样的结论:类似苏州工业园区这样的区域创新集群在江苏省乃至全国的诸多地区都具有推广的可行性,但是,其完善却是一个长期的、循序渐进的过程,在此过程中要注意创新系统、产业发展与城市发展的相匹配,追求一蹴而就将会适得其反。

8.3.2 三层次创新的实践

1. 第一个层次:企业创新

自苏州工业园区建立初始,苏州市人民政府就介入园区的招商引资,对入园企业进行筛选,以保证园区内企业的产业关联性,并建立行政审批一站式服务中心和中小企业服务中心,为科技创业企业开通"绿色通道"。为培养企业创新能力,园区建立了覆盖科技企业创立、发展、壮大全过程全方位的服务平台:除了有中小企业创新扶持基金等直接支持创新的专项资金,园区内还汇聚了IDG、北极光、启明等创业投资企业,为处于创业期的高技术企业的创新活动提供支持;园内的知识产权服务中心为园区企业提供全方位的知识产权创造、运用、管理和保护服务,实施知识产权优势企业培育计划;而园区培训管理中心也定期为科技企业员工提供专业的培训服务。

2. 第二个层次:产业创新

首先,为了促进产业共性技术的发展,苏州市人民政府依托园区内原有的产业基础和独墅湖高教区的科研资源,一直致力于高技术产业集群的打造,以促进同产业企业的知识流动。在2007年前,其发展重点主要落在IC、TFT-LCD、汽车及航空零部件等方面,而近年来园区产业的发展重点则是生物医药、纳米技术应用、云计算等战略性新兴产业。目前,园区拥有全国唯一的"国家纳米高新技术产业化基地"。

其次,由于中国的研究体制是国家资助,目的是培养研究人才,因此高校对于技术的研究仅止步于原理样机的实现。不同于发达国家大型企业的百年基业,苏州工业园区内的很多企业还是创业型企业,自主研发能力还比较弱,也没有足够的财力将高校和科研机构的理论研究成果转化为可以投产的技术。为了促进产业共性技术的产生、扩散和转化,解决理论技术向最终产品或服务转化存在断层的问题,苏州市人民政府依托园区引入科研机构的研发平台,依靠政府财政力量将科研机构的基础研究成果进行进一步研发创新,根据市场需求信息和工艺、技术要求,将基础雏形转为可以用于生产的技术成果,再将这个成果公平地提供给每一个企业,以供企业完成向应用领域的转化,提供创新的产品与服务,如图8-3所示。

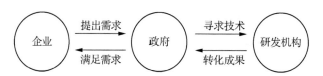

图8-3 苏州市人民政府在产业创新中的桥梁作用

图片来源:作者自绘

通过政府的桥梁作用,一方面,同一产业体系内的多家企业可以共享研发机构提供的服务,降低单个企业与研发机构的对接和研究拓展成本,这对处于创业期的高新技术产业起到很好的扶持作用;另一方面,随着地区产业共性技术的共享,更多的高新技术企业将聚集于园区,增强园区的整体创新能力,从而形成良性循环。

3. 第三个层次:社会创新

从基础设施来看,苏州工业园区一直都遵循计划先行、适度超前投资的理念,除超前建设了高水准的"九通一平"基础设施,集中建设了自来水厂、污水处理厂、燃气厂、集中供热厂等重点源厂,以保障项目持续的进入和生产外,到2006年,园区就已经建成生产生活服务设施100多万平方米,引进沃尔玛、家乐福、崇光等知名商业品牌10多个,以保障引入人才的生活舒适。而如今,园区金鸡湖畔的商贸区俨然成为苏州新的商业文化中心。此外,在人才集聚的独墅湖高教创新区还提供免费的公交车和共享的图书馆、健身馆和餐厅,到处可以见到融研发和休闲为一体的科研大楼,除了设施齐全的实验室外,科研人员甚至不用离开大楼就可以完成购物、用餐和健身等活动,极大地提高了研发人员的工作热情和效率。

从政策引导方面看,苏州工业园区是全国首个技术先进型服务企业优惠政策试点区域,高新技术企业和技术先进型服务企业享受15%优惠税率。同时,为了鼓励和保障园区的创新活动,苏州市人民政府从企业引进到金融服务到人才补助,几乎制定了一系列的配套措施,例如:高层次和紧缺人才政策、创新创业启动资金扶持计划、中小企业统贷平台等。而除了明文规定的政策文件外,园区管理层的发展理念也一直紧扣创新,例如:园区的人才培养就一直强调与产业需求相结合,由于本科生大多实行的是通才教育,走出校门后无法做到立即与实践对接,因此,独墅湖创新区始建于苏州的研究生城。此后,创新区在引入高等教育与研究机构时亦注重与机构本部的错位发展,强调企业实践人才的培养,利用苏州丰富的企业资源为在读学生提供实习机会,并为研究人员的理论研究成果向产品化过渡提供研究平台与产品转化的平台。

从文化氛围来看,首先,苏州政府特有的创新服务定位与工作人员的"亲校""亲商"理念营造了良好的基础创新氛围;其次,苏州工业园区注重从外部"引智",对不同的文化具有高度的兼容性,根据2013年的统计数据,苏州工业园区内就业的外籍人才近6 000名,累计引进外国专家1 000多名。而同时,在其内的独墅湖高教创新区除了拥有多所跨国高校的分支机构外,还拥有具有悠久历史和苏州特色的苏州评弹学校,兼顾了传统文化与现代文化的特色。由于对不同文化的兼容并蓄,园区内的各种文化得以交汇,形成了以吴文化为主的移民文化和外来文化并存的文化生态。而这种文化的实质是一种创业文化和拓展文化,是创新的因子,是一种开放融合的态度,契合自主创新的战略导向。此外,如前文所述,苏州工业园大专以上人才总量列国家级开发区第一位,大量引入的创新人才的确改变了苏州本身的住民结构,也带来了更具活力的创新态度和创新理念。

8.3.3 苏州经验的启示

不可否认的是,从苏州工业园区的规划到后来的发展和转型,苏州市政府在其中都起到了不可替代的推动作用,此处我们试图对苏州实践过程中的经验加以归纳,以为其他产业集群复制其创新体系提供借鉴:

(1) 区域智力资本是打造集群创新体系必不可少的部分。人力资本的提高一方面可以加强区域研发能力,能快速将新技术运用到生产过程并充分挖掘其释放的潜力,另一方面能改变当地的创新意识,促进社会创新的形成。来自苏州的经验表明:培养一个地区创新生活方式的第一步是改变当地常住人口的创新意识。只要常住人口的创新创业意识没有根本性的变化,在原有的社会结构和住民文化的基础上将难以建立起足以支撑产出领先性产业共性技术的区域综合创新体系。因此,作为因势利导者的政府不应当仅仅停留在吸引和汇聚创新人才,而应该着力培养创新人才对本地的"归属感",将其变为本地居民,从而改变当地常住人口的结构。

(2) 共享性的产业共性技术是区域创新集群创新的源动力。产业共性技术的普遍适用性有利于促进相关企业的群体创新,但对中国企业而言,依靠单个企业的力量创造产业共性技术存在较大困难,因此产业集群创新体系建设的重要任务不仅在于对创新企业和人才的引入,而且在于科技创新平台的建设和促进集群内创新主体的协作,8.3.2节中苏州工业园区政府的桥梁搭建就是很好的示范。技术共享能够降低尾随创新企业的创新风险,扶持初创型企业,提高企业的群体创新能力。技术共享的主要途径是知识溢出,因此,除了加强创新主体的知识交流之外,对资本品、原材料、基础元器件和零部件制造业等创新外溢效应较大的行业,政府应在政策上加大创新激励强度或直接给予资助。

（3）生活设施及消费型服务也对推动集群创新至关重要。政府在推进生活服务设施建设时应当注重两点：舒适性和共享性。由于高质量劳动力(研发、技术人员等)对生活的舒适性存在要求,因此良好的生活设施和配套的消费型服务有助于留住高端人才,并且融入工作区域的休闲设施有助于缓解科技工作人员的研发压力,激发创造灵感,强化集群的创新基核。而对于创新集群而言,大量创新产生于正式研发活动之外企业与技术人员的非正式交流。共享的生活和服务设施增加了这些技术人员接触的频率,他们在其中以极低的成本了解市场态势,互通技术前沿,扩大合作,促进知识的螺旋上升。

（4）社会创新是保持集群创新活力的催化剂。只有在创新理念深入人心并融为一种生活方式后,集群内的创新活动才可能蓬勃展开,因此政府应该致力于社会创新层的建设,具体体现在:其一,营造开放型的知识网络,积极吸纳外部人才和异质文化;其二,在集群内打造平等、自由、宽松的工作环境;其三,建立社会诚信系统,引导信任型文化的良性演化。兼容并蓄的文化吸纳网络有利于集群内异质文化和知识的碰撞,而知识的差异性越大也往往越容易产生创新；宽松自由的工作环境有利于新思想、新技术的产生与传播,特别是其中的隐性知识在区域内的传播和学习；而相互信任和开放的心态,可以使技术人才之间的交流和互动更频繁,加快创新扩散的速度。此外,对社会创新的注重还需要体现在集群内生活设施的完善和消费型服务业的发达,特别是对与中心城市有一定距离的产业集群而言,此举将有利于将集群打造成与苏州工业园区一样,融创新生产和创新型生活方式为一体的创新综合体。

（5）发展到一定阶段需要弱化政府作用。由于长期依赖政府会丧失企业的市场意识从而降低集群的整体竞争力,因此,对集群创新能力的培养以及进一步的城市综合体的打造,政府的定位始终应该是扶持而并非替代。在集群创新系统的打造初期,由于系统的组成要素并不完整,政府可以较多的介入,强化园区创新基础设施建设；识别、发掘优势产业的种子企；引进大学和研发机构,催生创新源。在创新系统的成长期,政府的工作重点应该是强化中介机构的培养,完善集群创新网络的层次结构和功能建设,一方面可以为创新成果的转化和转移牵线搭桥,为科研机构和企业创新成果的供给多样化提供有效的途径,另一方面也要鼓励企业利用集群创新网络进行独立自主的创新活动。到集群创新系统的成熟期,由于集群内的企业已经有能力承担起创新成果转化的重担,与研发机构的沟通也因为中介机构的发达而比较顺畅,政府应当逐渐退出,让位于市场在组织、调整、配置资源方面发挥主导作用。当然,在这一阶段并非要政府完全退出,而依然是要注重大学、科研机构以及人才的引入,注重生产和生活基础设施的打造,为集群创新能力的提升提供动力。

8.4 本章小结

江苏经济发展模式的每一次突破似乎都源起苏州,然后通过推广与扩散,助推了江苏甚至全国经济的飞跃。而如今,在寻求"突破"的道路上,基于多集群合作、多层次融合的区域创新集群——苏州工业园区,再一次为中国星罗棋布的产业集群(产业园区、产业基地),甚至是区域的转型升级和创新能力的打造提供了极具参考价值的蓝本。

区域创新集群是创新集群在地域和内涵范围的拓展。其创新体系除网状结构外,自下而上还可分为三个层次,分别是企业创新层、产业创新层和社会创新层。其中,企业创新是以单个企业为主体的微观层面的创新;社会创新是融合了创新文化、创新制度与创新设施的宏观生活方式,在这种创新创业型生活方式的架构下区域创新集群得以效率最大化;产业创新是沟通上述二者的关键,依赖于产业共性技术的突破。协同性和共享性是其创新体系的重要特征。其中,协同性包括创新主体的协同以及产业发展与城市生活的协同;共享性则包括知识资源以及基础设施的共享。利用数据包络分析(DEA)的 C^2R 模型、BC^2 模型和 SE-DEA 模型所进行的创新效率测算结果表明:区域创新集群可自动对创新效率进行调整和优化,实现对外界冲击的自我修复。同时,经验理论和数据指标也可以论证区域创新集群的可复制性。总结苏州工业园区的实践,在复制区域创新集群的过程中,有五点值得注意:其一,区域智力资本的积累必不可少;其二,产业共性技术是源动力;其三,生活设施和消费型服务业至关重要;其四,社会创新是催化剂;其五,在一定阶段要弱化政府作用。

第 9 章
结语——启示与产业转移的未来

9.1 本书结论及其对区域经济发展的启示

从"区域创新集群"到"产城融合"再到"园区共建",无论是作为直接手段还是思维方式,产业集群在促进创新产生、推进产业升级和平衡区域发展方面,都给予了我们从园区到城镇再到省域的渐次扩展而又多面互补的启示。这些启示拓展到全国,最重要的大概有以下三点。

9.1.1 从企业创新走向社会创新

社会创新是一个地区是否具备可持续创新动力的关键,指的是一种融基础设施、组织制度、文化氛围于一体的创新的生活方式,在这种生活方式的指导下,人们将创新理念融入生活,不再对创新活动和生活休闲作清晰的界定,而是将二者相统一,整个创新系统的重要节点(包括企业、高校、中介机构等)都得以功能最大化。

从企业创新走向社会创新是一个循序渐进的过程。其一,是改变当地常住人口的创新意识。只要常住人口的创新创业意识没有根本性的变化,在原有的社会结构和住民文化的基础上将难以建立起足以孕育产业创新和企业创新的社会创新。因此,作为因势利导者的政府除了要吸引和汇聚创新人才,还需要着力培养创新人才对本地的"归属感",将其变为本地居民。其二,仅以 GDP 等简单指标来衡量地区发展水平很容易陷入"有生产无生活"的误区,也就无从形成创新的生活方式。因此政府在制定地区评价的导向性指标时,可以适当弱化 GDP、创新创业、风险资本、研发投入等直接衡量经济发展程度和创新绩效的指标,而更加重视流入人口的学历和种族特点、住民健康状况、收入和生活成本变化、环境质量、文化艺术生活、能源的可循环利用等衡量生活质量的指标,以帮助引导地区形成社会创新环境。其三,要加强消费型服务业的引入,在基础设施方面除了提升设施水平之外,共享性和融入工作环境的生活设施是更值得重视的地方。

9.1.2 产业与城市功能的融合发展

产业与城市功能的融合发展既是中国目前普遍存在的工业园区、工业镇突破发展瓶颈，实现"社会创新"，进而转向创新型集群的必经之路，也是更广范围的城镇产业繁荣和升级的有效手段。产业与城市功能的融合发展在外在表现上是居住区、工业区与商贸区融为一体的城(镇)、园区建设；内在机理则为劳动力(人)、工业、服务业及住宅这四大关键要素在劳动力(人)为核心关联基础上的有效互动和融合上升。结合当前中国现状，着重服务业，特别是消费型服务业的发展并以此带动城市功能的完善比单纯地直接发展工业更能带动包括工业本身在内的城镇整体的繁荣。

产城融合并非是经济先发地区的专利，经济相对后发地区要从传统经济学思维中由一产到二产再到三产的发展路径中突围，可以直接先行推动发展服务业，再由服务业反推制造业。其具体做法有两点可供参考：第一，适当超前建设生活基础设施及消费型服务业配套设施，及时跟进地区人口消费所需，导向性引入消费型服务业；第二，中心地区(往往是市辖区)在发展工业的过程中可适当跳过低附加值的加工制造环节，跨越式发展位于价值链高端的研发和销售环节，此后再利用价值链高端环节带动周边地区生产制造等环节的发展，实现以城(市辖区)带镇的共同繁荣。

9.1.3 打通区域知识关联的渠道

由于区域之间存在知识关联，因此处于先发地区的个别城、镇纵然人力资本水平与经济后发地区相同，但由于距离人力资本高地更近，能够更好地接受高地辐射，因此经济发展水平往往要高于与之人力资本水平相当的后发地区城、镇。根据对江苏省县域数据的测算，目前异地人力资本溢出效应对本地经济的间接影响程度占到人力资本总影响的41.37%，几乎与本地人力资本的直接影响相同。同时，区域间的知识关联也是诸多先发地区对产业集群的"黏性"来源，在一定程度上提高了集群自发性向后发地区转移的门槛，不利于大区域的均衡发展和先发地区的产业升级。

因此，在大区域发展战略中，打通先发地区与后发地区的区域知识关联渠道有着与推进资源、企业转移同样重要的作用。区域间的关联知识有两种类型，一种为管理知识，一种为技术知识，二者都需要引起重视。"园区共建"是已经被实践检验的，是打通知识关联渠道的有效手段，但根据模型推导，其只有在先发地区的经济水平发展到一定程度才会发挥作用，因此，考虑中国经济的发展现实，在经济基础较好却存在省内区域不平衡的大省内部均可以考虑实施地级城市之间的园区共建，而对经济基础尚不够的省份(尤其是西部地区)，限于省内的园区共建措施可能无法充分发挥作用，依然需要依托跨省互动。

9.2 产业转移的未来——"一带一路"倡议的提出与必要性

纵观改革开放以来中国区域产业的发展历程,总体而言,得益于经济全球化与国际产品内分工演进带来的重要战略机遇,依赖较低传统要素成本所引致的人口红利、土地红利与政策红利,通过承接发达国家低端生产环节的国际梯度转移,在以发达国家主导的国际分工体系和市场需求体系中,快速而深刻地融入全球化,推动了特别是东部沿海地区产业的"爆炸式"增长,创造了经济发展"奇迹"。目前,中国大部分地区已逐渐进入钱里纳工业化理论中的后工业化阶段(卫玲,梁炜,2017),开放型经济体制逐步健全,中国在享受传统粗放型开放发展带来经济腾飞的同时,也正面临发达国家的"高端回流"和发展中国家的"中低端分流"的双层竞争。十九大报告明确指出,当前中国需要解决的问题是发展的不平衡和不充分。

从产业发展不平衡的角度来看,一方面是区域间产业发展不平衡的矛盾。长期停留在低端产业环节的发展模式无法构建起区际产业发展"雁阵",东部产业创新能力不够,培育的高新产业缺乏带动能力,低端产业缺乏转出动力,西部产业缺乏升级发展的牵引动力,中国产业的区域布局矛盾突出。另一方面是产业结构不平衡的矛盾。在各区域内部,甚至在同一产业链上,均存在产业间、产业内、产业链等方面的不平衡。表现为价值链高端的产业和环节较少,对低端产业的牵引力度不够,高低之间缺乏合理而紧密的牵引关联,产业的整体技术结构不平衡。

从产业发展不充分的角度来看,一方面是产业发展"质"与"量"的目标问题。长期追求数量的粗放式经济增长难以形成以中国为主导的核心价值链体系,产业自主研发能力较弱,信息化、服务化、创新度水平较低,对发达国家的技术依赖较强,尚未形成以中国为主导的核心价值链体系,造成中国产业"大而不强"的现实问题。另一方面是产业发展"供给"与"需求"的动力问题。随着人口老龄化等现实问题的出现,传统要素成本进入集中上升期,倒逼效应日益尖锐,而创新等新型要素的作用尚未凸显,对产业发展的要素驱动后继乏力。与此同时,随着人民需求层次的日益提升,我国需求市场与产业供给不匹配,供需平衡相对脆弱,诸如钢铁、水泥等行业面临的严重产能过剩问题,加之不确定性日益增大的国际需求市场的影响,市场需求对产业发展的动力机制长期低迷。供需两方面的动力问题成为限制产业充分发展的关键阻碍。

鉴于此,党的十九大明确指出,需要"发展更高层次的开放型经济",以助力我国"现代经济体系"的建设。然而,一个难以自然改变的状况是:一旦历史上选择了某种产业分工格局,那么在较长的历史过程中,由于技术锁定与要素结构固化等效应的存在,各种经济活动会被锁定在这种格局上,突破这一格局需要重大的历史机遇。在上述背景下,2013年中国政府提出的"一带一路"合作倡议为中国依靠产业转移促进产业的提质升级带来了新机遇。"一带一路"是"丝绸之路经济带"和"21世纪'海上丝绸之路'"的简称。中国提出共建丝绸之路经济带和21世纪海上丝绸之路的重大倡议,致力于实现沿线各国多元、自主、平衡、可持续的发展。一方面,"一带一路"倡议能够解决中国过剩产能、资源的获取、战略纵深的开拓和国家安全的强化及贸易主导这几个重要的战略问题;另一方面,产业国际转移自发选择的东道国主要集中在交通方便的沿海地区,这些地区交通便利,能够为跨国公司降低交易成本和运输成本。"一带一路"沿线国家大多位于内陆地区,没有或者很低程度上参与国际分工,除了东亚太平洋地区,其他地区的制造业发展水平都很低,加入"一带一路"的产业合作平台,能够帮助他们共享中国发展机遇,实现区域共同发展。也就是说,中国提出的"一带一路"倡议立足当前经济形势,在国际上引导利益分配调整,在国内促进生产模式转型,将传统要素分工下各参与国利益分配的"常和"博弈机制,提高到共同促进产出增长的"变和"层面上,通过提高更广泛区域内资源匹配的水平和效率,为牵引中国制造业高质量转型发展,以及推动其他国家的经济发展提供了新动能。

将"一带一路"倡议落到实处,对中国的制造业基础、资金和外汇储备等方面存在着不低的要求。中国作为工业化后期中的高等收入水平发展中国家,具备较高水平的经济能力、组织能力和雄厚的人力资本,并且中国与沿线国家存在一定的经济收入落差。另外,在人均收入还不高的情况下,中国产业部门相对齐全,产业之间的划分相对清晰,特别是在传统制造业等方面,处于产业转移初级阶段的中国较部分发展中国家具备了一定的相对优势。也就是说:当前中国制造业在对外投资、产业技术升级和市场吸引力方面已经具备了构建全球价值链的基础。具体而言:宏观上,改革开放以来,经过40多年的高速发展,中国的大部分地区目前已逐渐进入钱里纳工业化理论中的后工业化阶段,开放型经济体制逐步健全,对外直接投资规模已经开始超过引入外资,根据邓宁的投资发展阶段理论,中国具备了大规模对外直接投资的条件;微观上,中国企业在多年"走出去"的实践中,逐步具备了对全球资源进行经营管理的能力。进一步地,从技术水平上看,尽管在"三来一补"大潮中发展起来的中国制造业未能实现技术创新的全面高端突破,但是在国家对创新和产业升级的持续重视下,中国的部分制造业产业已经具备了与发达国家跨国公司竞争的能力,甚至部分技术已经领先于全球。从需求市场看,在中国经济高速发展的带动下,中国国民的购买能力不断提高,进口规模也逐年扩大,为构建中国主导的全球价值链提供了充足的市场需求。

从供给层面讲,"一带一路"不仅通过联系沿线各国,在石油、矿产等生产要素及加工组装等价值链低端环节的供给方面为中国产业发展提供新的要素来源,特别体现"要素共赢"对产业发展的创新牵引,要素供应不再是对不发达产业和国家"以邻为壑"式的要素掠取,而是基于跨国生产整个"共赢链"下的供给要素升级,无疑为中国低端要素升级、引进新一轮的开放和制度红利提供了重要机遇。从需求层面讲,"一带一路"除了为中国和沿线国家与地区的过剩产能开辟新的需求市场以外,更重要的是"市场共赢"对产业发展的创新牵引。它突破了传统意义上"产品倾销""降低贸易壁垒"和"开拓市场"等方面的需求扩张机制,转而在充分满足各地区主体针对性需求的基础上,通过区域间的需求融合,进一步实现各区域间"需求带动"提升整体需求数量和需求质量,进而推进相关产业高质量发展的"需求共赢"模式。有助于保障我国企业的盈利水平和在此基础上的研发投入,同时也为中国企业创新型产品与服务带来巨大的需求空间。从分工方式层面讲,"一带一路"所倡导的分工方式,是以产业为主体的各环节"协同共赢",而不是以国家为主体的各环节"分工合作"。也就是说,在各国基于要素禀赋理论进行产业分工的基础上,"一带一路"更强调以产业为主体的"共赢"机制对分工的影响,因此,特别是对于生产低端环节的国家和地区,将得到来自整个生产体系其他高端国家的"共赢式"协助,在产品及服务的规范、标准、技术和规则等方面得到充分锻炼与提高。这无疑将为中国产业的国际共赢生产模式以及与贸易的交互式发展途径提供了巨大的多元化潜在可能,成为推进产业量质转化的重要载体。

综上所述,构建合理的全球价值链可以使得企业在全球进行资源的优化配置,提高企业利润,也使得东道国和母国经济都获得发展。而"一带一路"在传统意义国际经济合作模式的基础上,将经济主体由"国家"转为"产业",将牵引动力由"增强"转为"升级",将牵引路径由"分工合作"转为"协同共赢",主要体现对产业发展的"共赢链"式创新特征,从要素供给、市场需求和分工方式的层面为中国产业发展带来了"共赢"式创新机遇。

9.3 "一带一路"对中国"质"造的牵引

"一带一路"牵引制造业向中国"质"造的核心动能体现在"全球质量匹配"的层面,也就是更为全面地整合制造业生产力。"一带一路"的合作形式是价值链分工演进到新阶段,制造业国际合作新机制和全球生产新模式的具体体现。在生产的投入产出方面,西方经济学的经典研究范式是将劳动力、资本、技术等生产要素通过生产函数相对独立地表达量化层面的最优组合关系。但实际上,要素质量和要素配置方式对提升生产效率同样具有重要的意义。生产要素间存在基于要素质量匹配的内在关联,只不过这种"质量"层面的关系被现有基于量化处理的主流经济研究范式抽象化和剥离掉了。高质量发展对增长概念在"质量"层面的解放,要求关注要素在质量层面的关联配置和互动升级,以及这种质量上相互作用引致的生产函数的边界扩张,进而表现出乘数效应的"增长性"动态特征。在这个层面上,基于上述"一带一路"对制造业利益分配和生产分工的模式调整,"一带一路"所承载的产业转移与合作方式至少可以在三个递进层次上引导中国制造业从中国制造走向中国"质"造的高质量发展之路。具体而言:

第一层次,"一带一路"倡议对生产要素的国际整合,要求在质量维度上构建要素关联,这有助于促进要素的国际流动与质量匹配,为中国制造业高质量发展提供了要素升级动力。

"一带一路"的开放合作平台将沿线国家和地区的要素禀赋集中在一起,不仅使生产要素的跨国流动性大大提高,更为关键的是,它突破了传统生产条件下借助生产函数表现的要素数量组合关系,将要素组合扩展到质量层面上来,在"一带一路"平台上构建生产要素的"全球质量匹配",而这正是制造业走向高质量发展所需要的。在生产要素国际整合的层面上,借助"一带一路"牵引制造业高质量发展的内在动力主要表现为两个方面:一方面是在全球化生产大背景下对要素质量等级进行合理划分;另一方面则是在世界范围要素资源总库基础上搭建质量关联。进一步地,从前者来看,高质量发展是一个多维属性的概念(金碚,2014),不仅不同要素的质量标准不同,即便同一要素,其不同属性维度上的质量划分也各异。例如劳动力要素除了从教育水平角度划分质量等级外,还可以从性别、年龄、熟练程度,甚至是兴趣态度、学习能力等众多层面进行质量评判。从后者来看,构建质量匹配的关键是知道把各个要素什么样的质量特征联系在一起最为妥当。例如可将劳动力教育水平与融资、法律等环境健全程度配置在一起构建质量关联。高质量发展以适应实际需求作为评判产业升级的重要标准,"一带一路"作为要素整合平台,在集中世界范围生产资源的前提下,实现了对国际生产要素的集中和分类,各生产主体可根据自身需求迅速获取相应质量等级的生产要素,并自发地建立起要素间的质量匹配。这无疑为驱动中国制造业高质量发展提供了重要动力。

第二层次,借助"一带一路"在国际范围构建的要素质量关联,"一带一路"平台可促进生产要素质量升级和协同匹配的自发实现,为中国制造业高质量发展提供了重要的生产优化动能。高质量发展对"质量"的要求,不仅体现在挖掘生产要素的"质量"驱动力,更在于实现要素的自主升级和可持续发展。"一带一路"在第一层次构建的全球生产要素质量关联体系,不仅使要素间的质量关联更为稳定和紧密,更有助于在质量关联中探寻要素间质量升级的互动机能。例如劳动力技能的提高会产生对技术升级的要求,而技术提升又会产生对劳动力技能更高的要求,如此良性互动便可实现要素间相互促进、自发升级。此外,高质量发展是一个动态概念,随着社会的不断发展,人民对制造业"容忍程度"不同,对高质量发展的评判标准不断提高,例如当今中国对制造业生产的要求可能是绿色、环保、可持续,而在若干年之前,人民更关心的是温饱问题。这就要求生产要素必须随着制造业的高质量发展不断升级,以确保生产可持续。然而,要素升级不一定是在同一时间以同一程度进行的,这种要素质量升级的动态差异,可在全球质量关联体系的作用下,直接针对制造业特定生产环节对要素质量的特定需求,实现高级要素对低级要素的正向牵引。这也正是"一带一路"背景下"全球质量匹配"动能在优化生产方式层面的重要体现。由此可见,"一带一路"不仅符合高质量发展的需求导向特征,也进一步挖掘和释放了要素在合理配置下对制造业高质量发展的最优生产边际。

第三层次,在上一层次构建的要素间自发升级的质量关联体系基础上,"一带一路"有助于结合各经济主体的质量特征,在全球质量匹配模式下引导以经济增长为核心的利益分配方式,为中国制造业高质量发展提供了重要的分配调整动能。正如前文所述,"一带一路"将生产分工细化到要素的质量层面上,不仅打破了以国家为边界的价值链环节分工,更凸显了基于质量匹配的分工基础。各经济主体间不再是传统"双边"关系在数量层面的简单加总,而是以质量匹配为交接点,织就了一张覆盖全球的生产关系网。由于"一带一路"下生产模式存在要素层面上质量匹配特征,不仅单个经济体不再具有控制整个生产链的可能,而与此同时,任何一个经济体都可以影响全球生产链。正因如此,各国的利益分配必须在共同生产、平等分配的前提下进行。实际上,传统比较优势贸易理论已然表达过贸易促进双方经济体共同实现利益最大化的条件,但在中心-外围机制、价值链锁定以及贫困增长等机制的作用下,贸易主体间的利益分配似乎更容易偏离到剥削与被剥削的情况上来。究其原因,一方面,价值链分工虽然切分了生产环节,但各环节在国家主体下依然相对独立,利益分配并未打破国家主体,而基于要素数量组合的生产方式在分工伊始就已经锁定了最优产出,各国在实现自身生产环节后随即取得贸易利益,国际贸易不过是将分工红利做大了的"蛋糕"切分给各个国家而已。另一方面,传统价值链分工的经济基础是数量维度下的比较优势,但在数量体系下,不同生产要素之间往往被视作相互独立,而同种要素间的异质性特征则容易被忽略,因此不同经济体生产要素的可替代性被放大了,这大大削弱了价值链从属国家的利益分配话语权。因此,这种忽视质量特征并不平等的"常和博弈",就是传统价值链分工下,贸易利益分配"以邻为壑"的关键所在。与之相应,"一带一路"为中国制造业发展提供的"全球质量匹配"动能,使贸易分配具有了"变和"特征,不仅将经济主体的注意力由利益分配转移到利益增长的生产视角上,更借助质量匹配优化了利益的分配方式。一方面,在"一带一路"国际生产合作的开放共赢平台上,生产要素充分流动,任何经济体都不再具备生产独立性,借助质量匹配实现产出的共同增长成为利益分配的前提基础;另一方面,在"一带一路"背景下,国际要素基于质量特征自发匹配和升级,充分解放了要素的内在生产力,在这个意义上,只有配置错位的要素,没有绝对意义上无用和低端的要素,这使得各经济体的利益分配模式实现了向质量维度的转换。由此可见,"一带一路"引导的"全球质量匹配",是从根本上解决现有价值链分工体系下的利益分配矛盾的核心动能。

综上所述,"一带一路"重点构建的上述三个以"全球质量匹配"为核心的动能层次,从根本上讲,反映的是中国制造业高质量发展动力由"要素驱动"向"创新驱动"转换的过程。在这种动能转换过程中,要素质量关联效应得以强化,"全球质量匹配"不仅使待分配红利总额具备了乘数增长的动态特征,也大大提升了分配方式的公平性。

9.4 产业转移与区域创新中的未来研究展望

如前文所述,通过产业转移,寻求更大范围内的资源优化配置是中国制造业走向"质"造的关键之一。而中国政府于2013年提出的"一带一路"倡议无疑为中国制造业借助产业转移实现产业向价值链高端的攀升提供了契机。可以预见,以"一带一路"牵引的产业转移将是中国下一个阶段产业转移的重要方向之一,而在这一方向上,至少还有以下一些问题值得我们关注和研究:

其一,中国如何与"一带一路"沿线国家建立以中国为"雁首"的分工关系?"一带一路"倡议的核心是构建以中国为雁首,其他国家为雁身的分工体系。这种分工体系是以各国比较优势为基础、以不同国家间产业内分工为基本分工格局的新分工体系。诸多学者的研究都已经指出,"一带一路"沿线国家的产业互补性大于竞争性,且各产业的关联度较高,中国与"一带一路"沿线国家的合作能够帮助双方实现价值链的优化和升级。不过"一带一路"沿线国家在地理位置、资源禀赋、经济发展、政治制度等方面差距悬殊,因此不同国家在产业链环节中应该起到什么样的作用,以及中国与不同国家的分工合作模式应该是怎样的,这些都值得进一步关注与探讨。

其二,如何处理好国内产业的区域间转移与产业向"一带一路"沿线国家转移之间的关系。中国区域之间的经济发展差距本身就存在梯度,一些经济发达地区需要转出的产业可能正是经济发展相对落后地区需要的产业。在国家"一带一路"的倡议下,这些转出产业可能会更倾向于转向"一带一路"沿线国家,造成国内经济发展相对欠发达地区的发展困境。我们在2017年对江苏产业转移情况进行的实地调研中就发现,苏北地区在人力资本、用地价格等方面与"一带一路"沿线国家相比存在劣势,因此难以承接苏南转出的劳动密集型产业。因此,如何在"一带一路"牵引的产业转移中,处理好国内欠发达地区的产业承接与国内发达地区产业转出之间的关系,是一个值得思考的问题。

其三,如何识别"一带一路"中能牵引中国制造业升级的机遇,以及如何设计以"一带一路"牵引中国制造业升级的路径。自"一带一路"倡议提出以来,诸多学者已经指出,"一带一路"合作倡议,通过对外引导利益分配调整,对内促进生产模式升级,借助国际要素整合模式为中国制造业向全球价值链高端攀升带来了新机遇。但是,如何在即将到来的不同选择中,识别出能够真正推动中国制造业升级的机会,以及推动中国制造业升级的路径应该如何设计,至今依然少有研究。而这也是在未来的研究中需要关注和思考的问题。

参考文献

中文文献

阿瑟·刘易斯,1984.国际经济秩序的演变[M].北京:商务印书馆.

埃德加·M.胡佛,1990.区域经济学导论[M].张翼龙,译.北京:商务印书馆.

蔡昉,王德文,曲玥,2009.中国产业升级的大国雁阵模型分析[J].经济研究(9):4-14.

蔡昉,王美艳,2015.人口与劳动绿皮书(2014)·中国人口与劳动问题报告(NO.15):面向全面建成小康社会的政策调整[M].北京:社会科学文献出版社.

蔡铂,聂鸣,2003.社会网络对产业集群技术创新的影响[J].科学学与科学技术管理,24(7):57-60.

蔡宁,吴结兵,2005.产业集群的网络式创新能力及其集体学习机制[J].科研管理,26(4):22-28,21.

曾忠禄,1997.产业群集与区域经济发展[J].南开经济研究(1):69-73.

陈柳钦,2005.产业集群与产业竞争力[J].产业经济评论(1):15-23.

陈旭,2005.基于产业集群的技术创新扩散研究[J].管理学报,2(3):333-336.

常伟,2010.社会资本对集群内企业跨地域转移行为的影响研究[D].西安:西安理工大学.

陈刚,张解放,2001.区际产业转移的效应分析及相应政策建议[J].华东经济管理,15(2):24-26.

陈建军,2002.中国现阶段产业区域转移的实证研究:结合浙江105家企业的问卷调查报告的分析[J].管理世界(6):64-74.

陈劲,吴航,刘文澜,2014.中关村:未来全球第一的创新集群[J].科学学研究,32(1):5-13.

陈立俊,王克强,2010.中国城市化发展与产业结构关系的实证分析[J].中国人口、资源与环境(3):17-20.

参考文献

陈耀,冯超,2008.贸易成本、本地关联与产业集群迁移[J].中国工业经济(3):76-83.

陈永伟,胡伟民,2011.价格扭曲、要素错配和效率损失:理论和应用[J].经济学(季刊),10(4):1401-1422.

陈勇,2007.FDI路径下的国际产业转移与中国的产业承接[D].沈阳:东北财经大学.

戴宏伟,田学斌,陈永国,2003.区域产业转移研究[M].北京:中国物价出版社.

戴宏伟,2006.产业梯度产业双向转移与中国制造业发展[J].经济理论与经济管理(12):45-50.

戴景萌,2008.沿海地区产业集群转移动因研究:一个成本分析的视角[J].现代经济信息(8):133-135.

戴翔,王如雪,2020."一带一路"建设与中国对外直接投资:促进抑或抑制?[J].当代经济研究(6):81-93.

丁厚春,2006.园区建设"集而不群"问题浅析[J].中国市场(10):51-52.

范剑勇,邵挺,2011.房价水平、差异化产品区位分布与城市体系[J].经济研究(2):87-99.

方劲松,2010.跨越式发展视角下的安徽承接长三角产业转移研究[D].合肥:安徽大学.

符正平,曾素英,2008.集群产业转移中的转移模式与行动特征[J].管理世界(12):83-92.

范叙春,2004.企业集群背景下的区域创新网络研究:对浙江模式的另一种思考[D].金华:浙江师范大学.

冯云生,李建昌,2012.基于产业集群的技术创新扩散动力因素分析[J].东吴学术(1):85-90.

盖文启,2002.创新网络:区域经济发展新思维[M].北京:北京大学出版社.

干春晖,余典范,2003.城市化与产业结构战略性调整和升级[J].上海财经大学学报(5):3-10.

高新才,2015.丝绸之路经济带与长江经济带的互联互通[J].中国流通经济(9):33-37.

高勇,钱省三,李平,等,2006.区域创新网络形成的机理研究[J].科技管理研究,26(5):166-168.

郭凡生,1986.何为"反梯度理论":兼为"反梯度理论"正名[J].开发研究(3):39-40.

郭克莎,2002.工业化与城市化关系的经济学分析[J].中国社会科学(2):44-55.

韩艳红,2013.我国欠发达地区承接发达地区产业转移问题研究[D].长春:吉林大学.

何天祥,李明生,2003.我国纺织行业区际转移的分析及其对西部发展的启示[J].中南大学学报(社会科学版),9(4):485-490.

何钟秀,1983.论国内技术的梯度转递[J].科研管理(1):3.

胡汉辉,沈群红,1998.西方知识资本理论及其应用[J].经济学动态(7):40-45.

胡汉辉,周海波,2014.战略性新兴产业发展陷阱:表现、成因及预防[J].科技进步与对策,31(3):61-66.

黄凯南,2009.演化博弈与演化经济学[J].新华文摘(10):154-158.

黄敏,2016.从西部大开发和"一带一路"看西部地区承接产业转移:基于丝绸之路经济带国内段9省区的分析[J].毛泽东邓小平理论研究(8):37-43.

黄先海,张云帆,2005.我国外贸外资的技术溢出效应分析[J].国际贸易问题(1):27-32.

黄晓,胡汉辉,吉敏,2013.以园区为载体的产业集群空间转移:模式比较与案例分析[J].科技进步与对策,30(17):51-55.

霍利斯·钱纳里,莫伊思·赛尔昆,1988.发展的型式:1950—1970[M].李新华,徐公理,迟建平,译.北京:经济科学出版社.

何振翔,2006.论企业集群与工业园区的比较及其良性互动[J].湖南科技大学学报(社会科学版)(2):81-85.

侯媛媛,刘云,2013.高新区创新国际化运行机制及绩效研究[C].中国管理科学学术年会.

黄晓,胡汉辉,2013.产业集群问题最新研究评述与未来展望[J].软科学,27(1):5-9.

吉敏,胡汉辉,2009.苏南产业集群升级的路径选择:基于产业集群式跨国转移发展的构想[J].软科学,23(2):93-96.

纪良纲,陈晓国,2004.京津冀产业梯度转移与错位发展[J].河北学刊,24(6):198-201.

金碚,2018.关于"高质量发展"的经济学研究[J].中国工业经济(4):5-18.

金碚,2014.论中国产业发展的区域态势[J].区域经济评论(4):5-9.

鞠芳辉,谢子远,谢敏,2012.产业集群促进创新的边界条件解析[J].科学学研究,30(1):134-144.

江小涓,2011.服务业增长:真实含义、多重影响和发展趋势[J].经济研究(4):4-14,79.

姜霞,2013.湖北省承接产业转移的路径选择与政策取向研究[D].武汉:武汉大学.

李磊,王小霞,蒋殿春,等,2019.中国最低工资上升是否导致了外资撤离[J].世界经济,42(8):97-120.

李松志,范建红,张晓明,2008.佛山禅城陶瓷产业转移空间地域模式实证研究[J].工业技术经济,27(11):10-12.

李小建,覃成林,高建华,2004.我国产业转移与中原经济崛起[J].中州学刊(3):15-18.

李娅,伏润民,2012.为什么东部产业不向西部转移:基于空间经济理论的解释[J].世界经济(11):21-27.

林毅夫,张建华,2012.繁荣的求索:发展中经济如何崛起[M].北京:北京大学出版社.

刘明宇,苗明杰,2009.全球化背景下中国现代产业体系的构建模式研究[J].中国工业经济(5):59-66.

刘艳,2004.论东部产业集群对西部开发的影响:对传统"梯度转移"理论的一种质疑[J].经济问题探索(1):22-25.

刘伟,张辉,2008.中国经济增长中的产业结构变迁和技术进步[J].经济研究(11):4-15.

刘长全,2003.企业集群竞争优势与网络分析[D].合肥:合肥工业大学.

刘易斯,1984.国际经济秩序的演变[M].乔依德,译.北京:商务印书馆.

刘友金,吕政,2012.梯度陷阱、升级阻滞与承载产业转移模式创新[J].经济学动态(11):21-27.

陆铭,冯皓,2014.集聚与减排:城市规模差距影响工业污染强度的经验研究[J].世界经济,37(7):86-114.

陆铭,向宽虎,陈钊,2011.中国的城市化和城市体系调整:基于文献的评论[J].世界经济,34(6):3-25.

罗守贵,2014.中国产城融合的现实背景与问题分析[J].上海交通大学学报(哲学社会科学版),4(22):17-21.

雷鹏,2009.产业集聚与工业园区发展研究[M].南京:东南大学出版社.

李萍,闫秀霞,2010.产业集群合作创新网络形成的行为模型分析[J].山东理工大学学报(自然科学版),24(3):100-102.

李晓娣,陈家婷,2014.FDI对区域创新系统演化的驱动路径研究:基于结构方程模型的分析[J].科学学与科学技术管理,35(8):39-48.

刘满凤,2011.高技术产业集群中技术创新与扩散的系统基模分析与政策解析[J].科技进步与对策,28(24):65-69.

毛广雄,2011.产业集群化转移:世界性规律与中国的趋势[J].世界地理研究,20(2):97-106.

牟绍波,王成璋,2008.产业集群持续成长的动力机制:基于集群文化视角[J].科技管理研究,28(4):221-223.

马新平,2004.工业园区化是加快产业聚集的重要途径:兼论石河子开发区发展簇群经济的实证分析[J].兵团党校学报(2):35-39.

仇保兴,1999.小企业集群研究[M].上海:复旦大学出版社.

潘未名,1994.跨国公司的海外生产对母国产业空心化的影响[J].国际贸易问题(12):

24-29.

丘兆逸,2006.实现产业集群转移模式 实现西部经弄腾飞[J].探索(1):146-149.

舒适,李国疆,2007.国际产业转移一般规律及趋势[J].云南财贸学院学报(社会科学版),22(6):22-24.

宋可,2010.苏北承接苏南产业转移效率研究:基于Malmquist指数方法[J].西安电子科技大学学报:社会科学版(1):41-46.

苏卫东,2012.城市化、工业化与服务业发展水平的实证研究[J].统计与决策(7):142-145.

隋映辉,解学梅,赵混,2007.全球产业转移:分散化、集群路径与规制[J].福建论坛(人文社会科学版)(8):9-13.

孙华平,2011.产业转移背景下产业集群升级问题研究[D].杭州:浙江大学.

孙智君,马晓东,2012.创新、技术扩散与产业集群创新发展:一个模型的提出与分析[J].贵州社会科学(1):58-63.

谭介辉,1998.从被动接受到主动获取:论国际产业转移中我国产业发展战略的转变[J].世界经济研究(6):65-68.

陶然,陆曦,苏福兵,等,2009.地区竞争格局演变下的中国转轨:财政激励和发展模式反思[J].经济研究(7):21-33.

唐晓宏,2014.基于灰色关联的开发区产城融合度评价研究[J].上海经济研究,26(6):85-92,102.

陶良虎,陈得文,2008.产业集群创新动力模型分析[J].江海学刊(2):210-214.

陶永宏,冯俊文,陈军,2005.产业集群生命周期的定性描述研究[J].集团经济研究(19):69-70.

王建峰,2012.区域产业转移的综合协同效应研究:基于京津冀产业转移的实证分析[D].北京:北京交通大学.

王雪原,王亚男,田红娜,2013.企业创新资源管理"和谐性"评价指标体系设计[J].科技进步与对策,30(19):115-118.

王缉慈,2002.地方产业群战略[J].中国工业经济(3):47-54.

魏后凯,2003.产业转移的发展趋势及其对竞争力的影响[J].福建论坛(经济社会版)(4):11-15.

吴翌琳,2013.中国区域创新系统协同发展路径研究:基于区域集成创新指数的实证分析[J].调研世界(1):53-57.

王志华,2004.工业园区发展的终结:生态工业园[J].科学与管理(1):24-26.

卫玲,梁炜,2017.以创新驱动推进"一带一路"产业升级[J].江苏社会科学(5):32-40.

魏江,2003. 小企业集群创新网络的知识溢出效应分析[J]. 科研管理,24(4):54-60.

吴晓军,2004. 产业集群与工业园区建设[D]. 南昌:江西财经大学.

西蒙·库兹涅茨,1989. 现代经济增长:发现与思考[M]. 戴睿,译. 北京:北京经济学院出版社.

夏禹龙,刘吉,冯之浚,等,1983. 梯度理论和区域经济[J]. 科学学与科学技术管理,4(2):5-6.

小岛清,1987. 对外贸易论[M]. 周宝廉,译. 天津:南开大学出版社.

谢呈阳,周海波,胡汉辉,2014. 产业转移中要素资源的空间错配和经济效率损失[J]. 中国工业经济(12):130-142.

胥留德,2010. 后发地区承接产业转移对环境影响的几种类型及其防范[J]. 经济问题探索(6):36-39.

徐大丰,2010. 社会教育程度提高的工资效应[J]. 上海经济研究,22(5):73-78.

羊绍武,2006. WTO 背景下中国的产业转移战略研究[D]. 成都:西南财经大学.

杨河清,陈怡安,2013. 海归回流:知识溢出及门槛效应:基于中国的实证检验[J]. 人口研究,37(5):91-102.

杨立勋,姜增明,2013. 产业结构域城镇化匹配协调及其效率分析[J]. 经济问题探索(10):34-39.

杨文举,2007. 中国城镇化与产业结构关系的实证研究[J]. 经济经纬,24(1):78-81.

杨海珍,陈晓帆,1999. 技术创新过程中的网络研究[J]. 西北大学学报(自然科学版),29(5):460-462,F003.

于晓宇,谢富纪,2011. 基于 DEA-Tobit 的区域创新系统资源配置优化策略研究[J]. 研究与发展管理,23(1):1-10.

袁志刚,解栋栋,2011. 中国劳动力错配对 TFP 的影响分析[J]. 经济研究,46(7):4-17.

姚利民,王若君,2011. 中国吸收发达国家 R&D 跨国外溢的国际化渠道比较[J]. 国际贸易问题(12):103-113.

野中郁次郎,竹内广隆,1999. 创造知识的公司:日本企业是如何建立创新动力学的[M]. 北京:科学技术部国际合作司.

叶振宇,2013. 城镇化与产业发展互动关系的理论探讨[J]. 区域经济评论(4):13-17.

于斌斌,胡汉辉,2013. 产业集群与城市化的共同演化机制:理论与实证[J]. 产业经济研究(6):1-11.

余东华,张明志,2016."异质性难题"化解与碳排放 EKC 再检验:基于门限回归的国别分组研究[J]. 中国工业经济(7):57-73.

余慧倩,2007. 长三角需审慎对待国际产业转移[J]. 中国经济评论,4(6):50-53.

张道刚,2011."产城融合"的新理念[J].决策(1):1-3.

张公嵬,梁琦,2010.产业转移与资源的空间配置效应研究[J].产业经济评论,9(3):1-21.

张辉,李宁静,2019.基于社会网络方法的全球贸易双环流研究[J].国际贸易问题(10):17-36.

张辽,2013.要素流动、产业转移与区域经济发展[D].武汉:华中科技大学.

张若雪,2009.产业的转移、升级、整合与中国经济[D].上海:复旦大学.

张书军,王珺,李新春,等,2007."产业集群、家族企业与中小企业创业国际研讨会"综述[J].经济研究,42(5):154-158.

张秀娥,何山,2009.产业集聚与产业园区建设的链式共生模式[J].科技进步与对策,26(23):76-79.

赵延东,张文霞,2008.集群还是堆积:对地方工业园区建设的反思[J].中国工业经济(1):131-138.

朱华友,孟云利,刘海燕,2008.集群视角下的产业转移的路径、动因及其区域效应[J].社会科学家(7):43-46,50.

赵嘉,唐家龙,2012.美国产业结构演进与现代产业体系发展及其对中国的启示:基于美国1947—2009年经济数据的考察[J].科学学与科学技术管理,33(1):141-147.

赵张耀,汪斌,2006.网络型国际产业转移模式研究[J].理论参考(11):68-71.

郑有国,魏禄绘,2013.中国城市化曲折进程原因探析[J].亚太经济(1):66-70.

任宗强,吴海萍,丁晓,2011.中小企业内外创新网络协同演化与能力提升[J].科研管理(9):7-14

周海波,胡汉辉,2013.开发区的二次创业与硅谷标杆的再思考[J].科技与经济,12(6):51-55.

庄晋财,吴碧波,2008.西部地区产业链整合的承接产业转移模式研究[J].求索(10):5-8.

英文文献

Acemoglu D, Angrist J, 2000. How large are human-capital externalities? evidence from compulsory schooling laws[J]. NBER Macroeconomics Annual,15:9-59.

Acemoglu D, Dell M,2010. Productivity differences between and within countries[J]. American Economic Journal: Macroeconomics,2(1):169-188.

Aitken B J, Harrison A E, 1999. Do domestic firms benefit from direct foreign investment? Evidence from Venezuela[J]. American Economic Review,89(3):605-618.

Akamatsu K,1937. Synthetic dialectics of industrial development of Japan[J]. Journal of Nagoya Commercial High School(15):179-210.

Alazzawi S, 2012. Innovation, productivity and foreign direct investment-induced R&D spillovers[J]. Journal of International Trade & Economic Development, 21(5):615-653.

Amsden A H, 2001. The rise of the rest: challenges to the west from late-industrializing economics[M]. Oxford:Oxford University Press.

Andersen P, Petersen N C, 1993. A procedure for ranking efficient units in data envelopment analysis[J]. Management Science,39(10):1261-1264.

Anselin L, 1988. Spatial econometrics: methods and models[M]. Boston: Kluwer Academic Publishers.

Aoki S,2012. A simple accounting framework for the effect of resource misallocation on aggregate productivity[J]. Journal of the Japanese and International Economic, 26(4):473-494.

Arellano M, Bond S, 1991. Some tests of specification for panel data:Monte Carlo evidence and an application to employment equations[J]. Review of Economic Studies,58(2):277.

Arellano M, Bover O, 1995. Another look at the instrumental variable estimation of error-components models[J]. Journal of Econometrics,68(1):29-51.

Audretsch D B, Feldman M P, 1996. R & D spillovers and the geography of innovation and production[J]. American Economic Review, 86(3):630-640.

Autio E, 1998. Evaluation of RTD in regional systems of innovation[J]. European Planning Studies, 6(2):131-140.

Au C C, Henderson J V, 2006. How migration restrictions limit agglomeration and productivity in China[J]. Journal of Development Economics,80(2):350-388.

Banker R, Charnes A, Cooper W W, 1984. Some models for estimating technical and scale inefficiencies in data envelopment analysis[J]. Management Science,30(9):1078-1092.

Baptista R, 2001. Geographical clusters and innovation diffusion[J]. Technological Forecasting and Social Change, 66(1):31-46.

Blomström M, Kokko A, Zejan M, 2000. Foreign direct investment[M]. London: Palgrave Macmillan.

Barbier E B, Hultberg P T,2007. Economic integration,environmental harmonization and firm relocation[J]. Environment and Development Economics,12:379-401.

Berliant M, Reed R R, Wang P, 2006. Knowledge exchange, matching, and agglomeration [J]. Journal of Urban Economics,60(1):69-95

Blundell R, Bond S,1998. Initial conditions and moment restrictions in dynamic panel data models[J]. Journal of Econometrics,87(1):115-143.

Boschma R A, Lambooy J G, 1999. Evolutionary economics and economic geography[J]. Journal of Evolutionary Economics,9(4):411-429.

Brakman S, Garretsen H, van Marrewijk C,2003. An introduction to geographical economics[M]. Cambridge: Cambridge University Press.

Brandt L, Biesebroeck J, Zhang Y,2012. Creative accounting or creative destruction? firm level productivity growth in Chinese manufacturing[J]. Journal of Development Economics, 97(2):239-351.

Brandt L, Rawski T G, 2008. China's great economic transformation [M]. Cambridge: Cambridge University Press.

Browning H, Singelman J,1975. The emergence of a service society:Demographic and sociological aspect of the sectorial transformation of the labor force in USA [M]. Springfield,VA:National Technical Information Service.

Calamel L, Defelix C, Picq T, et al, 2010. Inter-organizational projects in french innovation clusters: the Construction of Collaboration[DB/OL]. http://halshs. archives-ouvertes. fr/halshs-00534712/.

Capello R,Lenzi C,2014. Spatial heterogeneity in knowledge, innovation,and economic growth nexus: Conceptual reflections and empirical evidence[J]. Journal of Regional Science,54(2):186-214.

Card D,1999. The causal effect of education on earnings[M]//Ashenfelter O, Card D. Handbook of labor economics. Amsterdam:North-Holland.

Chris H, James B, 2006. Organizational networking in UK biotechnology clusters[J]. British Journal of Management (3):55-73.

Cole M A, 2004. Trade, the pollution haven hypothesis and the environmental Kuznets curve: Examining the linkages[J]. Ecological Economics, 48(1):71-81.

Charlton M, Fotheringham S, Brunsdon C,2006. Geographically Weighted Regression [C]//NCRM Methods Review Papers, NCRM/006, ESRC National Center for Research Methods.

Charnes A,Cooper W W,Rhodes E,1978. Measuring the efficiency of decision making units[J]. European Journal of Operational Research,2(6):429-444.

Cooke P N,Heidenreich M,Braczyk H J,1996. Regional innovation systems:the role of governance in a globalized world[M]. London:Psychology Press.

Cumming D, Fleming G, Schwienbacher A, 2009. Corporate relocation in venture capital finance[J]. Entrepreneurship Theory and Practice,33 (5):1121-1155.

Davis J C,Henderson J V,2003. Evidence on the political economy of the urbanization process[J]. Journal of Urban Economics,53(1):98-125.

Devereux M P, Griffith R, Simpson H,2007. Firm location decisions,regional grants and agglomeration externalities[J]. Journal of Public Economics,91(3/4):413-435.

Ding L, 2001. Industrial policy and resource allocation: implications on China's participation in globalization[J]. China Economic Review,11(4),342-360.

Dixit A K, Stiglitz J E,1977. Monopolistic competition and optimum product diversity [J]. American Economic Review,67:297-308

Dollar D, Wei S J, 2007. Das(wasted) kapital: Firm ownership and investment efficiency in China[R]. National Bureau of Economic Research.

Dubin R A,1988. Estimation of regression coefficients in the presence of spatially correlated terms[J]. The Review of Economics and Statistics, 70(3):466-474.

Dunning J H , Mcqueen M, 1981. The eclectic theory of international production: A case study of the international hotel industry[J]. Managerial and Decision Economics, 2(4):197-210.

Dunning J H, 1993. Multinational enterprises and the global economy [M]. Wokingham:Addison Wesley.

Dunning J H,1988. The eclectic paradigm of international production:A restatement and some possible extensions[J]. Journal of International Business Studies,19(1):1-31.

Dicken P, Lloyd P, 1990. Location in space: Theoretical perspectives in economic geography[M]. New York:HarperCollins.

Dunning J H, 1977. Trade, location of economic activity and the MNE: A search for an eclectic approach[M]//The International Allocation of Economic Activity. London: Palgrave Macmillan UK.

Elhorst J P,2010. Spatial panel data models[M]//Fischer M, Getis A. Handbook of applied spatial analysis. Berlin:Springer Berlin Herdelberg.

Ernst D , Kim L, 2002. Global production networks, information technology and knowledge diffusion[J]. Industry & Innovation, 9(3):147-153.

Ernst D, Kim L, 2002. Global production networks, knowledge diffusion, and local capability formation[J]. Research Policy, 31(8):1417-1429.

Ernst D, Kim L, 2002. Global production networks, information technology and knowledge diffusion[J]. Industry & Innovation, 9(3):147-153.

Farhana K M, Rahman S A, Rahman M, 2012. Fsctors of migration in urban Bangladesh:An empirical study of poor migrants in Rajshahi city[J]. Banglasdesh e-journal of Sociology, 9(1):63-86.

Fischer M M, Bartkowska M, Riedl A, et al, 2010. The Impact of Human Capital on Regional Labor Productivity in Europe[M]//Fischer M, Getis A. Handbook of applied spatial analysis. Berlin:Springer Berlin Heidelberg.

Foster A, Rosenzweig M, 1996. Technical change in human capital return and investments:Evidence from the Green Revolution[J]. American Economic Review, 86:931-953.

Freeman C, 1991. Networks of innovators: A synthesis of research[J]. Research Policy, 20:499-514.

Feldman M P, 1994. The geography of innovation[M]. Dordrecht. :Kluwer Academic Publishers.

Fujita M, Krugman P, Venables A J, 1999. The Spatial Economy: Cities, Regions and International Trade[M]. Cambridge, MA :MIT Press.

Fujita M, Krugman P, Venables A J, 1999. The spatial economy:cities, regions, and international trade[M]. Cambridge,Massachusetts: The MIT Press.

Gennaioli N, Porta R L, Lopez-de-Silanes F, et al, 2013. Human capital and regional development[J]. The Quarterly Journal of Economics, 128(1):105-164.

Gerchenkon A, 1979. Economic backwardness in historical perspective [M]. Cambridge:Harvard University Press.

Gross D M, Raff H, Ryan M, 2005. Inter-and intra-sectoral linkages in foreign direct investment:evidence from Japanese investment in Europe[J]. Journal of the Japanese and international economies, 19(1):110-134.

Haddad M, Harrison A, 1993. Are there positive spillovers from direct foreign investment? [J]. Journal of Development Economics, 42(1):51-74.

Hakansson H, 1987. Industrial Technological Development: A network approach [M]. London.

Hallencreutz D, Lundequist P, 2003. Spatial clustering and the potential for policy practice:Experiences from cluster-building processes in Sweden[J]. European Planning Studies,11(5):533-547.

Hanson G H,2005. Market potential,increasing returns and geographic concentration [J]. Journal of International Economics,67:1-24.

He C F,2003. Location of foreign manufacturers in China:agglomeration economies and country of origin effects[J]. Regional science,82(3):351-372.

Helpman E,1998. The size of regions[M]//Pines D,Sadka E,Zilcha I. Topics in public economics. Cambridge:Cambridge University Press.

Henderson J V, 2003. Urbanization and economic development [J]. Annals of Economics and Finance,4:275-342.

Hill T P,1977. On goods and services[J]. Review of Income and Wealth,4(23).

Hobday M, Davies A,2005. Prencipe, A. Systems integration:a core capability of the modern corporation[J]. Industrial and Corporate Change,14(6):1109-1143.

Hsieh C, Klenow P,2009. misallocation and Manufacturing TFP in China and India [J]. Quarterly Journal of Economics,123(4):1403-1448.

Hung H M, Wu S H, Wen C T, et al,2008. Competitive advantages of managing an effective social network structure to stimulate innovation from a knowledge management perspective [J]. International Journal of Technology Management,43(4):363-382.

Hakanson L, 1979. Towards a theory of location and corporate growth [M]. Chichester:Wiley.

Ibrahim S, Fallah M H,2005. Drivers of innovation and influence of technological clusters[J]. Engineering Management Journal,17(3):33-41.

Jacobs J,1970. The economy of cities[M]. New York:Vintage Books.

Keller W,2002. Trade and the transmission of technology[J]. Journal of Economic Growth(7):5-24.

Keller W, Shiue C,2004. Market integration and economic development:A long-run comparison[R]. National Bureau of Economic Research.

Kirkegaard J F, 2007. Offshoring, Outsourcing, and Production Relocation labor market Effects in the OECD Countries and Developing Asia[J]. Singapore Economic Review, 53(3):371-418.

Klimenko M M, 2004. Competition, matching, and geographical clustering at early stages of the industry life cycle[J]. Journal of Economics and Business,56(3):177-195.

Knoben J, Oerlemans L, Rutten R, 2008. The effects of spatial mobility on the performance of firms[J]. Economic Geography,84(2):157-183.

Krugman P,1991. History and industry location:the case of the US manufacturing belt[J]. American Economic Review(81):80-84.

Krugman P,1991. Geography and Trade[M]. Cambridge:MIT Press.

Krugman P,1991. Increasing returns and economic geography[J]. Journal of Political Economy,3(99):483-99.

Klimenko M M, 2004. Competition, matching, and geographical clustering at early stages of the industry life cycle[J]. Journal of Economics and Business, 56(3):177-195.

Kojima K, 1978. Direct foreign investment to developing countries: The issue of over-presence[J]. Hitotsubashi Journal of Economics, 19(1/2):1-15.

Lee K,Wang H J,2005. A study on innovation system with multi-technology fusion [M]. Seoul:STEPI Policy Study.

Lee L,Yu J,2010. Estimation of spatial autoregressive models with fixed effects[J]. Journal of Econometrics,154:165-185.

Lee N, 2003. Patent eligible subject matter reconfiguration and the emergence of proprietarian norms—the patent eligibility of business methods[J]. SSRN Electronic Journal,45(3):321-360.

LeSage J P,Pace R K,2009. Introduction to spatial econometrics[M]. London:CRC Press/Taylor & Francis Group.

Lucas R,1988. On the mechanics of economic development[J]. Journal of Monetary Economics,22(1):3-42.

Luger M I, Shetty S, 1985. Determinants of foreign plant start-ups in the United States:lessons for policymakers in the Southeast [J]. Vanderbilt Journal of Transnational Law,18(2):223-245.

Lundavall B A, 1992. National systems of innovation: Toward a theory of innovation and interactive learning[M]. London: Printer Publishers.

Mankiw N G, Romer D, Weil D N, 1992. A contribution to the empirics of economic growth[J]. Quarterly Journal of Economics,2:407-436.

Markus P,2011. National innovation systems:an industrial perspective[M]//Korean science and technology in an international perspective. Heidelberg: Physica-Verlag HD.

Marshall A, 1890. Principle of Economics: An Introductory volume[M]. London: Macmillan.

Marshall J U, 1989. The structure of urban systems[M]. Toronto: University of

Toronto Press.

Maskell P,2001. Towards a knowledge - based theory of the geographical cluster[J]. Industrial and corporate change,10(4):921-943.

Melissa A S, Chilling C P, 2007. Interfirm collaboration networks: the Impact of large-scale network structure on firm innovation[J]. Management Science, 53 (7) : 1113-1126.

Meng H C, 2005. Innovation cluster as the national competitiveness tool in the innovation driven economy[J]. International Journal of Foresight and Innovation Policy,2(1):104-116.

Michael F, Martinea K M, 2010. The impact of network structure on knowledge tranefer: an application of social network analysis in the context of regional innovation networks[J]. The Annals of Regional Science, 44(1):21-38

Mincer J,1989. Job training:costs,returns,and wage profiles[R]. National Bureau of Economic Research.

Mulligan C B, Sala-i-Martin X,1993. Transitional dynamics in two-sector models of endogenous growth[J]. The Quarterly Journal of Economics,108(3):39-73.

Markusen J R, Venables A J, 1999. Foreign direct investment as a catalyst for industrial development[J]. European Economic Review, 43(2):335-356.

Morosini P, 2004. Industrial clusters, knowledge integration and performance[J]. World Development, 32(2):305-326.

Myrdal G, 1957. Economic theory and underdeveloped regions [C]. APS April Meeting. APS April Meeting Abstracts.

Nachum L, Keeble D, 2003. MNE linkages and localized clusters: foreign and indigenous firms in the media cluster of Central London[J]. Journal of International Management(9):171-192.

Nelson R R, 1982. An evolutionary theory of economic change[M]. Cambridge: Harvard University Press.

Nolan P, Zhang J, Liu C,2007. The global business revolution,the cascade effect,and the challenge for firms from development countries[J]. Cambridge Journal of Economics, 32(1):29-47.

O'Flaherty B,2005. City Economics[M]. Cambridge: Harvard University Press.

Oukarfi S,Basle M,2008. Public-sector financial incentives for business relocation and effectiveness measures based on company profile and geographic zone[J]. The Annals of

Regional Science,43（2）:509-526.

Olaf A, Rolf S,2000. The firm: What determines the innovation behavior of European firms[J]. Economic Gaeography,11(77):365-382.

Ozawa T, 1992. Foreign direct investment and economic development [J]. Transnational Corporations,1:24-31.

Oprime P C, Pimenta M L, 2011. Relationships, cooperation and development in a Brazilian industrial cluster[J]. International Journal of Productivity and Performance Management(2):115-131.

Pellenbarg P, Van Dijk J,2002. Firm Migration[J]. Industrial Location Economics,6:110-148.

Peneder M,2003. Industrial structure and aggregate growth[J]. Structural Change and Economic Dynamics,14(4):427-448.

Porter M,1998. The competitive advantage of nations[M]. Washington:Free Press.

Porter M,2000. The economic performance of regions[J]. Regional Studies,37(6-7):545-546.

Pritchett L,1996. Mind your P's and Q's:the cost of public investment is not the value of public capital[R]. The World Bank Policy Research Working Paper.

Puga D, Venables A,1996. The Spread of industry:spatial agglomeration in economic development[J]. Journal of the Japanese and International Economies,10 (4):440-464.

Piore M,Sabel C, 1984. The second industrial divide: Possibilities for prosperity[M]. New York:NY.

Pyka A, 2000. Informal networking and industrial life cycles[J]. Technovation, 20 (1):25-35.

Rabellotti R, Carabelli A,2009. Hirsch,G. Italian industrial districts on the move:where are they going? [J]. European Planning Studies,17(1):19-41.

Rebelo S,1990. Long-run policy analysis and long-run growth[R]. National Bureau of Economic Research.

Restuccia D, Rogerson R, 2008. Policy distortions and aggregate productivity with heterogeneous plants[J]. Review of Economic Dynamics,11(4):707-720.

Restuccia D, Rogerson R, 2008. Policy distortions and aggregate productivity with heterogeneous plants[J]. Review of Economic Dynamics,11(4):707-720.

Carter R A,1998. Innovation in urban systems: the interrelationship between urban and national economic development[J]. Annals of Regional Science(22):66-80.

Rodriguez C A, 1996. Multinationals, Linkages, and Economic Development[J]. American Economic Review, 88(5): 852-873.

Romer P M, 1990. Endogenous technological change[J]. Journal of Political Economy, 98(5): 71-102.

Rutten R, 2003. Knowledge and innovation in regional industry: an entrepreneurial coalition[M]. Florence: Routledge.

Sammarra A, Belussi F, 2006. Evolution and relocation in fashion-led Italian districts: evidence from two case-studies[J]. Entrepreneurship and Regional Development, 18 (11): 543-562.

Sammarra A, 2005. Relocation and the international fragmentation of industrial districts value chain: Matching local and global perspectives[M]//Belussi F, Sammarra A. Industrial districts, relocation and the governance of the global value chain. Padua: Cleup.

Savona M, Schiattarella R, 2004. International relocation of production and the growth of services: the case of the made in Italy industries[J]. Transnational Corporations, 13(2): 57-76.

Schultz T W, 1961. Capital Formation by Education[M]. New York: The Free Press.

Smith D F, Florida R, 1994. Agglomeration and industrial location: an econometric analysis of Japanese-affiliated manufacturing establishments in automotive-related industries[J]. Journal of Urban Economics, 36: 23-41.

Solow R M, 1956. A contribution to the theory of economic growth[J]. The Quarterly Journal of Economics, 70(1): 65-74.

Solow R M, 1957. Technical change and the aggregate production function[J]. Review of Economics and Statistics, 39: 312-320.

Syrquin M, 1986. Productivity growth and factor reallocation[M]. Oxford: Oxford University Press.

Scott A J, Storper M, 1986. High technology industry and regional development: A theoretical critique and reconstruction[J]. International Social Science Journal, 112(1): 215-232.

Solvell L, 2003. The Cluster Initiative Green Book[M]. The Competitiveness Institute.

Storper M, 1995. The resurgence of regional economies, ten years later[J]. European Urban and Regional Studies, 2(3): 191-221.

Thompson E R, 2002. Clustering of foreign direct investment and enhanced technology transfer: evidence from Hong Kong garment firms in China[J]. World Development, 30 (5): 873-889.

Taylor M J, 1975. Organizational growth, spatial interaction and location decision-making[J]. Regional Studies, 9(4):313-323.

Tsai B, Li Y M, 2009. Cluster Evolution of IC Industry from Tai-wan to China[J]. Technological Forecasting & Social Change, 76(8):1092-1104.

Timmer M, Szirmai A, 2000. Productivity growth in Asian manufacturing: the structural bonus hypothesis examined[J]. Structural Change and Economic Dynamics, 11:371-392.

Uzawa H, 1965. Optimum technical change in an aggregative model of economic growth[J]. International Economic Review, 6(1):18-31.

Vernon R, 1996. International investment and international trade in the product cycle[J]. Quarterly Journal of Economics, 80(2):190-207.

van Aken J E, Weggeman M P, 2000. Managing learning in informal innovation networks: Overcoming the Daphne-dilemma[J]. R&D Management, 30(2):139-150.

Varga A, 1998. The spatial extent of university effects: MSA level analysis[M]// University research and regional innovation. Boston, MA: Springer US.

Weber A, 1909. Theory of the location of industries[M]. Chicago: The University of Chicago.

Wheeler D, Mody A, 1992. International investment location decisions: the case of U. S. firms[J]. Journal of International Economics, 33(1-2):57-76.

Williamson O E, 1985. The economic institutions of capitalism: firms, markets and relational contracting[M]. New York: Free Press.

Wolfe D A, Gertler M S, 2004. Clusters from the inside and out: local dynamics and global linkages[J]. Urban Studies, 41(5-6):1071-1093.

Watts HD, 1980. The large industrial enterprise[M]. London: Croom Helm.

Keok S Y, 2012. How to promote the university and industry collaboration in the Region? [R]. 2012 proceeding of PICMET conference.

Yamamura E, Sonobe T, Otsuka K, 2003. Human capital, cluster formation, and international relocation: The case of the garment industry in Japan, 1968-1998[J]. Journal of Economic Geography, 3(1):37-56.

附 录

附录1：数据来源说明

第5章产业转移中的资源配置扭曲与效率损失中,根据资源扭曲模型进行的运算所采用的数据全部来自2013年依托江苏省某经济宏观调控部门对1 500家传统制造业企业开展的问卷调查所获得的微观数据。回收的有效问卷共计1 292份,其中苏南地区444家,苏中地区284家,苏北地区564家,覆盖产业集群(包括园区和产业基地)近百家,所有数据的描述性统计见正文表5-2。

第6章承接产业转移中的园区共建中,空间计量所使用经济数据根据2000年和2010年全国人口普查的江苏资料及相关年份《江苏统计年鉴》整理获得,距离数据(空间距离矩阵)根据.shp格式地图抓取坐标计算获得,所有数据的描述性统计见正文表6-1。

第7章产业与城市的融合发展中,GMM回归所使用经济数据根据2005—2014年的《江苏统计年鉴》以及江苏省13个地级市的统计年鉴整理而得,距离数据采用Google Earth软件测得,所有数据的描述性统计见正文表7-1。

第8章产业承接地创新能力的构建中,DEA运算所使用数据根据2008—2014年《苏州科技统计年鉴》《中国火炬统计年鉴》以及《苏州工业园区统计年鉴》中相关数据整理而得,整理所得数据见正文表8-1。

附录2："核心—边缘"模型的推导过程

Krugman模型是本书第7章产城融合模型的基础模型,其基本假设为:

第一,经济中有北部和南部两个区域,它们在偏好、技术、开放度及初始要素禀赋方面是对称的;

第二,经济中有两个部门,农业部门(A)和工业部门(M),各部门只用劳动力一种生产要素;

第三,农业部门的规模报酬不变,且劳动力不可流动,工业部门的规模报酬递增,劳动力可自由流动。

经济中的所有劳动力都有相同的效用函数:

$$U = C_M^{\mu} C_A^{1-\mu} \tag{1}$$

假设每个厂商只生产一种工业产品,且工业产品有 N 种,则

$$C_M = \sum_{i=1}^{N} (C_{iM}^{(\varepsilon_M-1)/\varepsilon_M})^{\varepsilon_M/(\varepsilon_M-1)} \tag{2}$$

其中 ε_M 为工业产品之间的替代弹性。

假设在整个经济体中,总劳动力供给为 1,其中工业部门劳动力供给为 μ,两地区农业劳动力供给均为 $(1-\mu)/2$。

由于工业部门规模报酬递增,所以有:

$$L_{Mi} = \alpha + \beta x_i \tag{3}$$

其中,L_{Mi} 是生产第 i 种工业品的劳动力投入量,x_i 为第 i 种工业品的产量。

由于规模报酬递增,厂商根据成本加成定价法定价,商品 i 的价格为:

$$p_i = \frac{\varepsilon_M}{\varepsilon_M - 1} \beta w_i \tag{4}$$

在厂商自由进入与退出的前提下,均衡状态时厂商利润为 0,即 $w_i L_{Mi} = p_i x_i$

则代入(3)式、(4)式有第 i 种工业品的产量为

$$x_i = \frac{\alpha(\varepsilon_M - 1)}{\beta} \tag{5}$$

(5)式为常数,意味着每个地区每一个厂商的产量都是相同的,且与工资率、需求等都无关,因此,两个地区的工业品产量也就唯一取决于工业部门的劳动力数量,有:

$$\frac{n_1}{n_2} = \frac{L_1}{L_2} \tag{6}$$

(6)式即本书第 7 章公式 7-8 和公式 7-9 的由来。

令 $f = L_1/\mu$,即地区 1 的工业部门劳动力占工业部门总劳动力比例,以地区 1 为代表,则市场上的工业产品由两部分组成:

① 本地生产的,价格为 $p_1 = \frac{\varepsilon_M}{\varepsilon_M - 1} \beta w_1$ 的工业产品;

② 地区 2 生产的,价格为附加了运输成本的,价格为 $p_2 = \frac{\varepsilon_M}{\varepsilon_M - 1} \beta w_2 T$ 的工业产品。

因此,地区 1 的工业产品均值为:

$$P_1 = [f p_1^{1-\varepsilon_M} + (1-f)(p_2 T)^{1-\varepsilon_M}]^{1/(1-\varepsilon_M)}$$

$$= \frac{\varepsilon_M}{\varepsilon_M - 1} \beta [f w_1^{1-\varepsilon_M} + (1-f)(w_2 T)^{1-\varepsilon_M}]^{1/(1-\varepsilon_M)}$$

标准化 $\frac{\varepsilon_M}{\varepsilon_M-1}\beta$，则可以得到地区 1 的工业品价格指数：

$$I_1=[fW_1^{1-\varepsilon_M}+(1-f)(W_2T)^{1-\varepsilon_M}]^{1/(1-\varepsilon_M)} \tag{7}$$

同理，可得地区 2 的工业品价格指数：

$$I_2=[f(W_1T)^{1-\varepsilon_M}+(1-f)W_2^{1-\varepsilon_M}]^{1/(1-\varepsilon_M)} \tag{8}$$

(7)式、(8)式即本书第 7 章基本等式 1、基本等式 2 的由来和基本等式 3、基本等式 4 的推导基础。